KB246455

聯時調의 文體論的 硏究

趙 聖 來

도서
출판 보고사

머 리 말

이 책은 연시조 <오륜가>의 형식과 표현의 문체를 규명하려는 데서 출발한다. 오륜을 내용으로 하는 시조가 연시조 <오륜가>이게하는 연시조 <오륜가> 시조성의 문제를 형식과 표현 그리고 구조의 측면에서 다룬다. 이 문제를 해명하기 위하여 첫째 연시조 <오륜가>의 형식이 한국어의 무엇을 어떻게 운용한 결과인가를 밝힌다. 둘째 연시조 <오륜가>성이 그 표현에서 무엇이냐 하는 점을 밝힌다. 즉 <오륜가>의 전언형식을 살펴 정리해 본다. 셋째로 연시조 <오륜가>의 구조가 무엇인가를 소재와 의미차원의 밖인 문체와의 관계속에서 밝혀보는 것이다. 그 결과로 1) 단시조 형식과 그 생성원리를 상정해 보았고 2) 표현의 원리를 알 수 있었고 3) 구조가 문체적인 보완과 연결에 의하여 이루어짐을 알 수 있었다.

이 책은 1995년 12월 청주대학교 대학원에 제출한 박사학위 논문을 수정 보완한 것이다. 이 연구에서 일부 또는 논의에 일관성이 없는 부분을 고치고 다듬어 정리할 필요성을 찾게되었다. 하여 보완과 수정 작업을 더해 책으로 내게 됨을 밝힌다.

시조에 대하여 관심을 가지게된 것은 대학에서 '사설시조의 특성고'라는 제출용 소논문을 작성하고 나서다. 다시 연시조에 관심이 옮겨지게 되었고 거기서 연형으로서의 구조적 의미를 살펴보는데 관심을 돌리게 되었다. 그 때까지만 해도 문학한다 하며 시창작하는 것을 흉내 내보는 막연한 관심속에서 공부라는 것과 결부시켰던 것 같다. 하지만 대학원 공부에서 연구방법 내지 문학이론 등을 운운할 땐 막연히 학문의 길로 들어선 것이 아찔하고 두려웠던 것도 사실이었다.

그 과정에서 시조문학에 대한 의문점을 갖기 시작하였는데, 왜 시조가 시조이면서 어떻게 해서 시조요 연시조인가 하는 것이었다.

시조를 문학적 이론에 입각하여 행과 율절로 나누는 것을, 그리고 거기서 문학적 관계 의미를 찾는 것 즉 형식과 내용이 가진 의미를 궁극적 시조연구라고는 생각지 않았다. 그러나 문학에서의 기호학이라는 것을 접하면서 그리고 그 매체인 언어에 관심을 가지면서 그 문제는 좀 더 희망적이었다. 바로 문체론 중 일탈론을 통한 형식의 생성 원리와 표현의 방법을 살펴 볼 수 있다는 데서였다.

이 연구는 이러한 조그만 관심에서 시작되었다. 시조 그것도 연시조 <오륜가>를 언어로써 된 문법형식으로 보아 문체적인 일탈을 통해서 그 규범과 표현의 문제 그리고 <오륜가>가 갖는 소재 내용의 차원 밖에서 문체에의한 구조를 밝히려 했다. 그러나 이러한 연구의 시도가 얼마 만큼 개연성을 가지며, 조그만 노력의 결과가 어느 정도의 설득력을 지닌 논의였는지는 전혀 의심할 수밖에 없다. 무엇보다 공부의 양과 깊이에 부끄럽고 질책에 두려울 뿐이다.

결과야 미흡하지만 그래도 공부의 길을 열어주고 방법을 터 준 것은 모두 여러 선생님들의 덕분이다. 모자란 제자지만 학문과 삶을 이끌어 주신 김상억 선생님과 김영진 선생님께 책의 가벼움에 송구스럽기 그지없다. 그리고 학문의 문외한인 저를 눈뜨게하시고 논문의 계획과 체계 내용 등등 전반에 걸쳐 이끌어 주신 지도교수 양희철 선생님께 먼저 고개부터 숙여진다. 논문을 심사해 주신 박철희 선생님 신용대 선생님들의 가르침도 큰 은혜였다. 늘 곁에서 지도와 격려를 아끼지 않으시고 심사까지 맡아 주신 맹택영 선생님 유재일 선생님께도 늘 감사의 마음을 갖고 있음도 밝히고 싶다.

책으로 출간하면서 좀 더 나은 글을 내야겠지만 지식 없고 공부의 깊이가 얕은 것에 부끄럽다. 다만 버려져 밝히지 않았으면 하는 바램이다.

1997.   9
필자 씀

4

目 次

6

第一章　序　論

이 책은 聯時調 <五倫歌>의 형식과 표현의 文體를 규명하려는 목적에서 출발 되었다.

조선조의 주된 문학적 흐름의 경향은 두 가지로 본다. 하나는 文學에 있어서의 道德的 傾向이고 다른 하나는 自然耽美的 傾向이다. 이런 사조적 기반에 동승한 문학의 경향은 같은 사회 배경에서 이루어진 조선조의 어느 문학장르에서도 공통적인 특성으로 보여지기도 한다. 時調文學도 文學的 表象의 경향은 두가지로 특징지어 진다. 그것은 江湖에서 心性을 닦는 '江湖歌道'요, 수양에서 나오는 유교적 敎理를 백성들에게 고취시키려는 '敎訓의 時調'이다[1]. 時調에서의 유교적 道德性의 敎訓을 표명하는 것은 實踐躬行하여야 하는 道學者로서의 모습에서 기인한다. 文學的 수행을 載道的 인식의 실천으로써이다. 문학의 본질적 조건으로써 당대의 작가가 포착한 진리를 어떻게 실천시켜 형상화하느냐의 文學觀이다. 따라서 그들이 깊이 인식하고 있었던 대상으로서의 유교윤리는, 진실의 추구라는 문학수행에서 중요한 요소로서 자리잡게 된 것이다. 유교윤리의 대표적 실천 항목은 五倫이었고, 이를 위시한 실천윤리의 德目을 구체적으로 시조에 실현시킨 것이 <五倫歌> · <訓民歌> 그리고 歌辭作品의 <道德歌> 등이 그것이다.

---

1) 丁益燮, '宋純의 短歌攷', ≪湖南文化硏究≫제6집, 전남대 호남문화연구소, 1974, p. 70.
　　조태흠, '訓民時調 硏究', 부산대 博士學位論文, 1989, p. 7.

第一節 既存硏究와 問題提起

<五倫歌>에 대한 지금까지의 연구는 대체적으로 두 가지의 측면에서 이루어 졌다. 하나는 <五倫歌>에 대한 전반적 이해의 측면이다. 이런 류의 연구는 <五倫歌>의 목적에 대한 연구와 그 특성의 규명에 의한 가치평가, 그리고 오륜의 현대적 의미에 관한 것으로 집약될 수 있다. 또 다른 측면으로는 <五倫歌>의 개별적 또는 <五倫歌> 간의 상호 비교 검토가 이루어졌다.

<五倫歌>에 대한 연구 중 가장 많은 논의가 된 것은 훈민가로써의 목적과 특성에 관한 것이다. 이런 연구의 범위는 <五倫歌>를 포함한 훈민가로서의 연구이다. 이런 것에는 李東英 윤영옥 윤성근 그리고 총체적이고 깊이 있는 연구로써 조태흠 등이 있다. 윤성근은 교훈을 문학 속성 가운데에서 중요한 하나의 속성으로 보고, 일반적 교훈의 의미와 한국문학의 교훈을 개관한다. 다음으로 작품의 공시적 측면에서 작가 창작동기 내용과 전달양식 독자 등으로 나누어 파악했고, 통시적 측면으로 시대와 그 의미 그리고 문학사적 위치에 대하여 파악했고, 가치평가의 기준에 의한 가치평가를 내렸다[2]. 오륜가의 인접된 연구로써 <훈민가>의 특성을 밝힌 '<訓民歌> 時調의 一表現'이 있다. 訓民歌系의 시조 중 '父子之倫'에 관한 몇 시조를 선정한 후 表現面에 대하여 살펴 본 것이다. 이 논문에서는 訓民의 목적에 뜻을 두고 작품에서 한국어의 시적 표현형태에서 오는 감격을 살피고, 三行의 構造에 의한 意味의 內實化의 작용을 훈민가계 시조 작품의 한 특성으로 보고 있다[3]. 李東英은 <五倫歌>에의 문학적인 목적의 면에 주안점을 두고 ≪樂章歌詞≫에 실린 <五倫歌>

---

2) 윤성근, '훈민시조 연구', ≪金永驥先生 古稀記念論文集≫, 형설출판사, 1971, pp.309~351.
3) 尹塋玉, '訓民歌時調의 一表現', ≪영남어문학≫ 제9집, 영남어문학회, 1982, pp.113~122.

의 의미와 周世鵬, 金尙容, 朴仁老 등등 <五倫歌>의 樣相을 <오륜가>
목적의 측면에서 고찰해 본 것이다. 儒敎國家下에서 문학을 통해 개인의
감정을 노래하기보다, 사회와 가정을 敎化하는 規範을 표현하려는 士大
夫의 문학관과 그리고 <오륜가>는 亂世와 더불어 나타난 것을 그 특징
으로 삼고 있다4). 조태흠은 기존의 훈민시조에 대한 학계의 연구가 총
체적이고도 깊이 있게 이루어지지 않았다는 점들을 문제로 삼고, 이에서
출발하여 훈민시조에 대한 본질 이해를 새롭게 하고, 그 구조와 성격에
관한 전반적 이해를 염두에 둔 연구이다. 이 연구에서는 먼저 훈민시조
의 형성배경을 밝힌 것을 토대로 하여 훈민의 목적과 시조라는 장르와
의 관계를 밝힌다. 그리고 훈민시조에서 도덕적 당위의 구현을 명령형의
규범적이고 선험적인 어조에 의하여 이루어 진다고 본다. 이것은 天理에
바탕을 둔 유교이념에 의한 질서의 세계를 구축하려는 화자의 입장을
더 강화시켜주는 것으로 본다. 훈민가에서 종장의 전반행 내율절이 감
탄형보다는 실사로 되어 있어 지시성을 강화한 것과 후반행의 외율절이
감탄형의 종지보다는 명령, 의도, 의문형으로 됨과 아울러 정형의 파괴
에 의하여 교술적 효과를 지닌다고 살핀다. 그리고 일반 백성과 어린 자
제를 그 수용자로 보고 있다. 수용방식에 있어서는 일부 양반 사대부의
가곡창에 의한 방법과, 주된 수용계층인 일반 백성들에 있어서는 암송의
방식으로 했다고 고찰했다5). 한편 李學漱은 五倫思想의 실천 윤리로써
수용에 관한 방안을 찾고 있다. 傳統的 倫理의 綜合的인 德目인 五倫思
想에 대해서 現代的인 시점에서 연구되고 재정립해야 한다는 과제하에
五倫思想의 發生과 발달과정을 儒敎思想에 근거를 두고 고찰하고, 그 本
質을 구명해서 近代社會의 실천윤리로써 수용할 수 있는 교육적인 지도
방안의 모색에 대하여 고찰한 것이다6).

---

4) 李東英, '五倫歌攷', 《碧松李根厚先生 華甲記念論文集》, 1985, pp.379~393.
5) 조태흠, '훈민시조 연구', 부산대 박사학위논문, 1989, 8.
6) 李學漱, '五倫思想의 敎育學的 이해와 實踐方案', 《人文科學》제8집, 성대

다음은 <五倫歌>의 개별 작품에 대한 연구로서 丁益燮, 李相寶, 金基平, 전재강 등이 있다. '宋純의 短歌攷'에서 정익섭은 宋純의 短歌를 위주로 하여 형식과 주제를 검토하고 또 그 한글번역인 김동욱의 反譯을 소개 나열했다. 형식에서는 단가 작품에 제목이 붙은 것과 자연스런 정감과 곡진한 맛 그리고 절실한 표현, 종장 전반행의 내율절 3자수 기준의 파괴를 들고 있다. 그리고 송순의 인물과 그의 단가와의 관계를 규명한다. 나아가 조선조의 시가사에서 점하는 위치 등을 검토한 논문이다[7]. 이상보는 水西 박선장 <五倫歌>의 編刊經緯, 그것은 洞中 學者들에게 警策하기 위하여 지었다는 것과, 표현형식을 개략적으로 살펴본 다음 그 구조적인 特徵으로써 '亂三章'을 들고 그것은 蘆溪의 '總論'과도 相通하는 作法이라고 보고 있다. 또한 <五倫歌>의 계통을 살펴봄으로써 상호간의 직접적 영향관계가 없음도 밝히고 있다[8]. 金基平의 연구는 朴蘆溪의 <五倫歌>에 대하여 純粹한 문학작품으로서 보다는 敎化의 目的으로 지어진 것을 전제로 한 연구이다. 노계의 <오륜가>에 대하여 그 典籍의 인용인 文獻的 背景과 내용을 세밀한 비교 검토를 주된 내용으로 하고, 다른 <오륜가>와의 국부적인 관계성 그리고 비교 등을 통하여 제작과정을 살핀 다음 그 노래를 깊이 이해하려 했다[9]. 이상보는 다시 '박인로의 시가문학을 살핌'에서 박인로의 삶과 그와 관련된 그의 시가문에 대한 특성을 규명한 것인데, 가사의 사상성과 시조에 나타난 윤리성, 그리고 한시문의 특질을 살핀 것이다. 은퇴기의 道學에 관심있는 노계로서 문예관은 道文一致의 순정한 선비정신에서, 그의 시문을 비롯한 교훈시가 나온 것임을 사상성과 관련해서 보여주고 있다[10]. 전재강은 노계

인문과학연구소, 1979, pp. 5~24.
7) 정익섭, '송순의 短歌攷', 《호남문화연구》제6집, 전남대 호남문화연구소, 1974.
8) 李相寶, '朴善長의 五倫歌 硏究', 《논문집》제9집, 명지대, 1976, pp. 75~98.
9) 金基平, '朴蘆溪의 五倫歌 硏究', 《논문집》제11집, 공주교대, 1974, pp. 53~77.
10) 이상보, '박인로의 시가문학을 살핌', 《어문논총》제5집, 국민대, 1985, pp.

<五倫歌> 25首를 다른 훈민가류와 달리 漢文句의 사용을 선호한 것을 특질로 살폈다. 그것은 관념적으로라도 한문구를 인용하여 양반 사대부의 의식을 지키고자 했던 결과로 본다. 작품의 서정적 표현양상을 살피고 더불어 작품에 나타난 시적 자아의 교시적 입장은 일관되게 지키지 못했다고 본다. 이것은 노계가 주어진 상황속에서 현실의 서정적 자아로 직접 나타난 작품이 많은 사실 때문으로 파악한다. 그리고 여기서 노계문학의 새로운 연구방향의 필요성을 제시해 준다. 그리하여 다른 훈민가계 작품을 분석 검토하여 시가문학의 교훈적 측면이 유교의 載道的 문학관과 어우러져 어떤 양상으로 표현되었나 살피는 것을 과제로 삼고 있다11).

이제까지의 논의들은 <五倫歌>를 <훈민가>의 하나로 보아 그 敎訓性을 중심으로 한 目的, 문학적 위치, 어휘 및 시적자아의 입장, 사상성과 윤리성 등등의 주제와 내용, 가치 해명의 측면과 그리고 종장의 특성과 수용방식, 형식의 개괄, 전적의 수용양상 등에 주안점을 둔 형식 내지는 문학작품의 수용양상에 관한 연구들이다. 이것들은 대략 내용적 측면과 형식적 측면으로 대별해 볼 수 있다. 이러한 기존의 연구들은 <五倫歌>및 <훈민가>계 시조의 해명과 의의를 찾는데 기여했지만 형식적 측면 보다는 내용적 측면이 위주로 되어 있다.

결과적으로 이렇게 진행된 연구들은 많은 영역들을 연구하였지만, 크게 보아 다음과 같은 연구 영역에서 문제를 제기할 수 있다. 즉 기왕의 연구들은 聯時調 <오륜가>가 무엇인가를 주로 연구 대상으로 하면서, 聯時調 <오륜가>의 어떻게를 거의 연구하지 않았다는 것이다. 말을 바꾸면, 聯時調 <오륜가>를 聯時調 <오륜가>이게 하는 형식과 표현의 聯時調 <五倫歌>의 時調性의 문제를 소홀하게 다루어 왔다는 것이다. 이

5~19.
11) 전재강, ‘노계 <五倫歌>의 당위적 지향과 현실적 표현양상’, ≪문학과 언어≫, 10집, 문학과 언어연구회, 1989, pp. 127~147.

문제를 항목별로 정리하면 아래와 같다.

첫째로, 聯時調 <五倫歌>의 형식이 한국어의 무엇을 어떻게 운용한 결과인가가 밝혀지지 않았다는 점이다. 聯時調 <오륜가>가 오륜을 이야기하는 경서나 그 설명서적들과 다른 점, 즉 聯時調 <五倫歌>性은 무엇보다도 산문의 형식이 아니라 시조 형식들로 구성된다는 점이다. 이 시조 형식이 무엇이냐 하는 문제는 많은 문제를 포함하고 있지만, 많이 논의되어 왔다12). 그러나 이 시조 형식은 한국어의 어떤 특성들을 어떻게

---

12) 시조의 형식에 대한 종래 제설을 검토해 보면 章과 句를 기준으로하여 음수를 헤아리고 그 평균치를 내어 기준형을 삼았다. 이의 연구들은 한국시의 운율을 규명하는데 바탕이 되기도 했다.(최동원, ≪고시조론≫, 삼영사, 1980, p. 128.) 그러나 이러한 시조형에 대한 논의는 명확치가 않은 점이 있다. 이에 대한 기왕의 논의를 들어 본다.

이은상은 각행을 4구로 나누어 각 구별 자수율의 범위를 규정하고 있다. 이는 시조형식에 대한 검고에 의하여 얻은 귀결로써 적은 자수의 형태와 많은 자수의 형태로 나누어 제시 해 준다.(이은상, '時調短形芻議', ≪시조연구논총≫, 을유문화사, 1964, pp. 298~312)

이광수는 '시조의 자연율'에서 무수한 調의 결합을 제시해 주고 이것은 음절과 단어와 詞意와도 관계가 있다고 본다. 이런것들에서 시조의 기준형식과 그 변천들을 설정하고 있다.(이광수, '시조의 자연율', ≪시조연구논총≫, 을유문화사, 1964, pp. 313~321)

이병기는 '율격과 시조'에서 시조의 자수에 있어서는 초장 첫구·끝구와 중장 끝구에는 다 같이 六字 내지 九字까지를 쓸 수 있고 중장 첫구와 종장 둘째구에는 다같이 五字 내지 八字까지를 쓸 수 있고 종장 첫구에는 三字, 셋째구에는 四字 혹 五字, 끝구에는 三字 혹 四字를 쓸 수 있다.(이병기, '율격과 시조', ≪시조연구논총≫, 을유문화사, 1964, pp. 329~330)

조윤제는 각 음보단위로 하여 자수율의 범위를 정한다음 그 평균치로써 시조형식을 규정하여 제시해 주고 있다. 이를 들어본다.(조윤제, ≪한국시가의 연구≫, 을유문화사, 1948, pp. 170~171)

初章 第一句 二~四(3), 第二句 四~六(4), 第三句 二~五(4·3), 第四句 四~六(4)
中章 第一句 一~四(3), 第二句 三~六(4), 第三句 二~五(4·3), 第四句 四~六(4)
終章 第一句 三(3), 第二句 五~九(5), 第三句 四~五(4), 第四句 三~ 四(3)

김대행은 기존의 시조를 설명할 때 三章, 四步格, 三. 四音節의 특성들은

三章이란 것을 제외하고 시조의 형식을 설명하는데 부적합하다고 본다. 여기서 나아가 시조는 창과 함께 이룩된 시가 이므로 시조를 설명하는데 창과 함께 논의할 성질의 것이라고 본다. 그리하여 "시조운율구조의 특징은 대체로 4음절의 길이를 기준치로 하는 지속시간을 갖는 두개의 음보가 짝을 이루고 그것이 다시 겹쳐나가는 連疊律을 형성함으로써 율적구조를 이룬다. 각장은 짝을 이룬 두 음보가 두 번씩 나타나는 사보격인데 律讀에는 아무 차질을 가져오지 않는다."를 피력한다.(김대행, ≪한국시가 구조연구≫, 삼영사, 1976, pp.221~225)

조동일은 평시조의 일반적인 율격은 작품마다의 질서가 독자적으로 이루어질 수 있는 것에서 통계적인 분류같은 것을 필요치 않은 것으로 본다. 부등호의 방향에 의하여 나타내기도 하지만 규칙화 되어 있는 것이 아니라는 점에서 작품마다 절대적인 질서로 처리할 수 없다고 본다. 그리고 평시조의 형식으로써 율격을 다음과 같이 규정한다.(조동일, ≪한국시가의 전통과 율격≫, 한길사, 1982, pp. 66~67.)

① 3행이다. ② 2음보가 반행 또는 반줄을 이루고 반줄이 둘씩 연결되어 있는 4음보격이다. ③ 기준음절수는 4음절이다. ④ 제3행의 제1음보는 기준음절수 미만이고, 제2음보는 기준음절수 초과이다.

김흥규는 평시조가 통계적 방법에 의존한 3.4 또는 4.4 조를 기본으로 하여 총 3장 45내외의 정형시라는 설명은 내재적 원리를 밝혀주지 않는다고 본다. 즉 한국시가의 율격은 음수율로써 해명될 수 없다고 비판한다.(김흥규, '평시조 종장의 율격· 통사적 정형과 그 기능', ≪운율≫, 문학과 지성사, 1984, pp. 107~116 ; 김흥규, '한국시가 율격의 이론', ≪민족문화연구≫, 고려대학교민족문화연구소, 1978, pp. 97~144)

홍재휴는 종래의 자수율론에 대하여 "자수의 설정에 있어서는 통계에 의하여 빈도가 높은 자수율군을 기준화하여 고정자수율화하려 하였고, 경우에 따라서는 예외현상을 인정하려 하였다."고 보고 이러한 것은 결과적으로 亂調現象을 빚게 되었다고 비판한다. 나아가 시조의 율절단위는 "1, 2, 3, 4 율자형이 모두 적용될 수 있는 융통성 있는 율격적 독립구라고 할수 있다."고 본다.(홍재휴, ≪한국고시율격연구≫, 태학사, 1983, pp. 10~14 ; p. 198.)

이근규는 종래의 평시조에 대한 음수율론이 통계적방법에 의한 정형을 제시함에 비평한다. 그리고 시조의 정형은 구에 있어서의 음수 변동과 깊게 관련 짓는다. 즉 음수변동규칙이 평시조의 정형을 이루는 근간이며 창작원리로 본다. 율격은 작품을 낭송하는 과정에서 수행되는 것으로 보며 그것은 음수변동규칙인 [소완+삭급]의 율격소가 제5구까지 이어지다가 제6구에서 [삭급+

(How) 운용한 결과인가 하는 점에 대하여는 밝혀지지 않고 있다. 겨우
한국어에 3음절어와 4음절어가 많아서 이것이 시조의 3음절 또는 4음절
과 유관하지 않겠느냐의 언급에 머물고 있다.13) 어느 나라의 어떤 시가
를 막론하고, 산문 시가가 아닌 한 그 시가의 형식은 그 나라 언어의 특
성들을 시적으로 운용한 것이다. 예로 한시의 오언시와 칠언시는 중국
문자의 음절성, 평측, 자유로운 품사 전이 등등을 시적으로 운용한 결과
이다. 이렇게 산문 시가를 제외한 어느 시가를 막론하고, 그 시가의 형
식은 그 나라 언어를 어떻게인가 운용한 결과의 소산이다. 그런데 우리
는 聯時調 <오륜가>는 물론 시조를 연구하면서, 聯時調 <오륜가>의 형
식, 나아가 단시조의 형식을 한국어의 운용 측면에서 연구한 바가 없다.

둘째로, 聯時調 <오륜가>性이 그 표현에서 무엇이냐 하는 점이 밝혀
지지 않았다는 점이다. 五倫 그 자체는 유교 국가인 조선조에서 이미 타
성적으로 받아 들이는 도덕적 규범으로 이 규범에 사람들은 자동화되어
있었다고 말해도 좋다. 그리고 이 도덕적 규범은 다른 도덕적 규범들과
더불어 '무엇은 무엇이다'라는 일방적 판단과 '이렇게 하라'는 명령의 형
식을 가진다. 이 전언의 형식 역시 누구나가 사회로부터 받아온 법규와
규범을 준수하라는 전언의 형식으로 자동화된 전언의 형식이다. 이렇게
자동화된 오륜과 그 전언 형식을 파괴하지 않고는 <오륜가>는 물론 대
다수의 교훈을 내용으로 하는 시가들은 그 창작의 목적을 성공적으로

소완]의 종결형을 갖는다고 본다. 거기에서의 음수의 연결은 앞구의 뒤 음보
가 뒷구의 앞 음보보다 음수량이 크게 나타난다고 보았다. 이러한 점을 전제
로 해서 3음절로 12음보의 기준을 잡게되면 제11음보는 4음절 이상이 되고
제10음보는 결국 5음절 이상이 되어야 한다고 본다. 그리고 종장 첫음보의 3
음절은 전후단락을 경계 짓고 결말을 예시하는 징표로써 3음절로 고정된 것
으로 본다.(이근규, 평시조의 율격과 종장형의 생성원리, 논문집 13-2, 충
남대인문과학연구소, 1986, pp. 143~179.)

13) 정병욱은 이사실을 피력하면서 이 3음절이나 4음절은 국어의 어형론적인
특성이므로 새로운 각도에서 운율론적 근거를 찾아야 한다는 것을 과제로 제
기하고 있다.(정병욱, ≪한국고전시가론≫, 신구문화사, 1979, pp. 19~20.)

수행할 수 없다. 이 자동화된 오류의 주제와 전언의 형식을 파괴하는 표현이 聯時調 <五倫歌>性의 하나라 할 수 있다. 그런데 우리는 聯時調 <오륜가>를 연구하면서 이 문제들을 거의 연구하지 않았다.

셋째로, 聯時調 <오륜가>의 聯構造가 무엇인가가 소재 내용 의미의 차원 밖에서는 밝혀지지 않았다는 점이다. 聯詩는 연을 단위로 하는 詩이다. 이와 같은 선상에서 聯時調도 聯을 단위로 하는데, 이때 다른 연시와 다르게, 이미 이룩된 시형 즉 單時調를 聯의 단위로 한다는 점은 중국의 聯詩들과 우리의 鄕歌가 가지고 있는 특성들이다. 그런데 문제가 제기되는 것은 이미 존재하는 단형들을 그저 나열만 하는 것이 연시이고, 聯時調 <오륜가>인가 하는 점이다. 외형적 형식만을 보면, 그저 단형 또는 내용들의 나열이거나, 이에 序聯 혹은 結聯(혹은 亂辭, 總結) 등이 붙은 정도인 것 같으나, 다른 면에서는 그렇지 않은 것으로 생각된다. 즉 聯時調 <오륜가>의 연구조는 소재 내용 의미의 구조 차원을 넘어서 많은 문체적 일탈들에 의해 많은 것들을 보완 받는 것으로 판단된다. 그런데 이에 대한 연구들이 부재한다.

第二節 研究目標 및 研究方法

이상의 세 문제들, 즉 聯時調 <五倫歌>의 형식이 한국어의 무엇을 어떻게 운용한 것인가의 문제, 聯時調 <오륜가>의 표현이 무엇이냐 하는 문제, 聯時調 <오륜가>의 聯構造와 문체와의 관계가 무엇이냐 하는 문제 등을 밝히려는 것이 본고의 연구 목적이다. 이때 첫번째의 문제 해결은 단시조의 형식이 무엇이냐 하는 문제와, 그 단시조 형식은 한국어의 무엇을 어떻게 운용한 것인가의 문제가 자동적으로 된다. 왜냐하면, 聯時調 <오륜가>를 구성하는 단시조 형식이 무엇인가 하는 것과 그것을 가능하게 한국어의 운용은 곧 연시조 <오륜가>의 각연들의 형식이고 그것을 가능하게 하는 한국어의 운용이기 때문이다.

이런 연구 목적을 수행하기 위하여 연구 방법으로 문체 중에서도 일
탈론을 취하였다.

문체론은 문체의 정의와 그 연구 방법과 대상에 따라 다양하다[14]. 이

---

14) 이런 사실을 이미 정리된 아래의 인용을 보면 충분하리라 생각한다(박영순,
'문체의 본질' 박갑수 편저, ≪국어문체론≫, 대한 교과서, 1994, pp. 9~10).

  K. Vossler(1932) & L. Spitzer(1948)
    관념론적 문체론
    실증론적 문체론
  Martinet(1943)
    음운 문체론
    비교 문체론
    구조 문체론
    정보 이론 관점에서의 문체론
  小林英夫(1943)
    수사학적 문체론
    국어 양식의 문체론
    문학적 문체론
    language의 표현 문체론
  P. Guiraud(1957)
    기술적 문체론
    표현 문체론
  C. Bally(1956)
    내적 문체론
    외적 문체론
    표현의 문체론
  S. Ullmann(1962)과 박갑수(1977)
    표현 문체론
    개인 문체론
  김흥수(1992)
    어학적 문체론
    문학적 문체론
  김상태(1993)

렇게 다양한 문체론의 영역에서 본고가 취하려는 쪽은 연구 대상과 방법의 몇가지 측면에서 정리될 수 있다. 우선 연구 대상에서 문학 작품인 연시조 <오륜가>의 음운 형태 통사 의미 등을 연구 대상으로 한다는 점에서 수사학적 문체론과 표현적 문체론을 포함하는 문학적 문체론, 그것도 연시조 <오륜가>라는 시조 하위 장르의 문학적 문체론이다. 그리고 연구 방법에서는 기술적 문체론과 기능 문체론(구조 문체론)의 일탈론이다.

문체의 일탈론은 현대 문체학의 시조로 이미 잘 알려진 발리(C. Bally)에서부터 시작된다. 발리는 순전히 개념적이고 논리적인 언어를 규범으로 보고, 이것들을 벗어난 것을 일탈로 처리하는 방법을 취한다15). 그러나 발리의 일탈론은 일반 언어만을 연구 대상으로 하고 결코 문학 언어에 대하여는 그 적용을 엄격하게 배척하고 있어, 문학 연구에까지는 적용되지 않았다16). 이 일탈론은 그 후에 발리의 제자들에 의해 면면히 내려오다가, 프라그 학파의 유명한 전경화(foregrounding)17)로 이어지면서 작품 해석에서의 그 중요성이 인정되기 시작한다. 즉 독자의 주의를 끄는 표현성의 효과를 인식하게 된다. 이렇게 내려온 일탈론은 1960년대에 이르러 그 논의가 대단히 활발하게 된다. 이 논의들을 이끈

통계적 문체론
심리학적 문체론
의미론적 문체론
기능적 문체론

15) 황석자 편저, ≪현대문체론의 이론과 실제≫, 한신문화사, pp. 18~19.
16) T. J. Taylor, *Linguistic Theory and Structural Stylistics*, Pergamon Press, Oxford: 1980, p. 43.
17) B. Havránek, The Functional Differentiation of the Standard Language, P. L.Garvin(ed & trans.), *A Prague School Reader on Esthetics, Literary Structure, and Style*, Georgetown University Press: 1964, pp. 9-16.
    Jan Mukarovsky, Standard Language and Poetic Language, Garvin(ed & trans.), ibid., pp.17-30.

대표적 학자들로 야콥슨(R. Jakobson) 레빈(S. R. Levin) 리빠테르(M. Riffaterre) 등을 들 수 있다. 리빠테르는 일탈의 설정준거인 규범의 문제를 지적하면서, 규범을 콘텍스트로 대체한다. 이는 곧 문체 장치가 작품의 외부의 규범에 의해 규정되는 것이 아니라 작품 내부에서 콘텍스트와 대조의 결합이라고 설명한다. 그리고 이 문체 장치는 다시 콘텍스트가 되고, 이 콘텍스트와 대조가 결합하여 문체 장치가 된다는 것이다. 이럴 경우에 전자의 콘텍스트를 소-콘텍스트(micro-context)라 부르고, 후자의 콘텍스트를 대-콘텍스트(macro-context)라 부른다18).

이미 잘 알려져 있듯이, 야콥슨은 '언어학과 시학'에서 시적 기능이라는 것을 정리한다. 이 글에서 그는 문체라는 용어를 한 번도 사용하지 않았지만, 일탈론의 중요한 것을 정리한다. 즉 '시적 기능은 등가의 원리를 선택의 축에서 결합의 축으로 투영한다'19)는 것을 정리한다. 이 정리는 일탈의 주요 개념인 언어적 구조의 과도한 사용과, 규범적 사용의 일탈을 하나의 명제로 정리 요약한 것이다. 이 야콥슨의 주장을 계승한 것은 레빈이다. 레빈은 야콥슨의 등가의 원리를 연결(coupling)이란 용어에 의해 의미와 형식의 결합으로까지 확대하는20) 동시에, 일탈의 종류를 두 방향에서 정리한다. 하나는 통계적 일탈과 한정적 일탈(determinate deviation)이고, 다른 하나는 내적 일탈과 외적 일탈이다. 통계적 일탈은 양적 측정에 의한 일탈을 말하고, 한정적 일탈은 비-양적으로 측정된다. 이 경우에 한정적 일탈은 언어 체계에 의해 허락되는 것과 텍스트에서 발생하는 것 사이의 불일치에 의해 측정된다. 즉 한정적 일탈은 어느 정도까지 규칙들의 위반이거나 혹은 언어 코드 자체의 어색함이다21). 내적

---

18) M. Riffaterre, Stylistic Context, *Word* ⅩⅥ, 1960, pp. 207-218.

19) R. Jakobson, Concluding Statement: Linguistics and Poetics, T. A. Sebeok, *Style in Style in Language, THE M.I.T. PRESS,* Massachusetts: 1960, p. 358.

20) S. A. Levin, *Linguistic Structures in Poetry,* Mouton Publishers, The Hague/ Paris/N.Y.: 1962, P.38.

21) G. Leech, 'stylistics', Teun A. van Dijk(ed), *Discourse and Literature,*

일탈과 외적 일탈은 일탈의 준거가 되는 규범이 작품 내적이냐 외적이냐에 의한 분류이다22).

이렇게 진행되어온 일탈론은 한 동안 생성 문법의 문체론과 병행되었다. 생성 문체론은 표층 곧 일탈이라는 주장을 유지하였다. 그러나 생성 문체론은 문체론의 중심 문제인 '의미 이외의 내용은 어떻게 의사소통될 수 있는가' 하는 문제에 아무런 공헌도 하지 못한다는 파울러(R. Fowler)와 피쉬(S. Fish)의 공격에 밀리고, 처리 전략과 의사소통으로 이어지면서23), 담화 분석으로 이어진다.

이와 병행하여 문체의 일탈론도 비판을 받는 가운데, 담화론적 문체론으로 기울기 시작한다. 이런 상황은 문장 넘어로, 말을 바꾸면 문장들 사이의 관계에까지 언어학이 연구 대상을 확대함에 따라 큰 변화를 가져오게 된다. 이른바 담화 분석(discourse analysis) 내지 텍스트 언어학(text linguistics, 또는 텍스트 Textwisse-schaft)의 출현에 의한 언어학의 영역 확대이다. 이 확대로 인해 언어학과 문학은 물론, 언어학 인류학 시학 기호학 문체론 등의 영역은 서로 교차하면서, 이제 거의 그 구분의 의미가 상실되었다고 할 수 있다.

그런데 이 담화 분석 내지 텍스트 언어학은 근간에 학문의 형태를 취하면서 나타났지만, 그 연원은 여러 갈래로써 상당히 오래 되었고, 이로 인해 그 접근 양상도 하나로 통일되지 않는다. 이런 사실은 접근 방법에서도 다양한 갈래를 보여준다. 접근 방법의 차이를 살피기 위하여, 담화 분석 내지 텍스트 언어학의 현대적 연원을 반 디익(van Dijk)의 글24)에서 정리 요약하면, 다음과 같다.

Amsterdam/Philadelphia:John Benjamins Publishing Company, 1985, pp. 40.
22) S. R. Levin, Internal and External Deviation in Poetry, *Word* XXI, 1965, p. 226.
23) T. J. Taylor, op. cit., pp. 93-107.
24) Teun A. van Dijk(ed), *Discourse and Literature*, Amsterdam/Philadelphia:John Benjamins Publishing Company, 1985, pp.1-6.

첫번째의 연원은 러시아 형식주의, 체코 구조주의(프라그 학파), 프랑스 구조주의 등으로 이어지다가 기호학으로 묶어지는 갈래이다[25]. 두번째 연원은 미국의 구조 문법과 독일의 텍스트 언어학으로 연결되는 갈래이다[26]. 세번째의 연원은 구조적 혹은 기능적 문법이 문체론 내지 시

---

25) 러시아 형식주의는 문학, 담화, 회화 혹은 다른 기호적 실제들의 구조적 분석에서 뒤에 오는 체코 구조주의와 프랑스 구조주의의 출발에 결정적인 점들을 제공한다. 야콥슨Jakobson과 같은 언어학자들, 쉬클로프스키 Šklovskij, 티니아노프 Tynjanov, 토마체프스키 Tomaševski 등등과 같은 문학자들, 프로프 Propp와 같은 인류학자들은, 문학, 담화, 영화, 민담들 그리고 예술들의 연구에 관한 새로운 아이디어들을 제공하였다.

체코의 언어학과 시학은 이미 그 초기에 '체코 구조주의'라는 표지하에, 이를테면 무카로프스키Mukařovský(1948)의 기호학적 연구들에서, 러시아 형식주의의 시사를 해주고 있다.

러시아 형식주의의 소작 중에서 프로프의 소작은 50년대에 레비-스트로스 Lévi-Strauss에 의해, 그리고 문학적 형식주의자들에 관한 토도로프 Todorov(1966)의 번역 뒤에 상당한 영향력을 갖게된다. 그 다음에, 이것들은 현재 일반적으로 '프랑스 구조주의'라고 불려지는, 레비-스트로스 그레마스 토도로프 브레몽Bremond 크리스테바 Kristeva 메츠 Metz 바르뜨 Barthes 등등의 연구로 이어진다.

이들의 연구는 일상적인 '언어와 문학'의 차별화와 한쪽으로 치우침에도 불구하고, 문학과 비-문학 그리고 담화의 장르들 사이의 고전적 경계들을 거의 무시한다. 이는 언어학, 기호학, 인류학 혹은 다른 학문들 그리고 사회 과학의 부분 사이에서의 변별에서도 계속 한다. 유럽에서의 구조적 문법들(야콥슨, 이엠슬레브 Hjelmslev, Tesnières, 그리고 다른 사람들)의 현저한 예를 보면, 구조언어학의 고전적 소쉬르류 전통은 담화, 서사, 신화, 영화 혹은 광고의 체계적 분석에 또한 이월되었다. 이들 다양한 접근들에 대한 포괄적인 상호 학문적 표지는 곧 '기호학 semiotics'(혹은 차라리, 프랑스에서의 '기호론 sémiologie')의 표지가 되었다. 다양한 인위 구조들에 대하여, 표현(시그니피앙)과 내용(시그니피에)으로의 기호들의 잘 알려진 분석은 물론, 형식과 해석의 보다 복잡한 단위들에 대한 결합적 원리들이 이루어졌다.

26) 미국에서 구조 문법은 해리스 Harris에 의한 담화 분석에 대한 호소에 귀 기울이지 않았다. 또한, 파이크 Pike와 론가크레 Longacre 등등은 많은 비-서구 언어들에서의 (주로 서사적 그리고 짧은 기사의) 담화구조들에 관한 소위

학으로 확대하는 갈래이다27). 이 세번째 연원에서 발전한 대표적인 글이
바로 리이취의 일탈 문체론이다.

리이취는 일탈을 세 단계로 설명하고 있다. 일차적, 이차적, 삼차적 일
탈 등이다. 일차적 일탈은 일상적 언어 사용의 규범으로부터의 일탈이
다. 이차적 일탈은 작가와 장르의 규범을 포함하는, 문학적 작시법, 즉 '
시적 규범 poetic canon'(Mukařovský)의 규범들로부터의 일탈이다. 삼차
적 일탈은 한 텍스트에 내재한 규범들로부터의 일탈이다28). 뿐만 아니라
이 일탈의 문체론은 일탈들의 결합을 통하여, 작품의 어느 한 부분의 해

'문법소론 tagmemics'의 틀 안에서의 담화 분석의 많은 구체적인 형식들을
보여주고 있다. 이 소작은 독일에서의 텍스트 문법 분야의 발달들에 곧 관련
되었다(페퇴피 Petöfi, 반 디읶 van Dijk, 쉬미트 Schmidt 등등). 이 텍스트 언
어학적 소작은 유럽 구조 문법들로부터의 통찰들을 촘스키에 의해 발달된 것
으로서의 생성-변형 문법들의 점점 보급되는 병렬체의 결합을 노력하였지만,
프랑스에서는 서사 구조들에 관한 개념들을 또한 통합하곤 했다. 그리고 시
의 화제적 구조에 대한 즈홀고프스키 Zholkovsky의 접근에서 발견할 수 있
는 것은 이 '생성적' 배경이다. 이같은 접근은 인공 지능에서 담화(그리고 그
것의 이해)의 기술을 위한 컴퓨터 프로그램들의 현행의 모의 시험 과정들을
암시해준다.
27) 구조적 혹은 기능적 문법들의, 즉 할리데이 Halliday의 '체계적 문법
systemic grammar'의 다른 갈래의 발자국들에서, 영국에서의 연구는 또한 60
년대 중간에 언어학, 문체론 그리고 시학 사이의 관계들에 대하여 초점이 맞
추어 졌다. 프랑스 구조주의자들의 소작 이상으로, 이들 연구가들은 언어 사
용의 정확한 형식들의 분석에 관심이 주어졌고, 그 결과 언어 문법과 언어
문체에 밀접하였다. 영국에서의 리이취 Leech의 소작과 핀랜드에서의 엔크비
스트 Enkvist의 소작은 이같은 태도의 중요한 예들이다. 리이취와 다른
사람들에 있어서, 이것은 그들이 광고의 분석만큼 시의 분석을 쉽게 수행하
였을 것이라는 것을 의미한다(리이취, 파울러 Fowler, 크리스탈 Crystal과 데
이비 Davie 등등).
28) G. Leech, stylistics, Teun A. van Dijk(ed), *Discourse and Literature*,
Amsterdam /Philadelphia:John Benjamins Publishing Company, 1985, pp.
45-50.

석 차원을 넘어서, 작품론에서 작품의 정점, 긴장감, 통일성 등등의 해석
에까지 이르고 있다29).

이런 일탈의 문체론을 연구 방법으로 택한 이유는 무엇보다도 앞에서
설정한 연구 목표를 다른 방법론으로는 성취할 수 없기 때문이다. 문체
론의 일탈론은 문학과 어학의 영역을 이어주는 학문이기도 하고, 동시에
문학과 어학의 구분을 무시하면서 양자를 포함하는 학문이다. 그리고 본
고의 연구 목표는 聯時調 <五倫歌>의 형식과 표현의 문제이다. 이 문제
는 형식주의 방법과 표현론, 즉 문체론적 방법으로 연구가 가능하다. 그
러나 무엇보다도 聯時調 <五倫歌> 各聯의 형식을 가능하게 하는 것이
한국어의 무엇을 어떻게 운용한 결과인가 하는 형식의 문제는 전통적인
학문 영역으로 보면, 한국어학의 영역이며, 이 영역의 연구 없이는 본고
의 연구 목적을 성취할 수 없다. 이렇게 본고가 다루려는 연구 대상은
어학과 문학의 영역에 가로 놓여 있어, 어학과 문학을 포괄할 수 있는
문체론, 그 중에서도 일탈론을 연구 방법으로 취하였다.

第三節 研究對象과 範圍限定

본고에서 논의의 대상은 聯時調30)로서의 <五倫歌>이다. 조선조 시조

---

29) ibid., p. 56.
30) 聯時調는 單時調의 對가 되는 槪念으로서 대체로 '聯時調', '連時調', '연시
   조'로 표기한다. 聯時調는 한 首 한 首의 單首로 하나의 작품을 완성시키는
   것이 아니다. 聯時調는 시조작품 한 首로써 완성된 독자성을 지닌 개별의 형
   태가 아니라 時調의 하위 장르인 平時調, 엇時調, 辭說時調의 어느 한 형태를
   단위로하여 구성된 單時調 두 수 이상의 작품이 연이어져 하나의 聯形體의
   時調作品을 형성시킨 시조다. 聯時調는 個別의 時調作品을 單位로 하여 單首
   로 독립되어 존재하는 형태로서냐 두 首 이상으로 구성되어 존재하는 형태로
   써냐에 의한 구분이다. '聯時調'는 聯을 구성하여 시조작품들이 전개 된다는

의 경향은 강호가도와 교훈시조의 두 가지로 정리된다. 강호가도의 시조
에 대한 연구는 조윤제의 강호가도론을 필두로 상당히 심화되었다[31]. 이
에 비해 교훈시조의 연구는 앞의 기존 연구의 검토에서 보았듯이, 강호
가도의 시조들의 연구에 비해 덜 되고 있다. 그렇다고 교훈 시조가 시조
문학에서 차지하는 비중이 결코 강호가도의 시조들보다 덜 중요한 것은
절대로 아니다. 그 당시에 팽배해 있던 유교적 사상을 중시한다면, 오히
려 강호가도의 시조들보다 그 중요성에서 주목을 받는다. 게다가 아무리
양보를 하여도 시조문학을 이해하기 위하여는, 시조의 두 줄기라 할 수
있는 강호가도의 시조들과 더불어 교훈시조의 연구가 반드시 요청된다
고 할 수 있다. 그리고 교훈시조의 주종은 두 말할 것도 없이 聯時調
<오륜가>이다. 그 이유는 두 가지로 요약된다. 하나는 五倫이 유교사상
의 실천 덕목을 대표하기 때문이다. 다른 하나는 오륜을 노래한 시조로
단시조들이 있지만, 이것들은 단편적으로 오륜의 덕목을 노래하기 때문
이다. 이런 점에서 교훈시조 중에서도 聯時調 <五倫歌>를 연구 대상으
로 하였다.

데서이고 '連時調'는 각 聯의 의미적 연관성에 의하여 시상을 전개하는 意味
의 유기적 전개의 여부에 의한 개념에 중점을 둔 명칭이다. 그리고 '연시조'
는 국문표기의 형태다. 聯에 의한 구성과 의미적 유기적 연관에 의한 作品의
구성도 결국은 聯에 의한 시상의 전개이므로 이 두가지를 포함시키는 데에는
'聯時調'라는 명칭이 적합성이 있다고 보아진다. 본고에서는 '聯時調'란 漢文
表記上의 명칭을 사용한다.

31) 이 방향의 연구 중에서 주목되는 글들을 아래와 같다.
　조윤제, ≪국문학개설≫,탐구당, 1955, pp. 395~415.
　최진원, ≪국문학과 자연≫, 성균관대학교출판부, 1977, pp. 5~115.
　김흥규, '강호자연과 정치현실', ≪세계의 문학≫ 통권 19호 (서울: 민음사,
　　1981, 봄)
　손오규, '퇴계의 산수문학 연구', 성균관대학교 박사학위논문, 1990.
　이민홍, '사림파문학연구', ≪성대문학≫ 제19집, 1973.
　김종열, '강호가도의 개념정립과 영남강호가단연구', 고려대학교 박사학위논
　　문, 1989.

研究 대상에 속한 <五倫歌>는 宋純(1493-1583), 周世鵬(1495-1554), 朴善長(1556-1616), 金尙容(1561-1637), 朴仁老(1561-1642), 李衎(1640-1699) 등의 여섯 작품이다. 이 중 대상의 범위를 정하는 데에 문제가 되는 것은 宋純과 李衎의 <五倫歌>다. 宋純의 <五倫歌>는 5首 中 父子有親, 長幼有序, 朋友有信 項目의 3首만이 松江의 <訓民歌>에 原詞가 전한다. 나머지 君臣有義와 夫婦有別의 項目은 다른 3 首와 더불어 ≪俛仰集≫에 漢譯되어 전한다. 本考에서는 ≪俛仰集≫에 漢譯이 있고, 나머지 原詞가 전하지 않는 두 首도 反譯되어 있지만, 원형이라 보아지고 松江의 <訓民歌>에 삽입되어 전하는32) 3首를 그 연구의 대상으로 한다. 李衎의 <五倫歌>에 대하여도 聯時調로써의 <五倫歌>인가는 의심을 가질 필요는 있으나 그 체재나 구성, 내용의 전개 등에서 <五倫歌>33)가 확실함으로 本考의 대상으로 한다. 대상 선정에 있어서 원본 내지는 정본의 확정 문제가 있다. 周世鵬·朴善長·金尙容·朴仁老 등의 <五倫歌>는 각각의 文集에 전한다. 따라서 이에 대하여는 현재의 해당 작품이 실려 있는 서적 및 사전류와 原典을 비교하여 원본에 충실하려 했다. 宋純과 李衎의 <오륜가>는 원전비평 논의와 관련하여 원전들을 비교한 다음 정본으로 선정된 것을 대상으로 삼았다34).

---

32) 丁益燮, '宋純의 短歌攷', ≪湖南文化研究≫제6집, 전남대 호남문화연구소, 1974, pp. 61~89. 김동욱, '壬亂 前後歌詞研究', ≪진단학보≫제25·26·27 合倂號, pp. 431~474.

33) 이 작품을 <五倫歌>로 보는 이들은 다음과 같다.
   全圭泰, ≪論註時調≫, 정음사, 1984, p. 307.
   韓春燮편저, ≪精解 古時調 解說≫, 홍신문화사, 1985, p. 252.
   申琦澈, ≪고시조정석≫, 보문각, 1976, p. 14.
   崔長洙, ≪고시조해설≫, 세운문화사, 1977, pp. 309~310.
   徐元燮, 시조문학연구, 형설출판사, 1977, p. 169. 등이 있다.

34) <오륜가>에 대한 이본의 대비 원전비평에 대한 논의와 그 출전은 다음과 같다.
   김동욱, '임란전후 가사연구', ≪진단학보≫ 제25, 26, 27합병호, 1964, pp.464

위에서 언급한 연구 목표를 앞의 연구 방법으로 수행하는 데에는 두
가지 한계가 수반된다. 그 하나는 聯時調 <五倫歌>의 各聯 즉 단시조의
형식을 가능하게 하는 한국어의 특성과 운용의 문제는 聯時調 <五倫歌>
의 各聯에만 한정된 것은 아니다. 적어도 단시조 전체에 걸린 문제이다.
그리고 聯時調 <五倫歌>의 연구조 역시 다른 연시들에도 걸리는 문제
이다. 이 두 문제는 범위를 단시조 전체와 연시 전체로 확대하여 비교할
때에 좀더 명확한 논의가 가능한 것들이다. 확대 비교는 앞으로의 과제
로 돌리고, 이 책에서는 聯時調 <五倫歌>와 그 各聯인 단시조들로 범위
를 한정한다.

~466.

윤영옥, ≪시조의 이해≫, 영남대출판부, 1986.

정익섭, '송순의 단가고', ≪호남문화연구≫, 전남대 호남문화연구소, 1974,
pp.69~70.

박을수, ≪한국시조대사전(상·하)≫, 아세아문화사, 1992.

심재완, ≪교본역대시조전서≫, 세종문화사, 1972.

_____, ≪정본시조대전≫, 일조각, 1984.

第二章 聯時調 <五倫歌>의
短時調 形式의 生成

본장에서는 聯時調 <五倫歌>를 이루는 各聯의 短時調 형식은 한국어의 어떤 특성들을 어떻게 운용하여 生成된 것인가를 정리하고자 한다. 이를 위해 聯時調 <五倫歌>의 각 작품들이 가지고 있는 일탈들을 살핀다. 다음 그 일탈들이 결합하면서 보여 주는 단시조 형식의 생성을 정리한다.

第一節 律節

율절을 생성하는 방법에는 네 가지가 있다. 하나는 가지 상태를 그대로 율절로 쓰는 것이고, 다른 하나는 가지의 結合에 의한 것이고, 다른 하나는 교점의 이동에 의한 것이고, 마지막 하나는 격어미의 생략에 의한 것이다. 먼저 이를 위해 율절로 이루어진 반행의 이차적 규범과 일탈을 정리한다. 다음 역시 이차적 규범인 가지의 결합과 교점의 이동에 의한 율절의 생성 그리고 격어미의 생략에 의한 율절의 생성방법을 살펴본다.

1. 二次的 規範과 逸脫

시조의 형식은 주지하는 바와 같이 3장 6구이다. 이는 현대적으로 볼 경우에 3행시로 곧 6半行으로 볼 수 있는 것인데, 이 시조 형식은 이미 일차적 일탈을 의미한다. 즉 일상적인 산문을 시가 형식으로 일탈시켜서 만들어진 이차적 규범이다. 이 이차적 규범과 일탈을 정리하여 율절의 형식을 정리하는 것이 본절의 주요 목적이다. 시조의 반행(hemistich)들의 형식은 초장과 중장의 그것들과 종장의 그것들이 다른 형식을 가지고 있어, 둘로 나누어 설명하고자 한다.

(1) 초장 중장의 율절

1) 이차적 규범과 일탈

律節은 半行 안에 있는 율격적 한 마디 글의 의미로 쓴다[1]. 시조는

---

1) 律節은 統辭上 非文法的인 특수한 律格 단위를 지칭하기 위하여 새로 만든 용어이다. 율격이란 문자 언어를 음악적으로 배열하여 율동을 가진 것이다. 이때 이 율동은 서구의 율격과 같이 等長性의 음보(foot)에서만 생산되는 것이 아니라, 유사한 등장성에서도 발생 한다. 이 점을 고려하고, 서구의 등장성에 입각하여 산정할 수 없는 한국시의 설명을 위한 것이다. 서구의 음보율에 의한 해석의 한계를 지적한 글로 우선 다음의 것을 볼 수 있다.

종래의 자수율론이나 음보율론은 근본적으로 국어의 조어적 특질과 율격구성의 특질을 고려하지 아니하고 외국시에 적용되는 운율론을 바탕으로하여 고유시를 자질하고 마름질하려는 데서 범해진 오류현상이라 지적할 수 있다. (홍재휴, 한국고시 율격연구, 태학사, 1983, p. 12)

그리고 시조의 형식 논의에서 나타난 율격론은 두 가지 문제를 보인다. 그 핵심 부분은 다른 곳보다도 종장 두번째 부분이다. 이 부분의 음절수를 흔히 5로 잡는다. 이 5는 우선 통계적 분포에서 우세한 것도 아닌 산술적 평균치이다. 이를 인정해도 1음보설과 2음보설이 대립한다. 이 경우에 2음보설을 인정하면, 이는 그럴듯하지만, 심각한 문제를 수반하고 있다. 5음절을 2음보로보면, 그 음보의 음수는 2와 3이다. 이때 인정한 2는 그 앞에 여러번 등장하

율절을 단위로 하면, 12(또는 13)율절로 구성된다고 할 수 있다. 이 율절들은 반행을 단위로 할 때에, 초장과 중장의 반행들에서는 內律節≤外律節(外律節 : 3 또는 4음절)로 구성되는 것이 주종으로 상대적 규범을 이루게 된다. 이는 시조의 초장과 중장의 반행들이 보여주는 규범으로, 일상언어의 산문성으로부터의 일탈이다. 이런 사실을 <五倫歌> 작가별로 두 작품씩을 예로 들어보면서, 나머지의 현상을 설명하면 다음과 같다.

아바님 날 ∨ 나ᄒ시고 / 어마님 날 ∨ 기ᄅ시니 ∥
두 분곳 ∨ 아니시면 / 이 몸이 ∨ 사라실가 ∥

늠으로 ∨ 삼긴 듕에 / 벗 ᄀᄐ티 ∨ 유신ᄒ랴 ∥
내의 왼 ∨ 이롤 다 / 닐오려 ∨ ᄒ노매라 ∥

위의 두 작품의 초장과 중장들은 송순의 <五倫歌>에서 뽑은 것들이다. 위의 예들에서 보는 바와 같이, 모두가 內律節≤外律節(3 또는 4음절)의 규범을 따르고 있음을 알 수 있다. 나머지 한 작품의 경우에도 완전히 內律節≤外律節(3 또는 4음절)의 규범을 따른다. 그리고 송순의 다른 작품인 <風霜이 서거친 날에 ᄀ픠온 黃菊花를. . . >의 시조에서 그 초장과 중장의 반행들도 內律節≤外律節의 규범을 따르고 있다.

이번에는 周世鵬의 <五倫歌>에서 두 작품의 초장과 중장을 보자.

兄님 ∨ 자신 져줄 / 내 조처 ∨ 머궁이다 ∥
어와 ∨ 뎌아ᅀᅡ야 / 어마님 ∨ 너ᄉ랑이야 ∥

늘거니는 ∨ 父母ᄀ고 / 얼우는 ∨ 兄ᄀ투니 ∥
ᄀᆮ툰디 ∨ 不恭ᄒ면 / 어듸가 ∨ 다롤고 ∥

고 있는 4음절을 다시 2음절씩 나누어 2음보로 처리하지 않은 문제를 풀 수 없다.

이상과 같이 모두가 內律節≦外律節의 규범을 따르고 있으며, 나머지 <五倫歌> 4수의 초장과 중장의 반행들도 한결같이 內律節≦外律節(3 또는 4음절)의 규범을 따르고 있다. 그리고 周世鵬의 다른 시조 9수들(君子歌, 學而歌, 問津歌, 浴沂歌, 春風歌, 至善歌, 孝悌歌, 靜養吟, 動察吟)(이하에서는 '周世鵬의 다른 시조 9수'로 대신한다)의 초장과 중장의 반행들도 內律節≦外律節(3 또는 4음절)의 규범을 따르고 있다.

어버이 ∨ 子息 ᄉ이 / 하늘 삼긴 ∨ 至親이라 //
부모곳 ∨ 아니면 / 이 몸이 ∨ 이실쏘냐 //

님군을 ∨ 셤기오디 / 正ᄒᆞᆫ 길노 ∨ 引導ᄒᆞ야 //
鞠躬 ∨ 盡瘁ᄒᆞ야 / 죽은 後의 ∨ 마라ᄉ라 //

이 두 작품은 金尙容 <五倫歌>의 2수이다. 이것들에서 보는 바와 같이 초장과 중장의 반행들은 모두 內律節≦外律節(3 또는 4음절)의 규범을 따르고 있다. <五倫歌>의 나머지 3수의 초장과 중장의 반행들도 모두 內律節≦外律節(3 또는 4음절)의 규범을 따르고 있다. 그리고 金尙容의 다른 시조 13수(訓戒子孫歌 9수, 金爐에 香盡ᄒ고 漏聲이 殘ᄒ도록...,ᄉ랑이 거즛말이 님 날 ᄉ랑 거즛말이..., 梧桐에 듯는 빗발 無心이 듯건마는..., 離別 셔름을 아나 蘇惹蘭만다 못ᄒ다...)의 초장과 중장의 반행들도 거의가 內律節≦外律節(3 또는 4음절)의 규범을 따르고 있으며, 단지 <金爐에 香盡ᄒ고 漏聲이 殘ᄒ도록...>의 시조와 <梧桐에 듯는 빗발 無心이 듯건마는...>(이하에서는 '金尙容의 다른 시조 13수'로 약칭한다)의 시조 중장의 전-반행이 <어듸가 이셔>와 <님 시름 ᄒ니>와 같이 內律節≦外律節의 규범을 일탈하고 있다.

이번에는 朴善長의 <五倫歌>를 보자.

옷밥이 ∨ 不足ᄒ니 / 禮義 ᄎ리 ∨ 겨롤 업셔 //
家塾 ∨ 黨序을 / 不闕이 ∨ 너기ᄂ냐 //

이우즐 ∨ 미이디 마라 / 이웃 미오면 ∨ 갈듸 업서 //
一鄕이 ∨ ᄇ리고 / 一國이 ∨ 다 ᄇ리리 //

두 시조의 초장과 중장의 반행들에서 보듯이 밑줄친 부분을 제외한
나머지 부분에서는 內律節≦外律節(3 또는 4음절)의 규범을 따르고 있
다. 朴善長의 나머지 <五倫歌> 6수의 초장과 중장의 반행들도 모두 內
律節≦外律節(3 또는 4음절)의 규범을 따르고 있음을 알 수 있다.

朴仁老의 <五倫歌>에서도 內律節≦外律節(3 또는 4음절)의 규범은 일
부 일탈을 포함하면서 아래와 같이 지켜진다.

아비ᄂ ∨ 나ᄋ시고 / 어미ᄂ ∨ 치옵시니 //
昊天 ∨ 罔極이라 / 갑흘 길이 ∨ 어려우니 //

天地間 ∨ 萬物中에 / 사롬이 ∨ 最貴ᄒ니 //
最貴ᄒ ∨ 바ᄂ / 五倫이 ∨ 아니온가 //

위에 인용한 2수 시조의 초장과 중장의 반행들 중에서, 밑줄친 부분을
제외하고는 內律節≦外律節(3 또는 4음절)의 규범을 준수하고 있다. <五
倫歌>의 나머지 23수의 초장과 중장의 반행들도 內律節≦外律節(3 또는
4음절)의 규범을 준수한다. 그리고 朴仁老의 다른 시조 42수(立岩二十九
曲 29수, 思親 1수, 慕賢 2수, 蘆洲幽居 1수, 自警 3수, 蔚山椒井 2수,
<盤中 早紅감이 고아도 보이ᄂ다. . .> 1수, <萬鈞을 느려내야 길게길게
노흘 ᄭ아. . .> 1수, <群鳳 모도신듸 외가마귀 드러오니. . .> 1수, <王
祥의 鯉魚잡고 孟宗의 竹筍것거. . .> 1수)(이하에서는 朴仁老의 다른 시
조 42수로 부른다)의 초장과 중장의 반행들 중에서 內律節≦外律節의
규범을 일탈한 것은 아래 인용에서 밑줄친 두 반행들이다.

불근 역귀을 헤혀너고 돌알이 안자시니(釣月灘의 중장)

검던 머리 희도록 老萊子의 오술 입고(<王祥의 鯉魚잡고 孟宗의 竹筍것
거. . .>의 중장)

이번에는 李侃의 <五倫歌>을 보자.

어버이 ∨ 날 나흐셔 / 어질과쟈 ∨ 길러내니 //
이 두分 ∨ 아니시면 / 내몸 나셔 ∨ 어질쏘냐 //

天恩이 ∨ ᄀ이 업서 / 代마다 ∨ 덥혀 두고 //
太平 ∨ 盛世에 / 가플 일이 ∨ 어려왜라 //

위의 두 작품의 초장과 중장의 반행들에서 볼 수 있는 것과 같이, 모
든 반행들은 內律節≦外律節(3 또는 4음절)의 규범을 준수한다. 李侃의
<五倫歌> 나머지 4수의 초장과 중장의 반행들도 모두 內律節≦外律節(3
또는 4음절)의 규범을 준수한다. 李侃의 나머지 시조 24수들(<淨友亭 도
라 드러 最樂堂 閑暇ᄒ듸. . .> 1수, <山은 잇건마는 물은 간듸 업더. . .>
1수, <돌은 언제 나며 술은 뉘 삼긴고. . .> 1수, <이도 聖恩이오 뎌도
聖恩이라. . .> 1수, <이 술은 天香酒라 모다 대되 슬타마소. . .> 1수,
<天寶山 나린 물을 金谷村에 흘려두고. . .> 1수, <玉流堂 죠탓말 듯고
金谷村에 드러가니. . .> 1수, <山아 首陽山아 伯夷叔齊 어듸가니. . .>
1수, <이거시 어듸 미고 師尙父의 釣臺로다. . .> 1수, <灄河水 도라드
니 師尙父의 釣磯로다. . .> 1수, <首陽山 ᄂ린 물이 釣魚臺로 가다ᄒ니.
. .> 1수, <日月도 녜와 ᄀ고 山川도 依舊ᄒ되. . .> 1수, <笛童을 아픠
셰고 楓嶽을 츠자오니. . > 1수, <平生에 일이 업서 山水間에 노니다가. . .>
1수, <石上에 自梧桐을 석자만 버혀내면. . .> 1수, 솔아 삼긴 솔아 네
어이 삼겻는다. . .> 1수, <히져 어둡거늘 밤듕만 너겻더니. . .> 1수,
<제 分 죠흔 줄울 ᄆᆞᆷ에 定흔 後에. . .> 1수, <天理롤 알쟉시면 天道

ㅣ라타 뉘 모로리. . .> 1수, <德으로 일삼으면 제 分인줄 제 모로며. . .>
1수, <말솜을 길희여 내면 결올 일이 바히 업고. . .>의 1수, <어져 내
말 듯소 君子工夫 다흔 後에. . .> 1수, <사람이 삼긴 後에 天性을 가져
이셔. . .> 1수, <鄕黨은 禮ㅂㄹ니 어닉 사롬 無禮ㅎ리. . .> 1수)(이하에
서는 李侃의 다른 시조 24수로 부른다)의 초장과 중장들의 모든 반행들
도 內律節≦外律節의 규범(3 또는 4음절)을 준수한다.

2) 이차적 규범의 가지와 교점

일상의 언어는 그 수형도에서 규범적인 가지(branch)와 교점(node)을
가지고 있다. 이 가지와 교점은 언어의 기본 단위이고, 그 결합이다. 그
런데 이 기본 단위와 그 결합은 시의 구문(Poetic Syntax)에서 일탈의
변화를 보인다[2]. 聯時調 <五倫歌>에서도 이 기본 단위와 그 결합은 일
탈을 보인디. 즉 일상 구문에서 기본 단위인 단어들 즉 가지들이 결합하
여 시조의 기본 단위인 율절을 생성하기도 하고, 교점의 이동을 통하여
시조의 기본 단위인 율절을 이루기도 한다. 가지(단어)의 결합에 의한
율절의 생성을 <五倫歌>의 원문에 밑줄로써 표기하고, 교점의 이동을
이탤릭체로 구분하여 표기하되, 규범의 교점은 ' ˘ '로 일탈의 이동 교점
은 ' / '로 표시해 보면 다음과 같다.

宋純의 <오륜가>

아바님˘날/ 나흐시고 어마님˘날/ 기르시니
두 분곳 아니시면 이 몸이 사라실가

형아 아으야 네 술홀 만져 보아
뉘손딕 타나관딕 양ᄌ조차 ᄀᄐ손다

---

2) Lee Sang-oak, *Metrical Phonology 1*, Han Shin Moon Hwa Sa, 1981,   pp.
   36~40.

놈으로 삼긴 둥에 벗 굿티 유신ᄒ랴
내의 왼 이롤 다 닐오려 ᄒ노매라

송순 <오륜가>의 초장과 중장에서 가지의 결합에 의한 율절의 생성
과, 교점의 이동에 의한 율절의 생성을 정리하였다. 그 결과 가지의 결
합에 의한 율절의 생성이 9회이고, 교점의 이동에 의한 율절의 생성이 2
회이다. 가지의 결합에 의해 생성된 율절은 3음절을 이루는 것이 6회이
고, 4음절을 이루는 것이 3회이다. 교점의 이동에 의해 생성된 율절은
모두 4음절을 이룬다. 이 가지의 결합과 교점의 이동에 의해 생성된 율
절 외에, 한국어의 기본 단위인 단어를 그대로 율절로 사용한 것은 14회
로, 2음절이 2회, 3음절이 3회, 4음절이 9회이다.

周世鵬의 <五倫歌>

사롬 사롬마다 이 말슴 드러스라.
이 말슴 아니면 사롬이오 사롬 아니.

아버님날/ 나ᄒ시고 어마님날/기르시니
父母옷 아니시면 내몸이 업실낫다.

둉과 항것과롤 뉘라셔 삼기신고.
벌과 가여미 이 뜨돌 몬져 아니

지아비 받/ 갈라 간ᄃᆡ 밥고리 이고가
반상을 들오ᄃᆡ 눈섭의 마초이다.

兄님/ 자신 져줄 내 조쳐 머궁이다.
어와 뎌 아ᅀ야 어마님 너ᄉ랑이야.

늘그니는 父母곹고 얼우는 兄ᄀᆺᄐ니
곹ᄐᆫᄃᆡ 不恭ᄒ면 어디가 다롤고.

이상은 주세붕의 <오륜가> 초장과 중장에서 가지의 결합과 교점의 이동에 의한 율절의 생성을 표시한 것이다. 가지의 결합에 의해 율절을 생산하는 경우는 13회이고, 교점의 이동에 의해 율절을 생산한 경우는 4회이다. 가지의 결합에 의해 생성된 율절들은 3음절이 6회이고, 4음절이 7회이다. 교점의 이동에 의해 생성된 율절들은 모두가 4음절의 4회이다. 이외의 것들은 한국어의 단어들을 그대로 율절로 쓰는데, 2음절 5회, 3음절 13회, 4음절 13회 등의 31회에 걸쳐 나타난다. 2음절을 쓰는 경우는 초장과 중장의 첫율절에 한정된다.

　　　金尙容의 <五倫歌>

　　　　어버이/子息ˇ 스이 하눌 삼긴 至親이라.
　　　　부모곳 아니면 이 몸이 이실소냐.

　　　　님군을 셤기오디 正혼 길노 引導ᄒ야
　　　　鞠躬 /盡瘁ᄒ야 죽은 後의 마라스라

　　　　夫婦라 희온거시 눔으로 되어이셔
　　　　如鼓 瑟琴ᄒ면 그 아니 즐거오냐.

　　　　兄弟 두몸이나 一氣로 논화시니
　　　　人間의 貴혼 거시 이 外예 또 잇는가.

　　　　벗을 사괴오디 처음의 삼가ᄒ야
　　　　날도곤 나으니로 굴히여 사괴여라.

이상에서 가지의 결합과 교점의 이동을 정리하면 다음과 같다. 가지의 결합에 의한 율절의 생산은 9회이고, 교점의 이동에 의한 율절의 생산은 2회이다. 가지의 결합에 의해 생산된 율절들은 3음절이 3회, 4음절이 6회이다. 교점의 이동에 의해 생산된 율절은 4음절을 이룬다. 이외에 한국어의 단어를 그대로 율절로 사용한 경우는 2음절 4회, 3음절 12회, 4음절 14회 등이다. 2음절을 율절로 사용하는 경우는 초장과 중장의 첫율절에 한정된다.

朴善長의 <오륜가>

寸마도 못한 푸리 봄 이슬 마즌 後에
닙 넙고 줄기 기러 밤나즈로 부러낫다

이 님이 머기시고 이 님이 입피시니
十生 / 九死한둘 님의 德을 니줄느냐

두 姓이 한 디 모다 함끠 늘거 죽쟈 하니
百年 情好야 이예셔 더랴마는

몬져 나니 後에 나니 次序야 다롤지라도
압 뒤헤 돌녀셔 한 져즈로 기러낫다

남으로 삼긴 거시 이디도록 親厚할샤
손 잡고 말할 제 억게만 두드리랴

唐虞 머러디고 漢唐宋이 니어시니
天地 오라거니 世道ˇ 아니/ 變할너냐

옷밥이 不足하니 禮義 츠리 겨롤 업셔
家塾/ 黨序을 不關이 너기느냐

이우즐 미이디 마라 이웃 미오면 갈듸 업셔
一郷이 브리고 一國이 다 브리리

위 시조에서의 가지의 결합과 교점의 이동을 제시해보면 다음과 같다. 가지의 결합에 의한 율절의 생산은 27회(3음절 10회, 4음절 15회, 5음절

2회)이고, 교점의 이동에 의한 율절의 생산은 4회(4음절 3회 3음절1회)이다. 한국어의 단어를 그대로 율절의 단위로 쓴 경우는 36회(2음절 5회, 3음절 12회, 4음절 18회, 5음절 1회)이다. 2음절은 초장과 중장의 첫율절에서 나타나고, 5음절의 율절은 초장의 끝율절에서 나타난다.

朴仁老의 <五倫歌>

아비는 나으시고 어미는 치옵시니
昊天 / 罔極이라 갑흘 길이 어려우니

人生 百歲中에 疾病이 다 이시니
부모를 섬기다 몃 히를 섬길넌고

父母 섬기기를 至誠으로 셤기리라
鷄鳴에 盥瀨ᄒ고 懊寒을 뭇ᄌᆞ오며

世上 사롬들아 父母恩德 아ᄂ산다
父母곳 아니면 이몸이 이실소냐

三千 罪惡中에 不孝애 더니 업다
夫子의 이 말슴 萬古애 大法 삼아

聖恩이 罔極ᄒ 줄 사롬들아 아ᄂ손다
聖恩곳 아니면 萬民이 살로소냐

稷契도 안닌 몸애 聖恩도 罔極ᄒᆞᆯ샤
百번을 죽어도 갑흘 닐이 업것마는

사롬 삼기실제 君父갓게 삼겨시니
君父ㅣ 一致라 輕重을 두로소냐

深山의 밤이 드니 北風이 더옥 차다

玉樓 /高處에도 이 ᄇᄅ롬 부는게오

이몸이 죽은 後에 忠誠이 넉시되야
놉히 놉히 ᄂ라 올라 閶闔을 블너 열고

夫婦ㅣ 이신 後에 父子兄弟 삼겨시니
夫婦곳 아니면 五倫이 가즐소냐

사람 내실 적의 夫婦ᄀ게 삼겨시니
天定 /配匹이라 夫婦ᄀ치 重홀소냐

夫婦을 重타훈둘 情만 重케 가질것가
禮別업시 居處ᄒ며 恭敬업시 조홀소냐

夫婦 삼길 적의 하 重케 삼겨시니
夫唱 /婦隨ᄒ야 一家天地 和ᄒ리라

남으로/ 삼긴 거시 夫婦 ᄀ치 重홀넌가
사롬의 百福이 夫婦에 가잣거든

兄弟 내실 적의 同氣로 삼겨시니
骨肉 /至親이 兄弟 ᄀ치 重홀넌가

爭財에 失性ᄒ야 同氣不睦 마라스라
田地와 奴婢ᄂ 갑슬 주면 살련이와

友愛를 尤篤ᄒ야 百年을 훈틔 살며
훈 옷 훈 밥을 논하 닙고 논하 먹고

同氣로 셋 몸되야 훈몸 가치 지니다가
두 아은 어디가셔 도라올 줄 모르는고

友愛/ 깁흔 쓰지 表裏업시 훈뜻되야

이中에 和兄弟를 우린가 녀겨시니

벗을 사괼딘딘 有信케 사괴리라
信업시 사괴며 恭敬업시 지닐쏘냐

言忠 行篤ᄒ고 벗 사고기 삼가오면
내몸애 辱 업고 외다ᄒ리 적거이와

天地間 萬物中에 사롬이 最貴ᄒ니
最貴혼 바는 五倫이 아니온가

幸玆 秉彝心이 古今 업시 다 이실신
爰輯 舊聞ᄒ야 二三篇 지어시니

仔細히 살펴 보면 뉘 아니/ 感激ᄒ리
文字는 拙ᄒ디 誠敬을 삭여시니

　　박인로의 <五倫歌> 초장과 중장에서, 가지 결합에 의한 율절의 생산
은 54회(2음절 1회, 3음절 12회, 4음절 41회)이고, 교점의 이동에 의한
율절의 생산은 7회(4음절)이다. 한국어의 단어를 그대로 율절로 쓴 경우
는 141회(2음절 21회, 3음절 55회, 4음절 65회)이다. 2음절의 경우는 초
장과 중장의 첫율절에서 나타난다.

　　李 侃의 <五倫歌>

어버이 날 나흐셔 어질과쟈 길러내니
이 두 分 아니시면 내몸 나셔 어질소냐

天恩이 ᄀ이 업셔 代마다 덥혀 두고
太平 盛世에 가폴 일이 어려왜라

우리몸 갈라 난들 두 몸이라 아지마소

分形 連氣ᄒ니 이 이른 兄弟니라

늠으로서 親흔 사룸 벗이라 닐러시니
有信곳 아니ᄒ면 사귈 줄이 이실소냐

男女/ 有別흔˘ 줄 사룸마다 알년마논
學文을 모르면 알기˘ 아니/ 어려온랴

져무니 어룬 뫼셔 간듸마다 추례곳 알면
無知흔 愚氓들도 아니˘ 아지/ 못ᄒ려니

이상 이간의 <오륜가> 초장과 중장에서, 가지의 결합에 의한 율절
의 생산은 15회(3음절 3회, 4음절 11회, 5음절 1회)이고, 교점에 의한 율
절의 생산은 3회(4음절)이다. 한국어의 단어를 그대로 율절로 쓴 경우는
30회(2음절 3회, 3음절 10회, 4음절 17회)이다. 5음절의 경우는 초장의
끝율절에서 나타난다.

(2) 종장의 율절

1) 이차적 규범과 일탈

종장의 두 반행들도 규범과 일탈을 가지고 있다. 전-반행의 內律節(3
또는 4음절)<外律節(4 또는 5음절) 또는 內律節(3음절)≦中律節(2, 3, 4
음절)≦外律節(4, 3음절)3)와 후-반행의 內律節(4음절)≧外律節가 그것이

---

3) 종장 전-반행을 2율절과 3율절로 정리하는 이유는 다음과 같다. 단시조의 형
  식은 종장 전-반행에서 그 이전과 다른 변화를 보이는 것인데, 이 변화를 5음
  절과 같이 그 앞의 어느 율절의 음절보다도 많이 취하는 경우도 있지만, 이
  와 다르게 그 이전의 반행들이 취하는 2율절보다 많은 3율절을 취하기도 하
  는 두 형태로 보기 때문이다.
  2율절의 경우는 4음절과 5음절이 등장한다. 4음절이 율절을 형성하는 것은
  초장과 중장의 율절들과, 다음 절에서 보겠지만 한국어의 단어 중에서 4음절

이 기본 음절이라는 점에서 문제가 없다. 5음절을 율절로 설정하는 데에는 몇가지 근거를 가진다. 하나는 다음 절에서 보겠지만 한국어의 단어에서 기본 음절수의 하나라는 것이다. 다른 하나는 다음 절에서 보겠지만 율절의 생성에서 가지를 결합하는 경우는 있어도 가지를 분리하여 율절을 생성하는 경우는 시조의 순수 우리말에서 발견되지 않는다는 점이다. 다른 하나는 한자성어와 격어미를 결합한 단어들에서는 가지를 분리하여 율절을 생성하는 경우가 있는데, 이 경우는 5음절의 율절이 아니라 6음절 이상의 율절에서 나타난다는 것이다. 이런 점에서 기왕의 주장들과 같이 종장 두번째 율절에서 5음절을 한 율절로 인정할 수 있다. 그러면 5음절의 율절이 종장 두번째 율절에서 불변의 요소인가 하는 것이다. 그렇지 않다고 생각한다. 6음절 이상도 허락하되, 2율절을 생성한다는 것이다. 그 이유는 두 가지이다. 하나는 격어미를 생략하여 5음절을 1율절로 생성할 수 있는데도 이를 벗어나는 경우가 있다는 것이다. 다음 절에서 보겠지만 율절을 생성하는 주요 방법중의 하나로 격어미의 생략이 있다. 그런데 이 곳에서 격어미를 생략하여 5음절의 율절을 생성할 수 있는데도, 격어미를 생략하지 않고 6음절을 취하여 2율절을 생성하는 경우가 있다. 聯時調 <五倫歌>에서 예를 들면 다음과 같다.

> 하늘 て튼 て 업손 은덕을 어더 다혀 갑스오리(宋純의 <五倫歌>)
> 그러코 恭敬곳 아니면 卽同禽獸 흐리라(金尙容의 <五倫歌>)
> 終始히 信義롤 딕희여 久而敬之 흐여라(金尙容의 <五倫歌>)
> 萬一에 大義를 모르면 斯養이나 다르랴(朴善長의 <五倫歌>)
> 사롬이 이 뜻을 모라면 禽獸마도 못흐리(朴善長의 <五倫歌>)
> 아마도 못다홀 誠孝를 일즉 벼퍼 보렷로라(朴仁老의 <五倫歌>)
> 이몸은 忠孝 두 사이예 늘글주를 모르보라 (朴仁老의 <五倫歌>)
> 아마도 至極호 恩德을 못내 가파 흐노라(李侃의 <五倫歌>)
> 眞實로 國法이 이시니 無別無行 흐지마라(李侃의 <五倫歌>)

이상에서 밑줄친 부분을 생략하면 모두가 5음절의 1율절을 생성하게 된다. 그런데도 작품은 이를 벗어나 6음절을 보인다. 이 6음절은 1율절이 아니라 2율절이다. 3.3, 2.4로 분리되는데 이는 초장과 중장의 율절들에서 종종 나타나는 것들이다. 다른 이유는 6음절이 1율절을 생성할 수 없다는 점이다. 다음 절에서 보겠지만 한국어에서 6음절은 기본 단어들의 음절이 아니다. 그런데 시조는 한국어 단어의 우세한 기본 음절수를 바탕으로 한 형식이라는 점에서 6음절의 1율절을 인정할 수 없다. 동시 6음절이 분리된 3과 4 또는 2와 4는

다. 이런 사실을 앞의 초장과 중장의 반행들과 같은 방법으로 정리하면
다음과 같다.

　　　하늘 ㄱ튼 ∨ ㄱ 업손 은덕을 / 어디 다혀 ∨ 갑스오리 ∥

　　　이 모미 ∨ 벗님곳 아니면 / 사룸 되미 ∨ 쉬올가 ∥

　이 두 행은 송순의 <五倫歌>에서 뽑은 것들이다. 이것들에서 보듯이,
전-반행에서는 內律節<外律節(3, 4음절)를 보여주고, 후-반행에서는 內
律節(4음절)≧外律節를 보여준다. 그리고 <五倫歌>가 아닌 <風霜이 섯
거친 날에 ズ피온 黃菊花를...>의 시조에서는 <桃李야 ∨ 곳이온양마
라 / 님의 뜻을 ∨ 알쾌라 ∥>와 같이 앞의 규범을 따르고 있다. 그러
나 송순의 <五倫歌>의 나머지 1수에서는 <흔졋먹고 ∨ 길러나이셔 /
닷ᄆ옴 ∨ 먹디마라 ∥>의 밑줄친 부분과 같이 후-반행이 內律節(4음
절)≧外律節를 일탈하기도 한다.

　이번에는 周世鵬의 <五倫歌>에서 6수의 종장을 보자.

　　　이 말숨 ∨ 닛디 말오 / 빅호고야 ∨ 마로링이다 ∥

　　　이 德을 ∨ 갑흐려 하니 / 하늘ㄱ이 ∨ 업스샷다 ∥

　　　흔 ᄆᅀᆞ매 ∨ 두 ᄠᅳᆮ 업시 / 소기지나 ∨ 마옵생이다 ∥

　　　친코도 ∨ 고마오시니 / 손이시나 ∨ 다ᄅᆞ실가 ∥

　　　兄弟옷 ∨ 不和ᄒᆞ면 / 개도티라 ∨ ᄒᆞ리라 ∥

각각 율절을 이룬다. 이런 점들에서 종장 전-반행은 內律節(3 또는 4음절)<外
律節(4 또는 5음절)와, 內律節(3음절)≦中律節(2, 3, 4음절)≦外律節(4, 3음절)의
두 종류를 가진다고 본다.

랄로셔 ∨ ᄆ디어시ᄃᆞᆫ / 절ᄒ고야 ∨ 마로링이다 ∥

이상과 같이 전-반행에서는 고딕으로 표기한 부분에서만 한번의 일탈
을 보이고,나머지에서는 內律節(3, 4음절)<外律節의 규범을 따른다. 다른
9수의 시조 종장의 전-반행에서도 모두 이 內律節<外律節의 규범을 따
른다. 그러나 후-반행에서는 밑줄친 부분과 같이 세번은 內律節(4음절)
≧外律節를 따르고, 세번은 內律節<外律節를 따르고 있어 규범의 설정
에 어려움이 있다. 그러나 주세붕의 다른 9수를 계산하면, 역시 종장의
후-반행에서의 규범은 內律節(4음절)≧外律節임을 알 수 있다. 다른 9수
의 후-반행을 인용하면 다음과 같다.

. . . 이룰 몬져 ∨ 삼가쇼셔 ∥ (君子歌)

. . . 오라가라 ∨ ᄒ노라 ∥ (問津歌)

. . . 이 부닌가 ∨ 너기너 ∥ (春風歌)

. . . 妄을 업시 ∨ ᄒ쇼셔 ∥ (至善歌)

. . . 여희디롤 ∨ 마ᄅ쇼셔 ∥ (靜養吟)

. . . 다시 밍작 ∨ 마ᄅ쇼셔 ∥ (動察吟)

. . . 曲肱 ∨ 而枕ᄒ오 ∥ (學而歌)

. . . 날로 ∨ 三省호리 ∥ (浴沂歌)

. . . 孝悌이 ∨ 쑌닝이다 ∥ (孝悌歌)

이상과 같이 內律節(4음절)≧外律節는 여섯번 나타나고 이를 일탈한

內律節<外律節는 앞의 밑줄친 것과 같이 세 번 나타난다. 이런 점에서 內律節(4음절)≧外律節이 규범이고 內律節<外律節이 일탈임을 파악할 수 있다.

　　　烏鳥도 ∨ 反哺롤 ᄒ니 / 父母孝道 ∨ ᄒ여라 ∥

　　　가다가 ∨ 不合곳 ᄒ면 / 믈러간들 ∨ 엇더리 ∥

　　　그러코 ∨ 恭敬곳 아니면 / 卽同禽獸 ∨ ᄒ리라 ∥

　　　갑주고 ∨ 못 어들거슨 / 이쌘인가 ∨ ᄒ노라 ∥

　　　終始히 ∨ 信義롤 딕희여 / 久而敬之 ∨ ᄒ여라 ∥

　이상은 金尙容 <五倫歌>의 5수의 종장들이다. 위에서 보는 바와 같이 전-반행들은 모두가 內律節(3, 4음절)<外律節의 규범을 따르고, 후-반행들은 모두가 內律節(4음절)≧外律節의 규범을 따르고 있는 것을 볼수 있다. 이런 사실은 그의 다른 시조 13수에서도 같은 현상이다.
　이번에는 朴善長의 <五倫歌>의 종장들을 보자.

　　　이 恩惠 ∨ 하 罔極ᄒ니 / 가풀 줄을 ∨ 몰너라 ∥

　　　萬一에 ∨ 大義를 모르면 / 厮養이나 ∨ 다르랴 ∥

　　　사롬이 ∨ 이 뜻을 모라면 / 禽獸마도 ∨ 못ᄒ리 ∥

　　　그려도 ∨ 닐곱 구모 가자시니 / 五倫이야 ∨ 모르랴 ∥

　　　그려도 ∨ 보고 들으면 / 비ᄒ리 ∨ 이시리 ∥

　　　百年도 ∨ 못 살 人生이 / 그러그러 ∨ 엇데리 ∥

朴善長의 <五倫歌> 종장들은 각각 그 전-반행에서는 內律節(3, 4음절)<外律節 또는 內律節(3음절)≦中律節(2, 3, 4음절)≦外律節(3, 4음절)의 규범을 철저히 고수하고, 그 후-반행에서는 內律節(4음절)≧外律節의 규범을 고딕체로 쓴 부분에서만 한번 일탈됨을 보인다.

生死葬祭에 ∨ 禮로뻐 / 始終갓게 ∨ 섬겨서라 ∥

아마도 ∨ 못다홀 誠孝를 / 일즉 벼퍼 ∨ 보렷로라 ∥

이中에 ∨ 生民이 비롯ㅎ니 / 夫婦 크다 ∨ ㅎ로라 ∥

날마다 ∨ 擧顔齊眉을 / 孟光又게 ∨ ㅎ여라 ∥

아모려 ∨ 萬金인들 / 兄弟 살디 ∨ 잇ㄴ냐 ∥

이 인용들은 朴仁老 <五倫歌> 25수 중에서 5수의 종장들이다. 위의 밑줄친 부분과 같이 전-반행에서 內律節(3, 4음절)<外律節 또는 內律節(3음절)≦中律節(2, 3, 4음절)≦外律節(3, 4음절)를 벗어난 것은 유일한 예이며, 후-반행에서는 위의 인용에 나타난 다섯을 포함하여 25수 모두가 內律節(4음절)≧外律節의 규범을 따른다.

內律節(3, 4음절)<外律節 또는 內律節(3음절)≦中律節(2, 3, 4음절)≦外律節(4, 3음절)이 종장 전-반행에서 규범이라는 사실은 朴仁老의 다른 시조들 42수에서도 같다. 그리고 이 42수의 종장의 후-반행에서 內律節≧外律節의 규범을 확인할 수 있는데, 42수 중에서 일탈을 보이는 것은 起予岩의 <. . . 절로 시롭노라>에서만 발견할 수 있다.

이번에는 李侃 <五倫歌>의 종장을 보자.

아마도 ∨ 至極훈 恩德을 / 못내 가파 ∨ ㅎ노라 ∥

두어라 ∨ 爲國忠心을 / 永世不忘 ∨ 호오리라 ∥

兄弟야 ∨ 이 뜻을 아라 / 自友自恭 ∨ 호쟈스라 ∥

우리는 ∨ 어진벗 아라셔 / 責善을 바다 ∨ 보리라 ∥

眞實로 ∨ 國法이 이시니 / 無別無行 ∨ 호지마라 ∥

호믈며 ∨ 人倫을 알려호면 / 이 아니코 ∨ 어이리 ∥

이 인용에서 보듯이, 전-반행들에서는 內律節(3, 4음절)<外律節 또는 內律節(3음절)≦中律節(2, 3, 4음절)≦外律節(4, 3음절)가, 그리고 후-반행 들에서는 內律節(4음절)≧外律節가 각각 철저히 지켜지고 있다. 그리고 李侃은 그의 나머지 시조 24수의 종장에서도 이 두 규범을 철저히 고수 하고 있음을 볼 수 있다.

2) 이차적 규범의 가지와 교점

종장의 반행들에서도 가지의 결합과 교점의 이동에 의한 율절의 생산 이 보인다. 이를 앞에서와 같은 방법으로 정리하면 다음과 같다.

宋純의 <오륜가>

하눌 フ튼 フ업손 은덕을 어디 다혀 갑스오리

훈 젓 먹고 길러 나이셔 닷 무옴을 먹디 마라

이 모미 벗님곳 아니면 사룸 되미 쉬울가

위의 송순의 <오륜가> 종장들에서는 가지의 결합에 의한 율절의 생 산이 10회(3음절 1회, 4음절 6회, 5음절 1회 6음절 2회) 등장한다. 5음절

과 6음절은 두번째 율절에서 나타난다. 한국어의 단어를 그대로 율절의
단위로 쓴 경우는 2회(3음절 1회, 4음절 1회) 등장한다.

周世鵬의 <五倫歌>

이 말숨 닛디 말오 비호고야 마로링이다.

이 德을 갑흐려 하니 하눌ᄀᆞ이/ 업스샷다.

흔 ᄆᆞᆷ매 두 ᄯᅳᆮ 업시 소기지나 마옵샹이다.

친코도 고마오시니 손이시나 다ᄅᆞᆺ실가

兄弟옷 不和ᄒᆞ면 개도티라 ᄒᆞ리라.

랄로셔 ᄆᆞ디어시ᄃᆞᆫ 절하고야 마로링이다

이상의 주세붕의 <오륜가> 종장에서는 가지의 결합에 의한 율절의
생산이 6회(3음절 2회, 4음절 3회, 5음절 1회) 등장한다. 5음절은 두번째
율절에서 나타난다. 교점의 이동에의한 율절의 생성은 1회(4음절)이다.
한국어의 단어를 율절의 단위로 쓴 경우는 17회(3음절 4회, 4음절 8회, 5
음절 5회) 등장한다. 5음절의 경우는 두번째 율절과 끝율절에서 나타난
다.

金尙容의 <五倫歌>

烏鳥도 反哺롤 ᄒᆞ니 父母孝道 ᄒᆞ여라.

가다가 不合곳 ᄒᆞ면 물러간들 엇더리.

그러코 恭敬곳 아니면 卽同禽獸 ᄒᆞ리라

갑주고 못 어들거슨 <u>이</u>쑨인가 흐노라.

終始히 <u>信義롤 딕희여</u> 久而敬之 흐여라.

이상과 같이 가지의 결합에 의한 율절의 생산이 6회(4음절 1회, 5음절 3회 6음절 2회)에 걸쳐 나타난다. 5음절과 6음절은 모두 두번째 율절에서 나타난다. 한국어의 단어를 율절로 그대로 사용한 경우는 14회(3음절 10회, 4음절 4회)이다.

朴善長의 <오륜가>

이 <u>恩惠</u> 하 <u>罔極</u>흐니 가풀 줄을 몰너라

萬一에 <u>大義를 모르면</u> 厮養이나 다르랴

그려도 <u>恭敬홀 줄</u> 모르면 睢鳩ˇ 아니 /인ᄂ냐

사롬이 <u>이 뜻을</u> 모라면 禽獸마도 못흐리

桑田이 <u>바다물되어도</u> 信을ˇ닛디 /마로리라

그려도 <u>닐곱 구모 가자시니</u> 五倫이야 모르랴

그려도 <u>보고 들으면</u> 비호리 이시리

百年도 <u>못 살</u> 人生이 그러그러 엇데리

위 시조 종장들에서 가지의 결합에 의한 율절의 생산을 11회(3음절 1회, 4음절 2회, 5음절 3회 6음절이 3회 7음절이 1회 8음절이 1회), 교점의 이동에 의한 율절의 생산을 2회(4음절) 살필 수 있다. 5음절 6음절 7음절 8음절은 두 번째 율절에서 나타난다. 한국어의 단어를 그대로 율절

로 사용한 경우는 17회(3음절 14회, 4음절 3회)이다.

朴仁老의 <五倫歌>

大舜의 終身誠孝도 못다 한가 ㅎ노라

아마도 못다 홀 誠孝를 일즉 벼퍼 보렷로라

生死葬祭에 禮로뻐 始終 갓게 섬겨서라

아모려 下愚不移도 밋처 알게 ㅎ렷로라

이몸은 罔極혼 聖恩을 갚고 말려 ㅎ노라

窮達이 길이 달나 못 뫼압고 설웟로라

이몸은 忠孝 두 사이에 늘글주를 모르보라

간밤의 치우신가 北斗비겨 바러로라

上帝ㅅ 우리聖主를 壽萬歲케 비로리라

이ㅂ에 生民이 비롯ㅎ니 夫婦 크다 ㅎ로라

百年을 아적 삼아 如鼓瑟琴 ㅎ렷로라

一生에 敬待如賓을 冀缺 갓치 ㅎ오리라

날마다 擧顏齊眉을 孟光ズ게 ㅎ여라

이리 重혼 스이에 아니 和코 엇지ㅎ리

一生에 友愛之情을 흐믐 ズ치 ㅎ리라

아모려 萬金인들 兄弟 살디 잇ᄂ냐

白髮애 아뮈줄 모ᄅ도록 홈긔 늘쟈 ᄒ노라

날마다 夕陽門外에 한숨계워 ᄒ노라

엇지타 白首隻鴈이 혼자 울 줄 알리오

一生에 久而敬之을 始終 업게 ᄒ오리라

嗟哉 後生들아 살펴보고 힘서ᄒ라

이상의 박인로 <五倫歌> 종장에서는 가지의 결합에 의한 율절의 생산을 32회(3음절 4회, 4음절 21회, 5음절 2회 6음절 3회 7음절 2회) 정리할 수 있다. 5음절 6음절 7음절의 율절은 두번째 율절에서 나타난다. 한국어의 단어를 그대로 율절로 쓴 경우는 72회(2음절 2회, 3음절 37회, 4음절 23회, 5음절 10회)이다. 2음절의 율절은 첫율절에서 주로 나타나고, 5음절의 율절은 두 번째 율절에서 나타난다.

李 侃의 <五倫歌>

아마도 至極ᄒ 恩德을 못내 가파 ᄒ노라

두어라 爲國忠心을 永世不忘 ᄒ오리라

兄弟야 이 뜻을 아라 自友自恭 ᄒ쟈스라

우리ᄂ 어진벗 아라셔 責善을 바다 보리라

眞實로 國法이 이시니 無別無行 ᄒ지마라

ㅎ믈며 <u>人倫을 알려ㅎ면</u> 이 아니코 어이리

이상 이간의 <오륜가> 종장에서는 가지의 결합에 의한 율절의 생산을 8회(4음절 2회, 5음절 2회 6음절 3회 7음절 1회) 정리할 수 있다. 5음절의 율절은 두번째와 세번째 율절에서 한 번씩 보인다. 6음절과 7음절의 율절은 두번째 율절에서 보인다. 한국어의 단어를 그대로 율절로 사용한 경우는 16회(3음절 9회, 4음절 6회, 5음절 1회)이다. 5음절은 두번째 율절에서 보인다.

2. 가지상태 및 가지결합의 율절

앞절에서 살폈듯이, 聯時調 <五倫歌>의 단시조에서 율절들의 상당수는 가지 상태를 그대로 율절로 쓰는 것들이다. 그리고 상당수의 율절들은 가지의 결합에 의해 생성된다. 작가별로 가지의 결합에 의해 생성된 율절과, 단어를 그대로 율절로 사용한 것을, 전자 '가지 결합의 율절'로, 후자를 '가지 상태의 율절'의 항목으로 정리하면 다음과 같다.

　宋純의 <五倫歌>
　　가지 결합의 율절 : 19율절(3음절 7, 4음절 9, 5음절 1, 6음절 2)
　　가지 상태의 율절 : 16율절(2음절 2, 3음절 4, 4음절 10)

　周世鵬의 <五倫歌>
　　가지 결합의 율절 : 19율절(3음절 8, 4음절 10, 5음절 1)
　　가지 상태의 율절 : 48율절(2음절 5, 3음절 17, 4음절 21, 5음절 5)

　金尙容의 <五倫歌>
　　가지 결합의 율절 : 15율절(3음절 3, 4음절 7, 5음절 3, 6음절 2)
　　가지 상태의 율절 : 44율절(2음절 4, 3음절 22, 4음절 18)

朴善長의 <五倫歌>
　　가지 결합의 율절 : 38율절(3음절 11, 4음절 17, 5음절 5, 6음절 3, 7
　　　　　　　　　　　　　음절 1, 8음절 1회)
　　가지 상태의 율절 : 53율절(2음절 5, 3음절 26, 4음절 21, 5음절 1)

朴仁老의 <五倫歌>
　　가지 결합의 율절 : 86율절(2음절 1, 3음절 16, 4음절 62, 5음절 2, 6
　　　　　　　　　　　　　음절 3, 7음절 1)
　　가지 상태의 율절 : 213율절(2음절 23, 3음절 92, 4음절 88, 5음절 10)

李偘의 <五倫歌>
　　가지 결합의 율절 : 23율절(3음절 3, 4음절 13, 5음절 3, 6음절 3, 7음
　　　　　　　　　　　　　절 1)
　　가지 상태의 율절 : 46율절(2음절 3, 3음절 19, 4음절 23, 5음절 1)

　　이상과 같이 가지 상태의 율절이 상당히 많다. 그것도 2음절부터 8음절까지의 단어들을 그대로 율절로 쓰고 있다. 이 율절들의 음절별 빈도를 보면 다음과 같다.

	2음절	3음절	4음절	5음절
宋純	2	4	10	
周世鵬	5	17	21	5
金尙容	4	22	18	
朴善長	5	26	21	1
朴仁老	23	92	88	10
李偘	3	19	23	1

　　이는 한국어의 단어가 보여주는 빈도와 거의 일치한다. 이런 사실은 시조가 한국어의 기본 단위인 단어를 율절의 기초로 하고 있음을 말해 준다고 할 수 있다.

　　앞의 정리에서 알 수 있듯이, 가지 상태의 율절 다음으로 가지의 결합

에 의해 율절을 생성하는 경우가 상당히 많다. 위에서 정리한 가지 상태의 율절은 구문의 수형도에서 기본이 되는 단어가 그대로 율절이 되는 것들이다. 예로 '아비눈 나으시고 어미눈 치읍시니'에서 '아비눈' '나으시고' '어미눈' '치읍시니' 등과 같이 수형도에서의 가지들이 그대로 율절이 되는 것들이다. 이에 비해 가지 결합의 율절은 가지들이 결합하여 율절이 되는 경우이다. 예로 '놉히 놉히 ㄴ라 올라 閶闔을 불너 열고'에서 가지를 보면, 그대로 '놉히' '놉히' 'ㄴ라' '올라' '閶闔을' '불너' '열고' 등의 7개가 된다. 그러나 이것은 시조에서 율절이 될 때는, '놉히 놉히' 'ㄴ라 올라' '閶闔을' 불너 열고' 등과 같이 가지가 결합한다. 이런 점에서 율절을 생성하는 원리의 하나는 가지의 결합이라 할 수 있다. 그리고 이들이 생성한 율절의 음절 역시 가지 상태의 율절과 비슷하다. 이런 사실은 아래의 정리에서 알 수 있다.

	2음절	3음절	4음절	5음절	6음절	7음절	8음절
宋純		7	9	1	2		
周世鵬		8	10	1			
金尙容		3	7	3	2		
朴善長		11	17	5	3	1	1
朴仁老	1	16	62	2	3	2	
李侃		3	13	3	3	1	

위에서 알 수 있듯이 3음절보다 4음절이 좀더 우세함을 알 수 있다. 그러나 이 4음절 역시 한국어의 단어에서 우세한 음절이라는 점에서, 시조의 율절이 한국어 단어의 구조안에 있다는 점을 말해준다고 할 수 있다.

3. 교점의 이동

앞의 일탈에서 살폈듯이, 단시조 율절들의 일부는 교점의 이동에 의한
다. 이것을 작가별로 다시 요약하면 다음과 같다.

宋純의 <五倫歌>   : 38율절 중 2율절(4음절 2)
周世鵬의 <五倫歌> : 72율절 중 4율절(4음절 4)
金尙容의 <五倫歌> : 62율절 중 2율절(4음절 2)
朴善長의 <五倫歌> : 101율절 중 5율절(3음절1, 4음절 4)
朴仁老의 <五倫歌> : 308율절 중 7율절(3음절2, 4음절 5)
李侃의 <五倫歌>   : 76율절 중 3율절(4음절 3)

위에서 보는 바와 같이 얼마되지는 않지만, 율절의 생성에 교점 이동
이 관여한다. 이 교점의 이동은 일상의 교점이 율절을 위하여 이동하는
것으로 시적 언어의 특성 중의 하나이다.

4. 격어미의 생략

일탈에서 격어미의 생략을 정리한다. 서론에서 언급했듯이, 일탈에는
세 종류가 있다. 일차적 일탈, 이차적 일탈, 삼차적 일탈 등이다. 일차적
일탈은 일상 언어의 규범들로부터의 일탈된 유형을 말한다. 일차적 일탈
은 두 주요한 형식들을 취한다. 한 형식은 언어가 어떤 선택을 허락할
경우에, 시인은 평소대로 발생하는 영역 밖에서 선택한다는 것이다. 다
른 형식은 언어가 어떤 선택을 허락할 경우에, 시인은 연속적인 위치들
에서 같은 항목을 쓰기 때문에, 선택하는 자유를 스스로 자제한다[4]는

---

4) G. Leech, stylistics, Teun A. van Dijk(ed), *Discourse and Literature*,
   Amsterdam/ Philadelphia:John Benjamins Publishing Company, 1985, p. 45.

것이다. 이 중에서 聯時調 <五倫歌>의 各聯을 이루는 단시조의 형식과
그 생성에 관여하는 일차적 일탈인 격어미의 생략에 의한 율절의 생성
을 살펴보기로 한다.

  문어에서는 격어미를 거의 생략하지 않는다. 이에 비해 구어에서는 격
어미를 어느 정도 생략한다. 시조는 일반적으로 많은 격어미를 생략한
다5). <오륜가>들의 경우에 격어미를 대단히 많이 생략한다. 이는 격어
미를 생략하지 않는 문어에 비해, 그리고 어느 정도 격어미를 생략하는
구어에 비해, 상대적으로 일탈을 보이는 것들이다. 격어미의 생략을 작
품의 원문에 괄호를 치고 기입하면 다음과 같다.

    宋純의 <五倫歌>

      아바님(이) 날 나흐시고 어마님(이) 날 기르시니
      하놀(괴) ᄀᆞ튼 ᄀᆞ(이) 업슨 은덕을 어디 디혀 갑ᄉᆞ오리

      뉘손디 타나관디 양ᄌᆞ조차(이) ᄀᆞᆮ ᄉᆞᆫ다
      흔 졋(을) 먹고 길러 나이셔 닷ᄆᆞ음을 먹디 마라

      늠으로 삼긴 듕에 벗(과) ᄀᆞ티 유신ᄒᆞ랴
      이 모미 벗님곳 아니면 사름(이) 되미 쉬울가

  이상에서 보인 격어미를 종류별 빈도를 보면 다음과 같다. 주격(이)
5회, 공동격(과) 2회, 대격(을/를) 1회로 되어있다.

    周世鵬의 <五倫歌>

      이 말슴(이) 아니면 사름이오 사름 아니

────────────

  일탈의 이 유형들의 두번째는 크게는 야콥슨의 '시적 기능'에 일치한다.
5) 김대행, ≪시조유형론≫, 서울: 이화여자대학교 출판부, 1986, p. 157.

이 말슴(을) 닛디 말오 비호고야 마로링이다

아버님(이) 랄 나흐시고 어마님(이) 랄 기르시니

혼 ㅁᅀ매 두 뜯(이) 업시 소기지나 마옵샌이다

지아비(이) 받(을) 갈라 간디 밥고리(를) 이고가

兄님(이) 자신 져줄 내 조쳐 머궁이다

어와 뎌아ᅀ야 어마님(의) 녀ᄉᆞ랑이야

늘거니는 父母(와)ᄀᆞ고 얼우는 兄(과)ᄀᆞᄐᆞ니

이상에서 생략된 격어미의 종류와 그 빈도는 다음과 같다. 주격(이) 6회, 대격(을/를) 3회, 소유격(의) 1회, 공동격(와/과) 2회로 되어 있다.

金尙容의 <五倫歌>

어버이(와) 子息(의) ᄉᆞ이(는) 하늘(이) 삼긴 至親이라

烏鳥도 反哺룰 ᄒᆞ니 父母孝道(룰) ᄒᆞ여라

兄弟(는) 두 몸이나 一氣로 ᄂᆞ화시니

이상에서 생략된 격어미의 종류와 빈도는 다음과 같다. 주격(이) 1회, 주제격(는) 2회, 대격(를) 1회, 공동격(와) 1회, 소유격(의) 1회로 되어 있다.

朴善長의 <五倫歌>

寸마도 못혼 푸리 봄(의) 이슬 마존 後에
닙(이) 넙고 줄기(이) 기러 밤나ᄌᆞ로 부러낫다

이 恩惠(이) 하 罔極하니 가풀 줄을 몰너라

百年(의) 情好야 이예셔 더랴마는
그려도 恭敬홀 줄 모르면 睢鳩(이) 아니 인느냐

압(과) 뒤헤 둘녀셔 한 져즈로 기러낫다

손(을) 잡고 말홀 제 억게만 두드리랴

唐虞(이) 머러디고 漢唐宋이 니어시니
天地(이) 오라거니 世道(이) 아니 變홀너냐
그려도 닐곱(의) 구모(를) 가자시니 五倫이야 모르랴

옷밥이 不足하니 禮義(를) 추리 겨롤 업셔
家塾(과) 黨序을 不關이 너기느냐

朴善長의 <五倫歌>에서 생략된 격어미의 종류와 그 빈도는 다음과 같다. 주격(이) 7회, 대격(을/를) 3회, 소유격(의) 2회, 공동격(과) 2회로 되어 있다.

朴仁老의 <五倫歌>

人生(의) 百歲中에 疾病이 다 이시니

父母(를) 섬기기를 至誠으로 섬기리라
날마다 侍側奉養을 沒身不衰(를) 하오리라

世上(의) 사롬들아 父母恩德(을) 아느산다

三千(의) 罪惡中에 不孝애 더니 업다
夫子의 이 말슴(을) 萬古애 大法(을) 삼아

사롬(이) 삼기실제 君父갓게 삼겨시니

이몸은 忠孝(의) 두 사이에 늘글주를 모르보라

玉樓高處에도 이 ㅂ롭(이) 부는게오
간밤의 치우신가 北斗(를) 비겨 바리로라

上帝찌 우리(의) 聖主를 壽萬歲케 비로리라

夫婦ㅣ 이신 後에 父子兄弟(이) 삼겨시니
이中에 生民이 비롯ᄒ니 夫婦(이) 크다 ᄒ로라

사람(을) 내실 적의 夫婦(이) 又게 삼겨시니
百年을 아적삼아 如鼓瑟琴(을) ᄒ롓로라

禮別(이) 업시 居處ᄒ며 恭敬(이) 업시 조홀소냐
生에 敬待如賓을 冀缺(와) 갓치 ᄒ오리라

夫婦(이) 삼길 적의 하 重케 삼겨시니
夫唱 婦隨ᄒ야 一家天地和(를) ᄒ리라
날마다 擧顔齊眉을 孟光(과) 又게 ᄒ여라

남으로 삼긴 거시 夫婦(와) 又치 重홀넌가

兄弟(를) 내실 적의 同氣로 삼겨시니
骨肉至親이 兄弟(와) 又치 重홀넌가
一生에 友愛之情을 ᄒ몸(과) 又치 ᄒ리라

爭財에 失性ᄒ야 同氣不睦(을) 마라스라
田地와 奴婢는 갑슬 주면 살련이와
아모려 萬金인들 兄弟(를) 살더 잇느냐

ᄒ옷(과) ᄒ밥을 논하 닙고 논하 먹고

同氣로 셋몸되야 ᄒ몸(과) 가치 지너다가
두 아은 어디가셔 도라올 줄(을) 모르는고
날마다 夕陽門外에 한숨(이) 계워 ᄒ노라

友愛(이) 깁흔 쓰지 表裏(이) 업시 흔뜻되야
엇지타 白首雙鴈이 혼자 울 줄(을) 알리오

信(이) 업시 사괴며 恭敬(이) 업시 지닐소냐
一生에 久而敬之을 始終(이) 업게 ᄒ오리라

言忠行篤(을)ᄒ고 벗(을) 사고기 삼가오면
내몸애 辱(이) 업고 외다ᄒ리 적거이와
진실로 삼가지 못ᄒ면 辱及其親(을) ᄒ오리라

天地間(의) 萬物中에 사롬이 最貴ᄒ니
사롬이 五倫을 모ᄅ면 不遠禽獸(라) ᄒ리라

幸玆秉彝心이 古今(이) 업시 다 이실ᄉ
爰輯舊聞ᄒ야 二三篇(을) 지어시니

진실로 熟讀詳味ᄒ면 不無一助(를) ᄒ리라

　朴仁老의 <五倫歌>에서 생략된 격어미의 종류와 그빈도를 정리하면
다음과 같다. 주격(이) 15회, 대격(을/를) 16회, 소유격(의) 6회, 공동격
(와/과) 5회로 되어 있다.

　李 侃의 <五倫歌>

어버이(이) 날 나흐셔 어질과쟈 길러내니
이 두分(이) 아니시면 내몸(이) 나셔 어질소냐
두어라 爲國忠心을 永世不忘(을) ᄒ오리라

우리몸(이) 갈라 난들 두몸이라 아지마소
分形連氣(를)ᄒ니 이 이른 兄弟니라
兄弟야 이 뜻을 아라 自友自恭(을) ᄒ쟈스라

늠으로셔 親흔 사롬(을) 벗이라 닐러시니

우리는 어진벗(을) 아라셔 責善을 바다 보리라

男女有別훈 줄(을) 사롭마다 알년마는
眞實로 國法이 이시니 無別無行(을) 호지마라

져무니 어룬(을) 뫼셔 간듸마다 추례곳 알면
흐믈며 人倫을 알려흐면 이(를) 아니코 어이리

李侃의 <五倫歌>에서 생략된 격어미의 종류와 그 빈도는 다음과 같
다. 주격(이) 4회, 대격(을/를) 9회로 되어 있다.

이상의 <五倫歌>들에서 생략된 격어미들의 종류와 그 빈도를 정리하
면, 주격(이) 33회, 주제격(는) 2회, 대격(을/를) 38회, 공동격(와/과) 12
회, 소유격(의) 10회 등이다. 이 생략들은 일차적으로 口語的 性格을 보
이면서 작품의 간결미를 형성시켜 준다. 그런데 이 간결미는 시조의 형
식에 맞추려는 것들이 대부분인데, 이에 대한 설명은 앞으로 볼 二次的
規範 즉 시조의 형식 및 표현과 직결되는 문제로 그 구체적인 설명은
앞으로 볼 逸脫들의 결합과 다음장에서 설명하고자 한다.

이것들의 빈도를 다시 요약하면 다음과 같다.

	주격(이)	주제격(은/는)	대격(을/를)	공동격(와/과)	소유격(의)
宋純	5		1	2	
周世鵬	6		3	2	1
金尙容	1	2	1	1	1
朴善長	7		3	2	2
朴仁老	15		15	5	6
李侃	4		8		
합계	38	2	31	12	10

위에서 볼 수 있는 격어미들은 구어에서 생략이 가능한 것들이다. 그

런데 이것들을 작품에서 왜 생략하였는가에 대한 대답의 하나는 율절을
생성하기 위한 것이라 할 수 있다. 작가별로 한 작품씩을 예로 설명하면
다음과 같다.

宋純의 <五倫歌>

아바님(이) 날 나흐시고 어마님(이) 날 기르시니
두 분곳 아니시면 이 몸이 사라실가
하눌(과) ᄀ튼 ᄀ(이) 업순 은덕을 어딘 다혀 갑스오리

앞의 작품에서 '아버님'과 '어마님' 다음에 주격 '-이'를 쓰면, 전-반행
과 후-반행은 4. 5의 음절을 이루면서 외율절의 4음절을 파괴하여 율절
을 파괴하게 된다. 그리고 '하눌' 다음에 공동격 '-과'를 쓰면, 역시 종장
첫율절의 음절 4를 파괴한다. 'ᄀ' 다음에 주격 '-이'를 쓰면 이 부분은
어떤 율절도 가지기 힘들다. 그러나 이들 격어미들을 생략하면, 각각 4,
4, 4, 3 등의 음절을 이루면서 율절을 생성한다. 이런 점에서 이들 격어
미의 생략은 율절을 생성하기 위한 것들이라 할 수 있다.

周世鵬의 <五倫歌>

아버님(이) 랄 나흐시고 어마님(이) 랄 기르시니

이 작품의 주격 어미 생략은 앞의 송순의 것과 같다. 따라서 역시 율
절을 생성하기 위한 생략이라 할 수 있다.

金尙容의 <五倫歌>

어버이(와) 子息(의) 스이(는) 하눌(이) 삼긴 至親이라
鳥鳥도 反哺롤 ᄒ니 父母孝道(를) ᄒ여라

초장에서 격어미를 살리면, 4, 3, 3, 3, 2, 4로 시조의 율절을 생성하기 힘들다. 그러나 작품과 같이 격어미를 생략하였을 경우는, 3, 4, 4, 4로 단시조의 율절을 생성한다. 이런 점에서 이 격어미의 생략은 율절의 생성을 위한 것이라 할 수 있다.

朴善長의 <五倫歌>

> 추마도 못훈 푸리 봄(의) 이슬 마즌 後에
> 닙(이) 넙고 줄기(이) 기러 밤나즈로 부러낫다
> 이 恩惠(이) 하 罔極호니 가풀 줄을 몰닉라

이 작품에 나타난 격어미의 일부는 율절을 생성하기 위한 것이 아닌 것도 있다. 이것들을 제외하면 율절을 생성하기 위한 생략으로는 '줄기'에 붙은 주격 '-이'가 있다. 이 주격을 쓴다면 해당 부분은 5음절이 되어 단시조의 이 부분에서의 율절이 성립하지 않는다. 그러나 작품과 같이 주격을 생략할 경우는 4음절로 율절을 생성한다.

朴仁老의 <五倫歌>

> 父母(를) 섬기기를 至誠으로 섬기리라
> 날마다 侍側奉養을 沒身不衰(를) 호오리라

앞의 대격 생략은 율절을 생성하기 위한 것이 아니다. 뒤의 대격은 율절을 생성하기 위한 것이다. 이 경우에 대격을 살리면 5음절이 되어 해당 부분에서 율절을 생성하지 못한다. 그러나 작품과 같이 대격을 생략하면 4음절이 되어 해당 부분에서 율절을 형성한다.

李 侃의 <五倫歌>

어버이(이) 날 나흐셔 어질과쟈 길러내니
이 두分(이) 아니시면 내몸(이) 나셔 어질소냐
아마도 至極혼 恩德을 못내 가파 흐노라

이 단시조의 첫번째 주격의 생략은 앞의 송순의 작품에서와 같이 율
절을 생성하기 위한 것이다. 이에 비해 두번째 주격의 생략은 율절의 생
성을 위한 것이다. 그리고 세번째 주격의 생략도 율절을 생성하기 위한
것이다. 만약 주격을 살려서 쓰면 이 부분은 5음절이 되어 해당 부분에
서 율절을 생성하지 못한다. 그러나 작품에서와 같이 주격을 생략하였을
경우는 4음절이 되면서 해당 부분에서 율절을 생성하게 된다.

이같은 사실들로 볼 경우에 격어미의 생략 일부는 율절을 생성하기
위한 것들이라 정리할 수 있다.

第二節 半行

시조의 반행(hemistich)들의 형식은 초장과 중장의 그것들과 종장의 그
것들이 다른 형식을 가지고 있으므로 여기서도 둘로 나누어 설명하고자
한다. 半行의 생성에 관여하는 일탈들은 격어미의 생략과 도치법이다.

1. 격어미의 생략

반행의 구조는 초장 중장의 것과 종장의 것이 다르다. 분리하여 설명
한다.

(1) 초장 중장의 반행

宋純의 <五倫歌>

아바님(이) 날 나흐시고 어마님(이) 날 기르시니(5.4→4.4)

뉘손디 타나관디 양즈조차(이) 굿투손다(5.4→4.4)

눔으로 삼긴 듕에 벗(과) 굿티 유신흐랴

위의 밑줄친 부분들에서 격어미의 생략이 이차적 규범에서 가지는 의미가 잘 드러난다. 즉 위 두 주격(이)의 생략은 5. 4를 4. 4로 만들면서 시조 형식을 생성한다. 이는 초장과 중장 반행들의 內律節≦外律節(3 또는 4음절)의 규범을 맞추기 위한 것이다.

周世鵬의 <五倫歌>

이 말숨(이) 아니면 사롭이오 사롬 아니(4.3→3.3)

아버님(이) 랄 나흐시고 어마님(이) 랄 기르시니(5.4→4.4)

지아비(이) 받(을) 갈라 간디 밥고리(를) 이고가(6.4→4.4, 4.3→3.3)

늘거니는 父母(와)곧고 얼우는 兄(과)굿투니(4.5→4.4, 3.5→3.4)

밑줄친 부분의 격어미 생략들은 內律節≦外律節(3 또는 4음절)의 규범을 맞추기 위한 것이다. 이에 속한 것들로, '이 말숨(이) 아니면'(4. 3→3. 3), '아버님(이) 랄 나흐시고 어마님(이) 랄 기르시니'(5. 4→4. 4), '지아비(이) 받(을) 갈라 간디 밥고리(를) 이고가'(6. 4→4. 4, 4. 3→3. 3) '늘거니는 父母(와)곧고 얼우는 兄(과) 굿투니'(4. 5→4. 4, 3. 5→3. 4) 등이 있다.

金尙容의 <五倫歌>

어버이(와) 子息(의) 스이(는) 하눌(이) 삼긴 至親이라(4.3.3→3.4, 5.4→4.4)

兄弟(는) 두 몸이나 一氣로 눈화시니(3.4→2.4)

위의 밑줄친 부분들인 '어버이(와) 子息(의) 스이(는) 하눌(이) 삼긴 至親이라'(4. 3. 3→3. 4, 5. 4→4. 4)는 초장과 중장 반행들이 가지는 內律節≦外律節(3 또는 4음절)의 규범을 맞추기 위한 것으로 파악할 수 있다.

朴善長의 <五倫歌>

닙(이) 넙고 줄기(이) 기러 밤나즈로 부러낫다(4.5→3.4)

압(과) 뒤헤 둘녀셔 한 져즈로 기러낫다(4.3→3.3)

손(을) 잡고 말홀 제 억게만 두드리랴(4.3→3.3)

唐虞(이) 머러디고 漢唐宋이 니어시니
天地(이) 오라거니 世道(이) 아니 變홀너냐(5.4→4.4)

옷밥이 不足ᄒ니 禮義(를) 추리 겨롤 업셔(5.4→4.4)
家塾(과) 黨序을 不闕이 너기ᄂ냐

'압(과) 뒤헤 둘녀셔'(4. 3→3. 3) '손(을) 잡고 말홀 제'(4. 3→3. 3) '世道(이) 아니 變홀너냐'(5. 4→4. 4) '禮義(를) 추리 겨롤 업셔'(5. 4→4. 4) '닙(이) 넙고 줄기(이)'(4. 5→3. 4) 등은, 초장과 중장 반행들이 內律節≦外律節(3, 4음절)의 규범을 맞추기 위한 것으로 파악할 수 있다.

朴仁老의 <五倫歌>

世上(의) 사롬들아 父母恩德(을) 아느산다(5.4→4.4)

三千(의) 罪惡中에 不孝애 더니 업다
夫子의 이 말슴(을) 萬古애 大法(을) 삼아(3.5→3.4)

夫婦ㅣ 이신 後에 父子兄弟(이) 삼겨시니(5/4→4/4)

사람(을) 내실 적의 夫婦(이) ㄳ게 삼겨시니(5/4→4/4)

禮別(이) 업시 居處ᄒ며 恭敬(이) 업시 조ᄒᆞᆯ소냐(5/4→4/4)

남으로 삼긴 거시 夫婦(와) ㄳ치 重ᄒᆞᆯ넌가(5/4→4/4)

兄弟(를) 내실 적의 同氣로 삼겨시니
骨肉 至親이 兄弟(와) ㄳ치 重ᄒᆞᆯ넌가(5.4→4.4)

爭財에 失性ᄒ야 同氣不睦(을) 마라스라(5.4→4.4)

同氣로 셋몸되야 ᄒᆞᆫ몸(과) 가치 지닉다가(5.4→4.4)
두아은 어딕가셔 도라올 줄(을) 모르는고(5.4→4.4)

友愛(이) 깁혼 쓰지 表裏(이) 업시 ᄒᆞᆫ뜻되야(5.4→4.4)

信(이) 업시 사괴며 恭敬(이) 업시 지닐소냐(4.3→3.3, 5.4→4.4)

言忠 行篤ᄒ고 벗(을) 사고기 삼가오면(5.4→4.4)
내몸애 辱(이) 업고 외다ᄒ리 적거이와

幸玆 秉彝心이 古今(이) 업시 다 이실신(5.4→4.4)
爰輯 舊聞ᄒ야 二三篇(을) 지어시니

밑줄친 부분의 5. 4→4. 4, 4. 3→3. 3의 경우들과 같이 초장과 중장 반행들의 內律節≦外律節(3 또는 4음절)의 규범을 맞추기 위한 것들이다.

李 侃의 <五倫歌>

이 두分(이) 아니시면 내몸(이) 나셔 어질소냐(5.4→4.4)

ᄂᆞᆷ으로셔 親ᄒᆞᆫ 사ᄅᆞᆷ(을) 벗이라 닐러시니(4.5→4.4)

男女 有別ᄒᆞᆫ 줄(을) 사ᄅᆞᆷ마다 알년마는(2.5→2.4)

져무니 어룬(을) 뫼셔 간듸마다 ᄎᆞ례곳 알면(3.5→3.4)

밑줄친 부분의 5.4→4.4 4.5→4.4 2.5→2.4 3.5→3.4 등은 초장과 중장 반행들의 內律節≦外律節(3, 4음절)의 규범을 맞추려는 생략이다.

이상에서 초장과 중장의 반행들에서의 격어미 생략은 하나의 의미를 지닌다. 즉 초장과 중장 반행들의 內律節≦外律節(3, 4음절)의 규범을 생성하는 원리이다.

(2) 종장의 반행

먼저 종장 전-반행에서 생략된 어미들의 예를 본다.

하ᄂᆞᆯ(과) ᄀᆞ튼 ᄀᆞ(이) 업ᄉᆞᆫ 은덕을 어듸 다혀 갑ᄉᆞ오리(宋純의 <五倫歌>)(3.4.5→4.3.3)

이 말ᄉᆞᆷ(을) 닛디 말오 비호고야 마로링이다(周世鵬의 <五倫歌>)(4.4→3.4)

ᄒᆞᆫ ᄆᆞᅀᆞ매 두 ᄠᅳᆮ(이) 업시 소기지나 마옵생이다(周世鵬의 <五倫歌>)(4.5→4.4)

이 恩惠(이) 하 罔極ᄒ니 가풀 줄을 몰너라(朴善長의 <五倫歌>)(4.5→3.5)

그려도 닐곱(의) 구모(를) 가자시니 五倫이야 모ᄅ랴(朴善長의 <五倫歌>)(3.3.3.4→3.4.4)

이상의 밑줄친 격어미 생략들을 보면, 전-반행들에서는 內律節<外律節(3, 4음절)과 內律節(3음절)≦中律節(2, 3, 4음절)≦外律節(4, 3음절)의 규범을 맞추려는 의도가 있음을 본다.

이번에는 종장 후-반행에서 생략된 격어미들을 보자.

이 모미 벗님곳 아니면 사롬(이) 되미 쉬울가(宋純의 <五倫歌>)(5.3→4.3)

烏鳥도 反哺를 ᄒ니 父母孝道(를) ᄒ여라(金尙容의 <五倫歌>)(5.3→4.3)

그려도 恭敬홀 줄 모ᄅ면 睢鳩(이) 아니 인ᄂ냐(朴善長의 <五倫歌>)(5.3→4.3)

날마다 侍側奉養을 沒身不衰(를) ᄒ오리라(朴仁老의 <五倫歌>)(5.4→4.4)

간 밤의 치우신가 北斗(를) 비겨 바리로라(朴仁老의 <五倫歌>)(5.4→4.4)

이中에 生民이 비롯ᄒ니 夫婦(이) 크다 ᄒ로라(朴仁老의 <五倫歌>)(5.3→4.3)

百年을 아적삼아 如鼓瑟琴(을) ᄒ렷로라(朴仁老의 <五倫歌>)(5.4→4.4)

生에 敬待如賓을 冀缺(와) 갓치 ᄒ오리라(朴仁老의 <五倫歌>)(5.4→4.4)

날마다 擧顔齊眉을 孟光(과) ᄌ게 ᄒ여라(朴仁老의 <五倫歌>)(5.4→4.4)

一生에 友愛之情을 흔몸(과) ᄌ치 ᄒ리라(朴仁老의 <五倫歌>)(5.4→4.4)

아모려 萬金인들 兄弟(를) 살더 잇ᄂ냐(朴仁老의 <五倫歌>)(5.4→4.4)

날마다 夕陽門外에 한숨(이) 계워 ᄒ노라(朴仁老의 <五倫歌>)(5.3→4.3)

엇지타 白首隻鴈이 혼자 울 줄(을) 알리오(朴仁老의 <五倫歌>)(5.3→4.3)

一生에 久而敬之을 始終(이) 업게 ᄒ오리라(朴仁老의 <五倫歌>)(5.4→4.4)

진실로 삼가지 못ᄒ면 辱及其親(을) ᄒ오리라(朴仁老의 <五倫歌>)(5.4→4.4)

진실로 熟讀 詳味ᄒ면 不無一助(를) ᄒ리라(朴仁老의 <五倫歌>)(5.3→4.3)

두어라 爲國忠心을 永世不忘(을) ᄒ오리라(李侃의 <五倫歌>)(5.4→4.4)

兄弟야 이 뜻을 아라 自友自恭(을) ᄒ쟈스라(李侃의 <五倫歌>)(5.4→4.4)

眞實로 國法이 이시니 無別無行(을) ᄒ지마라(李侃의 <五倫歌>)(5.4→4.4)

ᄒ믈며 人倫을 알려ᄒ면 이(를) 아니코 어이리(李侃의 <五倫歌>)(5.3→4.3)

이 종장 후 반행에서의 격어미들의 생략은 한 마디로 요약될 수 있다. 위의 밑줄친 부분에서 격어미를 쓰면 모든 것이 內律節(4음절)≧外律節의 규범을 일탈한다고 하는 것이다. 그러나 위와 같이 격어미를 생략하였을 때에, 이것들은 모두가 內律節(4음절)≧外律節의 규범을 준수하게 된다. 이런 점에서 종장 후-반행에서의 격어미 생략의 의미는 內律節(4음절)≧外律節의 규범에 맞추기 위한 것이라 할 수 있다.

이상과 같은 점들로 본다면, 상당수의 격어미 생략은 단시조의 규범을 맞추는, 즉 단시조에서 반행을 생성하는 주요한 하나의 원리라 할 수 있다.

2. 도치법

반행의 생성에 관계한 도치법들을 살핀다. 이것들은 박인로의 <五倫歌>에서 보인다.

　一生에 敬待如賓을 冀缺갓치 ㅎ오리라(朴仁老의 <五倫歌>)
　(一生에 冀缺갓치 敬待如賓을 ㅎ오리라)

　날마다 擧顔齊眉을 孟光ㅈ게 ㅎ여라(朴仁老의 <五倫歌>)
　(날마다 孟光ㅈ게 擧顔齊眉을 ㅎ여라)

　一生에 友愛之情을 흔믐ㅈ치 ㅎ리라(朴仁老의 <五倫歌>)
　(一生에 흔몸ㅈ치 友愛之情을 ㅎ리라)

　一生에 久而敬之을 始終 업게 ㅎ오리라(朴仁老의 <五倫歌>)
　(一生에 始終 업게 久而敬之을 ㅎ오리라)

이 도치들은 하나의 특성을 가지고 있다. 즉 목적어와 부사의 위치를 도치한 것이 그것이다. 통사적으로 부사는 동사와 밀접한 관계에 있어 서로 전후하여 붙는 것이 상례이다. 그런데도 앞의 인용에서 밑줄친 부분들은 이를 일탈하여 도치되고 있다. 그러면 왜 이렇게 도치시켰을까 하는 문제인데, 그 이유는 목적어의 강조와 전-반행≧후-반행의 규범, 종장 후-반행의 내율절(4음절)≧외율절의 규범을 등을 위한 것으로 판단된다. 먼저 도치를 하지 않는 한, 내율절(4음절)≧외율절의 규범은 5음절로 파괴되며 그리고 도치를 하지 않는 한, 목적어의 강조는 성립하지 않기 때문이다. 또한 도치를 하지 않는 한, 8>7 또는 8=8의 전-반행≧후-반행의 규범 준수는 7<8 또는 7<9에 의해 파괴되며 되며 이런 점에서 이 일탈들은 목적어의 강조, 전-반행≧후-반행의 규범 준수, 종장 후-반행의 내율절(4음절)≧외율절의 규범 준수 등을 위한 것으로 해석할 수 있다.

第三節 行

聯時調 <五倫歌>의 各聯을 이루는 단시조의 行들을 생성하는 원리는 도치법과 주어의 생략으로 나타나고 있다. 먼저 행의 규범과 일탈을 정리하고 일탈의 결합을 통해 행의 생성원리를 정리한다.

1. 行의 規範과 逸脫

(1) 초장 중장의 행

먼저 宋純의 <五倫歌>을 보면, 전-반행<후-반행과 전-반행=후-반행을 발견할 수 있다.

아바님 날 나흐시고 / 어마님 날 기르시니(8/8)
두 분곳 아니시면 / 이 몸이 사라실가(7/7)

형아 아으야 / 네 술홀 만져 보아(5/7)
뉘손디 타나관디 / 양즈조차 フ틋순다(7/8)

늄으로 삼긴 듕에 / 벗 フ티 유신ᄒ랴(7/7)
내의 원 이롤 다 / 닐오려 ᄒ노매라(6/7)

이런 사실에서 볼 때에 초장과 중장은 전-반행≤후-반행을 규범으로 한다고 할 수 있다. 송순의 다른 시조 <風霜이 섯거친 날에 ズ픠온 黃菊花를...>에서도 <金盆에 フ득다마 / 玉堂에 보내오니(7/7)>로 전-반행=후-반행의 형태를 취하면서 전-반행≤후-반행의 .형태에 부합하게 된다.

이번에는 周世鵬 <五倫歌>의 초장과 중장들을 보자.

사름 사름마다 / 이 말슴 드러스라(6/7)
이 말슴 아니면 / 사름이오 사름 아니(6/8)

아버님 랄 나흐시고 / 어마님 랄 기르시니(8/8)
父母옷 아니시면 / 내몸이 업실낫다(7/7)

동과 항것과롤 / 뉘라셔 삼기신고(6/7)
벌과 가여미 / 이 뜨돌 몬져 아니(5/7)

지아비 받 갈라 간디 / 밥고리 이고가(8/6)
반상을 들오디 / 눈섭의 마초이다(6/7)

兄님 자신 져줄 / 내 조쳐 머궁이다(6/7)
어와 뎌아슥야 / 어마님 너스랑이야(6/8)

늘거니는 父母ᄀ고 / 얼우는 兄ᄀ투니(8/7)
ᄀ튼디 不恭ᄒ면 / 어듸가 다룰고(7/6)

이 인용들은 周世鵬 <五倫歌>의 초장과 중장들이다. 위에서 보는 바와 같이, 밑줄친 곳에서만 한 번 전-반행>후-반행의 형태를 보이면서 전-반행≤후-반행를 일탈하고, 나머지는 모두 전-반행≤후-반행을 따르고 있다. 그리고 그의 다른 시조 9수의 중장들 중에서도 8수의 중장들은 전-반행≤후-반행을 따르고 있으며, <ᄇ르는 흙 사르미러니 / 나아는 一團和氣이(9/7)> 수의 초장과, 春風歌 1수의 중장만이 <三十年 되오 와셔 / 忿厲롤 보신가(7/6)>으로 전-반행≤후-반행을 일탈하고 있다. 이상과 같은 사실의 점들을 종합할 때에, 周世鵬 시조의 중장의 규범은 전-반행≤후-반행이라 할 수 있다.

어버이 子息 스이 / 하눌 삼긴 至親이라(7/8)
부모곳 아니면 / 이 몸이 이실소냐(6/7)

님군을 셤기오디 / 正흔 길노 引導ㅎ야(7/8)
鞠躬 盡瘁ㅎ야 / 죽은 後의 마라스라(6/8)

夫婦라 희온거시 / 늄으로 되어이셔(7/7)
如鼓 瑟琴ㅎ면 / 긔 아니 즐거오냐(6/7)

兄弟 두몸이나 / 一氣로 눈화시니(6/7)
人間의 貴흔 거시 / 이 外예 쏘 잇눈가(7/7)

벗을 사괴오디 / 처음의 삼가ㅎ야(6/7)
날도곤 나으니로 / 굴히여 사괴여라(7/7)

이 다섯 초징 중징들은 金尙容의 <五倫歌>의 것들이다. 이것들은 모두가 전-반행≦후-반행의 구성을 보여주고 있다. 金尙容의 다른 시조 13수의 초장과 중장들은 12수의 초장과 중장들이 전-반행≦후-반행의 구성을 보이고, 1수의 초장만이 <늄의 말 니르디 말고 / 내 몸을 술펴보아(8/7)>로 전-반행≦후-반행을 벗어나고 있다. 이러한 점들을 종합할 때에, 金尙容은 시조의 초장과 중장에서 전-반행≦후-반행을 규범으로 삼았다는 것을 알 수 있다.

이번에는 朴善長의 <五倫歌> 초장과 중장들에서 본다.

寸마도 못흔 푸리 / 봄 이슬 마존 後에(7/7)
닙 넙고 줄기 기러 / 밤나즈로 부러낫다(7/8)

이 님이 머기시고 / 이 님이 입픠시니(7/7)
十生 九死흔둘 / 님의 德을 니줄느냐(6/8)

두 姓이 혼 디 모다 / 함끠 늘거 죽쟈 ᄒ니(7/8)
百年 情好야 / 이예셔 더랴마는(5/7)

몬져 나니 後에 나니 / 次序야 다롤지라도(8/8)
압 뒤헤 둘녀셔 / 한 져즈로 기러낫다(6/8)

남으로 삼긴 거시 / 이터도록 親厚홀샤(7/8)
손 잡고 말홀 / 제 억게만 두드리랴(5/8)

唐虞 머러디고 / 漢唐宋이 니어시니(6/8)
天地 오라거니 / 世道 아니 變홀너냐(6/8)

옷밥이 不足ᄒ니 / 禮義 ᄎ리 겨룰 업셔(7/8)
家塾 黨序을 / 不關이 너기ᄂ냐(5/7)

이우즐 미이디 마라 / 이웃 미오면 갈듸 업서(8/9)
一鄕이 ᄇ리고 / 一國이 다 ᄇ리리(6/7)

위에서 볼 수 있는 것과, 앞의 1연과 2연의 두 초장들과 같이 전-반행=후반행의 구성으로 字對를 이루기도 하고, 뒤의 여섯 초장들과 같이 전-반행<후-반행을 구성하는 경우도 있다. 이는 곧 朴善長의 <五倫歌> 초장들은 모두가 전-반행≦후-반행의 규범을 보여준다고 할 수 있다. 그리고 이상에서 보는 바와 같이 중장도 모두가 전-반행≦후-반행으로 통일되어 있음을 볼 수 있다. 이런 사실로 미루어 보아 朴善長도 시조의 초장과 중장에서는 전-반행≦후-반행을 규범으로 하였다고 볼 수 있다.
　朴仁老의 <五倫歌> 초장과 중장들도 전-반행≦후-반행의 규범을 보여준다.

아비ᄂ 나ᄋ시고 / 어미ᄂ 치웁시니(7/7)
昊天 罔極이라 / 갑홀 길이 어려우니(6/8)

人生 百歲中에 / 疾病이 다 이시니(6/7)
부모를 섬기다 / 멋 히를 섬길넌고(6/7)

父母 섬기기를 / 至誠으로 섬기리라(6/8)
鷄鳴에 盥漱ᄒ고 / 燠寒을 뭇ᄌ오며(7/7)

世上 사롬들아 / 父母恩德 아ᄂᆞ산다(6/8)
父母곳 아니면 / 이몸이 이실소냐(6/7)

三千 罪惡中에 / 不孝애 더니 업다(6/7)
夫子의 이 말슴 / 萬古애 大法 삼아(6/7)

聖恩이 罔極ᄒ 줄 / 사롬들아 아ᄂᆞᆫ다(7/8)
聖恩곳 안니면 / 萬民이 살로소냐(6/7)

稷契도 안닌 몸애 / 聖恩도 罔極ᄒ샤(7/7)
百번을 죽어도 / 갑흘 닐이 업것마ᄂᆞᆫ(6/8)

사롬 삼기실제 / 君父갓게 삼겨시니(6/8)
君父ㅣ 一致라 / 輕重을 두로소냐(5/7)

深山의 밤이 드니 / 北風이 더옥 차다(7/7)
玉樓 高處에도 / 이 ᄇ롬 부ᄂᆞ게오(6/7)

이몸이 죽은 後에 / 忠誠이 넉시되야(7/7)
<u>놉히 놉히 ᄂᆞ라 올라 / 閶闔을 블너 열고(8/7)</u>

夫婦ㅣ 이신 後에 / 父子兄弟 삼겨시니(6/8)
夫婦곳 아니면 / 五倫이 가즐소냐(7/7)

사람 내실적의 夫婦ᄀᆺ게 삼겨시니(6/8)
天定 配匹이라 / 夫婦ᄀᆺ치 重홀쏘냐(6/8)

夫婦을 重타호들 情만 重케 가질것가(7/8)
禮別업시 居處호며 / 恭敬업시 조홀소냐(8/8)

夫婦 삼길 적의 하 重케 삼겨시니(6/7)
夫唱 婦隨호야 / 一家天地 和호리라(6/8)

남으로 삼긴 거시 夫婦又치 重홀넌가(7/8)
사롬의 百福이 / 夫婦에 가잣거든(6/7)

兄弟 내실적의 同氣로 삼겨시니(6/7)
骨肉 至親이 / 兄弟又치 重홀넌가(5/8)

爭財에 失性호야 同氣不睦 마라스라(7/8)
田地와 奴婢는 / 갑슬 주면 살련이와(6/8)

友愛를 尤篤호야 百年을 혼틔 살며(7/7)
혼옷 혼밥을 / 논하 닙고 논하 먹고(5/8)

同氣로 셋몸되야 혼몸가치 지니다가(7/8)
두 아은 어디가셔 / 도라올 줄 모르는고(7/8)

友愛 깁흔 쓰지 表裏업시 혼뜻되야(6/8)
이重에 和兄弟를 / 우린가 녀겨시니(7/7)

벗을 사귈딘딘 有信케 사괴리라(6/7)
信업시 사괴며 / 恭敬업시 지닐쏘냐(7/8)

言忠 行篤호고 벗 사고기 삼가오면(6/8)
내몸애 辱 업고 / 외다호리 적거이와(6/8)

天地間 萬物中에 사롬이 最貴호니(7/7)
最貴혼 바는 / 五倫이 아니온가(5/7)

幸茲 秉彝心이 古今 업시 다 이실식(6/8)
爰輯 舊聞ᄒ야 / 二三篇 지어시니(6/7)

仔細히 살펴 보면 뉘 아니 感激ᄒ리(7/7)
文字는 拙ᄒ되 / 誠敬을 삭여시니(6/7)

이상과 같이 25수의 초장은 전-반행≤후-반행을 따르고 있고, 25수의
중장 중에서 24수의 중장들이 전-반행≤후-반행을 따르고 있음을 본다.
전-반행≤후-반행을 벗어난 것은 위 인용에서 밑줄친 1수의 중장뿐이
다. 게다가 朴仁老의 다른 시조 42수 중에서 40수의 초장들이 전-반행≤
후-반행을 따르고 있고, 避世臺의 초장과 自警3-1의 초장만이 <時節이
하 殊常커놀 / 뵈오시 막대 집고(8/7)> <明鏡에 틔찌거던 / 갑주고 닷
글줄(7/6)>등이 전-반행≤후-반행을 벗어나고 있다. 그리고 朴仁老는 그
의 다른 시조 42수의 중장들에서도 40수의 중장들은 전-반행≤후-반행
을 따르고 있으며, 合流臺와 釣月臺의 중장들에서만 <彼此업시 흘러가
고 / 左右에 逢源ᄒ니(8/7)>와 <불근 역귀을 헤혀너고 / 돌알이 안ᄌ시
니(9/7)>와 같이 전-반행≤후-반행을 벗어나고 있다. 이런 사실들로 보
아 朴仁老 역시 시조의 초장과 중장에서는 전-반행≤후-반행을 규범으
로 삼았다고 볼 수 있다.

어버이 날 나흐셔 / 어질과쟈 길러내니(7/8)
이 두分 아니시면 / 내몸 나셔 어질소냐(7/8)

天恩이 ᄀ이 업서 / 代마다 덥혀 두고(7/7)
太平 盛世에 / 가플 일이 어려왜라(5/8)

우리몸 갈라 난들 / 두몸이라 아지마소(7/8)
分形 連氣ᄒ니 / 이 이른 兄弟니라(6/7)

늠으로셔 親ᄒ 사롬 / 벗이라 닐러시니(8/7)

　　有信곳 아니ㅎ면 / 시쓸 줄이 이실소냐(7/8)

　　男女 有別ㅎ줄 / 사룸마다 알년마ᄂᆞ(6/8)
　　學文을 모르면 / 알기 아니 어려온랴(7/8)

　　져무니 어룬 뫼셔 / 간듸마다 ᄎᆞ례곳 알면(7/9)
　　無知ㅎ 愚氓들도 / 아니 아지 못ᄒᆞ려니(7/8)

　이상은 李侃의 <五倫歌> 초장과 중장들이다. 여섯 초장들 중에서 밑 줄친 초장만이 전-반행>후-반행의 형태이고, 나머지 다섯 초장들은 전-반행≦후-반행으로 구성되어 있다. 그리고 李侃의 다른 시조 24수의 초장들 모두가 전-반행≦후-반행을 따르고 있음을 볼 수 있다. 또한 중장에서는 전-반행≦후-반행을 모두 따르고 있으며, 다른 시조 24수의 중장들에서도 전-반행≦후-반행을 모두 따르고 있다. 이런 점으로 미루어 볼 때 李侃은 시조 초장과 중장에서 전-반행≦후-반행을 규범으로 하였음을 알 수 있다.

　지금까지 宋純 周世鵬 金尙容 朴善長 朴仁老 李侃 등의 시조 초장과 중장의 규범을 살펴 보았다. 그 결과 이 6사람들은 모두가 시조의 초장과 중장에서 전-반행≦후-반행을 규범으로 하고 있음을 정리해 볼 수 있다.

⑵ 종장의 행

　먼저 宋純의 <五倫歌>의 종장을 보자.

　　하눌 ᄀᆞ튼 ᄀᆞ 업손 은덕을 / 어디 다혀 갑ᄉᆞ오리(10/8)

　　ᄒᆞᆫ 졋 먹고 길러 나이셔 / 닷ᄆᆞ옴을 먹디 마라(9/8)

　　이 모미 벗님곳 아니면 / 사룸 되미 쉬올가(9/7)

　위의 인용에서 볼 수 있는 것과 같이, 宋純의 <五倫歌> 종장들은 전-
반행≧후-반행의 규범을 따르고 있다. 그리고 그의 다른 시조인 <風霜
이 섯거친 날에 ㅈ픠온 黃菊花. . .>의 종장인 <桃李야 곳이온양마라 /
님의 쯧을 알괘라>도 9/7로 전-반행≧후-반행을 따르고 있다. 이런 점
에서 송순은 시조의 종장에서 전-반행≧후-반행을 규범으로 하였다고
할 수 있는 것이다.
　이번에는 주세붕 <五倫歌>의 종장들에서 보자.

　　<u>이 말슴 닛디 말오</u> / 비호고야 마로링이다(7/9)

　　이 德을 갑흐려 하니 / 하늘ㄱ이 업스샷다(8/8)

　　<u>혼 무슴매 두 뜯 업시</u> / 소기지나 마옵샹이다(8/9)

　　친코도 고마오시니 / 손이시나 다릭실가(8/8)

　　兄弟옷 不和ㅎ면 / 개도티라 ㅎ리라(7/7)

　　<u>랄로셔 무디어시든</u> / 절ㅎ고야 마로링이다(8/9)

　이 종장들을 전-반행≧후-반행이 셋이고, 전-반행<후-반행이 밑줄친
부분의 것과 같이 셋이다. 이로 인해 어느 것을 규범으로 보아야 할지
판단하기가 힘들다. 그러나 그의 다른 시조 9수들을 참고로하여 주세붕
의 규범성을 설정할 수 있게 된다. 9수 중에서 7수는 전-반행≧후-반행
을 따르고 있음을 본다. 단지 君子歌 靜養吟 등의 2수의 종장들만이
<진실로 願커시든 / 이롤 몬져 삼가쇼셔(7/8)>와 같이 전-반행≧후-반
행을 벗어난 형태로 되어 있다. 이런 사실들로 보아, 주세붕은 시조의

종장에서 전-반행≧후-반행을 규범으로 하고 있음을 알 수 있고, 또한 <五倫歌>의 종장들에서 그 규범을 파악하기 힘들 정도라는 점은 <五倫歌>의 종장에는 많은 일탈이 있음을 보여주는 것이라 볼 수 있다.

　　　烏鳥도 反哺롤 ᄒᆞ니 / 父母孝道 ᄒᆞ여라(8/7)

　　　가다가 不合곳 ᄒᆞ면 / 믈러간들 엇더리(8/7)

　　　그러코 恭敬곳 아니면 / 卽同禽獸 ᄒᆞ리라(9/7)

　　　갑주고 못 어들거손 / 이뿐인가 ᄒᆞ노라(8/7)

　　　終始히 信義롤 딕희여 / 久而敬之 ᄒᆞ여라(9/7)

위 인용은 金尙容 <五倫歌>의 각각의 종장들이다. 이 종장들에서 김상용은 일단 그의 <五倫歌>에서 전-반행≧후-반행을 따르고 있음을 확인할 수 있는 것이다. 그리고 金尙容은 그의 다른 시조 13수의 종장들에서도 모두 전-반행≧후-반행을 따르고 있는 것으로 보아 이런 점으로 미루어 김상용은 시조의 종장에서 전-반행≧후-반행을 규범으로 삼았음을 알 수 있다.
　이번에는 朴善長의 <五倫歌> 종장을 보자.

　　　이 恩惠 하 罔極ᄒᆞ니 / 가풀 줄을 몰너라(8/7)

　　　萬一에 大義를 모르면 / 廝養이나 다르랴(9/7)

　　　그려도 恭敬홀 줄 모르면 / 雎鳩 아니 인ᄂᆞ냐(10/7)

　　　사롬이 이 뜻을 모라면 / 禽獸마도 못ᄒᆞ리(9/7)

桑田이 바다물 되여도 / 信을 닛디 마로리라(9/8)

그려도 닐곱 구모 가자시니 / 五倫이야 모르랴(11/7)

그려도 보고 들으면 / 비호리 이시리(8/6)

百年도 못 살 人生이 / 그러그러 엇뎨리(8/7)

이상의 종장들에서 모두가 전-반행≧후-반행을 따르고 있다. 이로 보아 朴善長 역시 시조의 종장에서 전-반행≧후-반행을 규범으로 하였음을 알 수 있다.

朴仁老 역시 시조의 종장들에서 전-반행≧후-반행을 규범으로 하는데, 이를 정리 검토하기 위해 먼저 그의 <五倫歌>의 종장들을 보자.

大舜의 終身誠孝도 / 못다한가 ᄒ노라(8/7)

아마도 못다홀 誠孝를 / 일즉 벼퍼 보렷로라(9/8)

날마다 侍側奉養을 / 沒身不衰 ᄒ오리라(8/8)

生死葬祭에 禮로뻐 / 始終 갓게 섬겨서라(8/8)

아모려 下愚不移도 / 밋처 알게 ᄒ렷로라(8/8)

이몸은 罔極흔 聖恩을 / 갚고 말려 ᄒ노라(9/7)

窮達이 길이 달나 / 못 뫼압고 설웟로라(7/8)

이몸은 忠孝 두 사이에 / 늘글주를 모르보라(9/8)

간 밤의 치우신가 / 北斗비겨 바릭로라(7/8)

上帝께 우리聖主를 / 壽萬歲케 비로리라(8/8)

이中에 生民이 비롯ᄒ니 / 夫婦 크다 ᄒ로라(10/7)

百年을 아적삼아 / 如鼓瑟琴 ᄒ렷로라(7/8)

生에 敬待如賓을 / 冀缺갓치 ᄒ오리라(7/8)

날마다 擧顔齊眉을 / 孟光ᄀ게 ᄒ여라(8/7)

이리 重ᄒ 스이에 / 아니 和코 엇지ᄒ리(7/8)

一生에 友愛之情을 / ᄒ믐ᄀ치 ᄒ리라(8/7)

아모려 萬金인들 / 兄弟 살더 잇ᄂ냐(7/7)

白髮애 아뮈줄 모르도록 / 흠긔 늘쟈 ᄒ노라(10/7)

날마다 夕陽門外에 / 한숨계워 ᄒ노라(8/7)

엇지타 白首隻鴈이 / 혼자 울줄 알리오(8/7)

一生에 久而敬之을 / 始終 업게 ᄒ오리라(8/8)

진실로 삼가지 못ᄒ면 / 辱及其親 ᄒ오리라(9/8)

사롭이 五倫을 모르면 / 不遠禽獸 ᄒ리라(9/7)

嗟哉 後生들아 / 살펴보고 힘서ᄒ라(6/8)

진실로 熟讀 詳味ᄒ면 / 不無一助 ᄒ리라(8/7)

이상의 인용은 朴仁老의 <五倫歌> 25수의 終章들인데 인용에서 살필 수 있는 것과 같이 19수의 종장들은 전-반행≧후-반행을 보여주고 있다. 나머지 9수는 밑줄친 것들로 전-반행≧후-반행을 벗어나고 있음도 본 다. 그리고 朴仁老의 다른 시조 42수의 종장들 중에서 38수는 전-반행≧ 후-반행를 보여주며, 나머지 吐月峰 合流臺 蘆洲幽居 自警3-3 등의 4수 의 종장들은 다음과 같이 전-반행≧후-반행을 벗어나고 있다. <高山이 揷天ᄒ니 / 돌우흐로 나는덧다(7/8)>(吐月峰) <分時異 合處同을 / 이 臺 下애 아라고야(7/8)>(合流臺) <道川上 明月淸風이 / 날 기ᄃ리기 오르니 라(8/9)>(蘆洲幽居) <사공도 無狀ᄒ야 / 暮江頭에 ᄇ렷나다(7/8)>(自警 3-3). 이런 점들로 볼 때에 朴仁老는 시조의 종장에서 전-반행≧후-반행 을 규범으로 취하고 있음을 알 수 있다.

이번에는 李侃의 <五倫歌> 종장의 경우를 보자.

아마도 至極ᄒ 恩德을 / 못내 가파 ᄒ노라(9/7)

두어라 爲國忠心을 / 永世不忘 ᄒ오리라(8/8)

兄弟야 이 뜻을 아라 / 白友白恭 ᄒ쟈스라(8/8)

우리는 어진벗 아라셔 / 責善을 바다 보리라(9/8)

眞實로 國法이 이시니 / 無別無行 ᄒ지마라(9/8)

ᄒ믈며 人倫을 알려ᄒ면 / 이 아니코 어이리(10/7)

위 인용은 李侃의 <五倫歌> 종장들인데 이 종장들은 모두가 전-반행 ≧후-반행을 보여주고 있다. 그리고 李侃은 그의 다른 시조 24수의 종장 들에서도 모두 전-반행≧후-반행을 취하고 있다. 이런 점들로 볼 때 李 侃도 시조의 종장에서 전-반행≧후-반행의 규범을 취했다고 말할 수 있 다.

지금까지 宋純 周世鵬 金尙容 朴善長 朴仁老 李侃 등의 모든 시조들
의 종장들을 살펴 보았는데 그 결과 이 6사람들은 시조의 종장에서 전-
반행≧후-반행을 규범으로 하고 있음을 정리할 수 있었다.

2. 도치법

<五倫歌>들에서 보이는 도치법들은 발생 위치에 따라 몇가지로 분리
될 수 있다. 그것은 초장이나 중장의 앞부분에서 발생하는 것, 종장의
앞부분에서 발생하는 것, 종장의 중간에서 발생하는 것 등으로 대별된
다. 아래 인용들은 초장과 중장에서 도치가 일어난 것을 옮긴 것이고,
괄호 안에는 도치되기 이전의 형태로 환원한 것이다.

(1) 초장 앞에서의 도치

두 분곳 아니시면 이 몸이 사라실가(宋純의 <五倫歌>)
(이 몸이 두 분곳 아니시면 사라실가)

둉과 항것과롤 뉘라셔 삼기신고(周世鵬의 <五倫歌>)
(뉘라셔 둉과 항것과롤 삼기신고)

兄님 자신 져줄 내 조쳐 머궁이다(周世鵬의 <五倫歌>)
(내 조쳐 형님자신 져즐 머궁이다)

부모곳 아니면 이 몸이 이실쏘냐(金尙容의 <五倫歌>)
(이 몸이 부모곳 아니면 이실쏘냐)

닙 넙고 줄기 기러 밤나즈로 부러낫다(朴善長의 <五倫歌>)
(밤나즈로 닙 넙고 줄기 기러 부러낫다)

몬져 나니 後에 나니 次序야 다ᄅᆞᆯ지라도(朴善長의 <五倫歌>)
(次序야 몬져 나니 後에 나니 다ᄅᆞᆯ지라도)

人生 百歲中에 疾病이 다 이시니(朴仁老의 <五倫歌>)
(疾病이 人生 白歲中에 다 이시니)

聖恩이 罔極ᄒᆞᆫ 줄 사ᄅᆞᆷ들아 아ᄂᆞᄉᆞᆫ다(朴仁老의 <五倫歌>)
(사ᄅᆞᆷ들아 聖恩이 罔極ᄒᆞᆫ 줄 아ᄂᆞᄉᆞᆫ다)

百번을 죽어도 갑흘 닐이 업것마ᄂᆞᆫ(朴仁老의 <五倫歌>)
(갑흘 닐이 백번을 죽어도 업것마ᄂᆞᆫ)

玉樓 高處에도 이 ᄇᆞᄅᆞᆷ 부ᄂᆞᆫ게오(朴仁老의 <五倫歌>)
(이 바ᄅᆞᆷ 玉樓 高處에도 부ᄂᆞᆫ게오)

天地間 萬物中에 사ᄅᆞᆷ이 最貴ᄒᆞ니(朴仁老의 <五倫歌>)
(사ᄅᆞᆷ이 天地間 萬物中에 最貴ᄒᆞ니)

太平 盛世에 가플 일이 어려왜라(李 俔의 <五倫歌>)
(가플 일이 太平 盛世에 어려왜라)

男女 有別ᄒᆞᆫ줄 사ᄅᆞᆷ마다 알년마ᄂᆞᆫ(李 俔의 <五倫歌>)
(사ᄅᆞᆷ마다 男女 有別ᄒᆞᆫ줄 알년마ᄂᆞᆫ)

이상의 인용에서 밑줄친 부분은 도치된 부분이고, 괄호 안에서 밑줄친 부분은 도치된 부분을 도치 이전으로 환원한 부분이다. 위에서 보면, 거의가 주어 부분이 문장 앞(전-반행의 앞부분)에서 후-반행의 앞부분으로 된 것들로 되어 있다. 이로 인해 초장과 중장들은 주어 앞부분의 단어들을 둘로 쪼개지 않고도 반행 휴지(hemistichal caesura)를 자연스럽게 가지게 된다. 그러나 앞의 괄호에서와 같이 도치 이전으로 환원하였을 경우에는 주어와 용언 사이의 한 묶음의 단어들을 쪼개야만 비로서 반행의 휴지를 얻을 수 있다. 이런 점에서 볼 때 이들 도치는 이차적 규범 즉 시조의 형식에서 반행의 휴지를 자연스럽게 생성하는 방법이라고 정리할 수 있다. 도치법은 일반적으로 도치된 부분을 강조하는데, 이 강조가 위 인용들의 도치법에도 적용된다.

(2) 중장 가운데서의 도치

> 흔옷 흔밥을 논하 닙고 논하 먹고(朴仁老의 <五倫歌>)
> (흔옷 논하 닙고 흔밥을 논하 먹고)

이 인용은 중장의 가운데가 도치된 것을 인용한 것이다. 괄호 속과 같이 도치 이전으로 환원하면, 대구가 되는데 이 대구를 위 인용의 밑줄친 부분과 같이 도치로 처리한 것이다. 이는 시조문학에서 드물게 보이는 두운법을 위한 것으로 생각된다. 즉 <흔 옷 논하 입고 흔 밥을 논하 먹고>로 보면 두운이 잘 드러나지 않는데 <흔 옷 흔 밥을 논하 입고 논하 먹고>로 도치시키면, '흔'이 '흔 옷'과 '흔 밥'의 첫음절에서 반복하고, '논하'가 '논하 입고'와 '논하 먹고'에서의 첫단어로 반복한다. 이런 두운법은 시가의 흐름을 리드미컬하게 하는 기능을 한다.

이상의 도치법들은 도치된 단어들을 강조한다.

(3) 종장의 도치

종장의 도치는 앞부분에서 도치를 보이는 것과 가운데 부분에서 도치되는 것의 두 가지로 나누어 진다. 종장의 도치는 지금까지 살폈던 초장과 중장의 도치와는 달리 강조의 의미를 가지지 않는 것들이다.

1) 종장 앞에서의 도치

지금부터 살피려는 도치법들은 다음의 것과 같이 강조의 의미를 가지지 않는 것들이다.

　　이ᄆ에 生民이 비롯ᄒ니 夫婦 크다 ᄒ로라(朴仁老의 <五倫歌>)
　　(生民이 이ᄆ에 비롯ᄒ니 夫婦 크다 ᄒ로라)

　　眞實로 國法이 이시니 無別無行 ᄒ지마라(李 侃의 <五倫歌>)
　　(國法이 眞實로 이시니 無別無行 ᄒ지마라)

　이 두 인용들은 <五倫歌>의 종장 앞부분에서 도치를 보이는 것들이다. 이 경우에는 도치된 단어에 강조의 의미를 부여하지 않은 것으로 판단된다.

2) 종장 가운데서의 도치

　　一生에 敬待如賓을 冀缺갓치 ᄒ오리라(朴仁老의 <五倫歌>)
　　(一生에 冀缺갓치 敬待如賓을 ᄒ오리라)

　　날마다 擧顔齊眉을 孟光ᄌ게 ᄒ여라(朴仁老의 <五倫歌>)
　　(날마다 孟光ᄌ게 擧顔齊眉을 ᄒ여라)

　　一生에 友愛之情을 ᄒ몸ᄌ치 ᄒ리라(朴仁老의 <五倫歌>)
　　(一生에 ᄒ몸ᄌ치 友愛之情을 ᄒ리라)

　　一生에 久而敬之을 始終 업게 ᄒ오리라(朴仁老의 <五倫歌>)
　　(一生에 始終 업게 久而敬之을 ᄒ오리라)

　이 인용들은 <五倫歌>의 종장 가운데서 도치를 보이는 것들이다. 이 도치들은 한결 같이 목적어와 부사를 도치하여 목적어를 강조시켜주고 있다. 그것도 바람직한 상태나 행동을 목적어로 강조하고 있는 것이다.
　이상에서는 도치의 의미의 강조성과 리듬성에 대하여 설명하였다. 그러면 이 도치들은 앞에서 설명한 의미의 강조성과 리듬성만을 위한 것인가에 답해야 하는데, 그렇지 않다고 생각한다. 왜냐하면 제2절 반행의 도치에서 보았지만, 앞의 도치들은 또 다른 기능들을 가지기 때문이다.

3. 주어의 생략

聯時調 <五倫歌>을 비롯한 시조문학은 많은 주어의 생략을 특징6)으로 한다. 주어의 생략이 시조만에서만 보이는 특성은 아니다. 그러나 聯時調 <五倫歌>를 비롯한 시조의 주어의 생략은 상당히 두드러진 것이어서 일탈로 볼 수 있다. 생략된 주어를 문장 단위로 괄호안에 제시하면 다음과 같다.

   宋純의 <五倫歌>

      하놀 ㄱ튼 ㄱ 업손 은덕을 어디 다혀 갑스오리(주어 생략 : 내)

      흔 졋 먹고 길러 나이셔 닷모음을 먹디 마라 (주어 생략 : 형과 동생)

      눕으로 삼긴 듕에 벗 ㄱ티 유신ᄒ랴(주어 생략 : 내)

      내의 왼 이롤 다 닐오려 ᄒ노매라(주어 생략 : 벗)

이상은 송순의 <五倫歌>에서 생략된 주어를 작품의 문장 단위로 괄호안에 기입한 것이다. 인칭 대명사인 '내'의 부류가 있고, 보통 명사인 '형과 동생'과 '벗'의 부류가 있다. 이 생략들은 몇가지 관점에서 그 추적이 가능한 것들로 되어 있다. 우선 '내'의 경우는 '어머님 날 나ᄒ시고 어마님 날 기르시니'의 '날'과 '내의 왼 이롤 다 닐오려 ᄒ노매라'의 '내'

---

6) 김대행, Loc cit.

에서 알 수 있다. 그리고 '형과 동생'은 '형아 아으야'의 표현에서, '벗'은
'벗 ㄱ티'의 표현에서 알 수 있다.

　　周世鵬의 <五倫歌>

　　　　이 말숨 아니면 사롬이오 사롬 아니(주어 생략 : 사람이)
　　　　이 말숨 닛디 말오 비호고야 마로링이다(주어 생략 : 우리)

　　　　이 德을 갑흐려 하니 하눌ㄱ이 업스샷다(주어 생략 : 내)

　　　　흔 ㅁ숨매 두 뜯 업시 소기지나 마옵샌이다(주어 생략 : 우리)

　　　　지아비 밭 갈라 간듸 밥고리 이고가(주어 생략 : 지어미/우리)
　　　　친코도 고마오시니 손이시나 다ㄹ실가(주어 생략 : 지아비/우리)

　　　　兄弟옷 不和하면 개도티라 하리라(주어 생략 : 우리)

　　　　굗튼듸 不恭하면 어듸가 다롤고(주어 생략 : 내)
　　　　랄로셔 ㅁ디어시돈 절하고야 마로링이다(주어 생략 : 내)

　이상에서 보듯이 주어로 생략된 어휘들은 '내' '우리' '사람' '지어미'
'지아비' 등이다. '내'는 '아버님 랄 나하시고 어마님 랄 기ㄹ시니'와 '랄로
셔 ㅁ디어시돈'의 '랄'에서 쓰인 것을 생략한 것이다. '우리'는 '이 말숨
닛디 말오 비호고야 마로링이다' '흔 ㅁ숨매 두 뜯 업시 소기지나 마옵
샌이다' '兄님 자신 져줄 내 조쳐 머궁이다 어와 뎌아숨야 어마님 너ㅅ
랑이야' 등의 문맥으로부터 유추할 수 있다. '사람'은 '사롬 사롬마다'에
서 쓰인 것의 생략이다. '지아비'도 '지아비 밭 갈라 간듸'에서 쓰인 것의
생략이다. '지어미'는 '지아비 밭 갈라 간듸 밥고리 이고가 반상을 들오
듸 눈섭의 마초이다'의 내용에서 유추할 수 있는 것이다.

金尙容의 <五倫歌>

烏鳥도 反哺를 ᄒ니 父母孝道 ᄒ여라(주어 생략 : 네/너희)

鞠躬 盡瘁ᄒ야 죽은 後의 마라스라 (주어 생략 : 네/너희)
가다가 不合곳 ᄒ면 믈러간들 엇더리(주어 생략 : 네/너희)

그러코 恭敬곳 아니면 卽同禽獸 ᄒ리라(주어 생략 : 부부/네/너희)
갑주고 못 어들거슨 이뿐인가 ᄒ노라(주어 생략 : 네/너희)

날도곤 나으니로 ᄋᆞᆯ히여 사괴여라(주어 생략 : 네/너희)
終始히 信義를 딕희여 久而敬之 ᄒ여라(주어 생략 : 네/너희)

이상의 주어 생략은 하나의 통일을 보이고 있다. 즉 '네/너희'의 생략
이 그것이다. 생략된 주어가 '네/너희'라는 사실은 'ᄒ여라' '마라스라' '사
괴여라' 등의 명령법에 의해 추산된다. 즉 명령법과 이인칭 호격의 호응
관계에서 호격에 해당하는 것의 생략이다. 그리고 '가다가 不合곳 ᄒ면
믈러간들 엇더리'의 주어 '네/너희'는 그 앞의 '마라스라'의 명령법에 의
해 유추되며, '그러코 恭敬곳 아니면 卽同禽獸 ᄒ리라'의 생략된 주어
'너희'는 '夫婦라 ᄒ온거시'의 부부 즉 '네/너희'의 유추에 의한 것이다.

朴善長의 <五倫歌>

이 恩惠 하 罔極ᄒ니 가풀 줄을 몰너라(주어 생략 : 내/우리/네/너희)

十生 九死ᄒᆫ들 님의 德을 니즐ᄂ냐(주어 생략 : 내/우리/네/너희)
萬一에 大義를 모ᄅ면 厮養이나 다ᄅ랴(주어 생략 : 내/우리/네/너희)

그려도 恭敬ᄒᆞᆯ 줄 모ᄅ면 雎鳩 아니 인ᄂ냐(주어 생략 : 내/우리/네/너희)

압 뒤혜 둘녀셔 한 져즈로 기러낫다(주어 생략 : 내/우리/네/너희)

손 잡고 말홀 제 억게만 두드리랴(주어 생략 : 내/우리/네/너희)
桑田이 바다물 되여도 信을 닛디 마로리라(주어 생략 : 내/우리/네/너희)

그려도 닐곱 구모 가자시니 五倫이야 모르랴(주어 생략 : 내/우리/네/너희)

家塾 黨序을 不闕이 너기느냐(주어 생략 : 내/우리/네/너희)
그려도 보고 들으면 비호리 이시리(주어 생략 : 내/우리/네/너희)

이우즐 미이디 마라 이웃 미오면 갈듸 업서(주어 생략 : 내/우리/네/너희)
一鄕이 브리고 一國이 다 브리리
百年도 못 살 人生이 그러그러 엇데리(주어 생략 : 내/우리/네/너희)

이 <五倫歌>에서 생략된 주어와 목적어는 매우 특이한 양상을 보인다. 생략된 주어와 목적어가 '내' '우리' '네' '너희'가 모두되는 특성이다. 이렇게 '내' '우리' '네' '너희' 등이 모두 가능한 것은, 이인칭 호격의 주어와 호응하는 명령법을 쓰지 않고, 동시에 용언의 선어말어미에서 존경법을 쓰지 않았기 때문이다. 이는 화자와 청자 모두가 한번에 두 가지 상이한 의미를 수용할 수 있는 특성을 갖게 해주는 것이다.

朴仁老의 <五倫歌>

父母 섬기기를 至誠으로 섬기리라(주어 생략 : 내)
날마다 侍側奉養을 沒身不衰 ᄒ오리라(주어 생략 : 내)

夫子의 이 말슴 萬古애 大法 삼아(주어 생략 : 내)
아모려 下愚不移도 밋처 알게 ᄒ렷로라(주어 생략 : 내)

窮達이 길이 달나 못 뫼압고 설웻로라(주어 생략 : 내)

간밤의 치우신가 北斗비겨 바리로라(주어 생략 : 내)

上帝끠 우리聖主를 壽萬歲케 비로리라(주어 생략 : 내)

이重에 和兄弟를 우린가 녀겨시니(주어 생략 : 내)
엇지타 白首隻鴈이 혼자 울줄 알리오(주어 생략 : 내)

벗을 사귈딘딘 有信케 사괴리라(주어 생략 : 내)
信업시 사괴며 恭敬업시 지닐쏘냐(주어 생략 : 내)
一生에 久而敬之을 始終 업게 ᄒ오리라(주어 생략 : 내)

爰輯舊聞ᄒ야 二三篇 지어시니(주어 생략 : 내)

아마도 못다ᄒᆯ 誠孝를 일즉 벼퍼 보렷로라(주어 생략 : 내)

君父ㅣ 一致라 輕重을 두로소냐(주어 생략 : 내)

百年을 아적삼아 如鼓瑟琴 ᄒ렷로라(주어 생략 : 내)

一生에 敬待如賓을 翼缺갓치 ᄒ오리라(주어 생략 : 내)

一生에 友愛之情을 흐믐ᄌ치 ᄒ리라(주어 생략 : 내)

날마다 夕陽門外에 한숨계워 ᄒ노라(주어 생략 : 내)

夫唱 婦隨ᄒ야 一家天地 和ᄒ리라(주어 생략 : 우리)

同氣로 셋몸되야 ᄒᆫ몸가치 지니다가(주어 생략 : 우리)

友愛를 尤篤ᄒ야 百年을 흔틔 살며(주어 생략 : 우리)
白髮애 아뮈줄 모르도록 흠긔 늘쟈 ᄒ노라(주어 생략 : 우리)

이상은 주어 '내' 또는 '우리'를 생략한 것들이다. 이 주어 '내' 또는 '우리'는 구어에서 흔히 생략되는 것들과 통하는 것들이다.

날마다 舉顏齊眉을 孟光又게 ᄒ여라(주어 생략 : 네/너희)

爭財에 失性ᄒ야 同氣不睦 마라스라(주어 생략 : 네/너희)
아모려 萬金인들 兄弟 살디 잇ᄂ냐(주어 생략 : 네/너희)

이상은 주어 '네' 또는 '너희'를 생략한 것들이다. 앞의 둘은 명령법의
호응 관계에 있는 주어 '네/너희'이고, 뒤의 것은 그 앞의 명령법에 기인
하는 '네/너희'의 생략된 형태들이다.

昊天罔極이라 갑흘 길이 어려우니(주어 생략 : 내/우리/네/너희)

부모를 섬기다 몃 ᄒ를 섬길넌고(주어 생략 : 내/우리/네/너희)

夫婦을 重타혼들 情만 重케 가질것가(주어 생략 : 내/우리/네/너희)
禮別업시 居處ᄒ며 恭敬업시 조홀소냐(주어 생략 : 내/우리/네/너희)

이리 重혼 ᄉ이에 아니 和코 엇지ᄒ리(주어 생략 : 내/우리/네/너희/)

骨肉至親이 兄弟又치 重홀넌가(주어 생략 : 내/우리/네/너희)

言忠行篤ᄒ고 벗 사고기 삼가오면(주어 생략 : 내/우리/네/너희)
진실로 삼가지 못ᄒ면 辱及其親 ᄒ오리라(주어 생략 : 내/우리/네/너희)

이상은 생략된 주어로 '내' '우리' '네' '너희' 등이 모두 가능한 것들이
다. 이는 일상적인 산문의 문체에서는 주어가 모호하여 회피하는 문체임
을 보여 준다.

진실로 熟讀 詳味ᄒ면 不無一助 ᄒ리라(주어 생략 : 누구나)

生死葬祭에 禮로뻐 始終갓게 섬겨서라(주어 생략 : 세상 사람들아)

사람 내실 적의 夫婦ㅈ게 삼겨시니(주어 생략 : 하늘이)
天定配匹이라 夫婦ㅈ치 重홀소냐(주어 생략 : 부부는)

兄弟 내실적의 同氣로 삼겨시니(주어 생략 : 하늘이)

위에서 생략된 주어와 목적어는 '하늘'을 제외하고는 모두가 해당 작품에서 한 번 언급된 것들을 생략한 것들이다. '하늘'은 일반적인 것의 생략이다.

李 侃의 <五倫歌>

아마도 至極혼 恩德을 못내 가파 ᄒ노라(주어 생략 : 내)

天恩이 ᄀ이 업서 代마다 덥혀 두고(주어 생략 : 내)
두어라 爲國忠心을 永世不忘 ᄒ오리라(주어 생략 : 내)

兄弟야 이 뜻을 아라 自友自恭 ᄒ쟈스라(주어 생략 : 우리)

눔으로셔 親혼 사룸 벗이라 닐러시니(주어 생략 : 사람들이)
有信곳 아니ᄒ면 사괼 줄이 이실소냐(주어 생략 : 우리)

學文을 모르면 알기 아니 어려온랴(주어 생략 : 사람들이)
眞實로 國法이 이시니 無別無行 ᄒ지마라(주어 생략 : 사람들아)

이상은 흔히 생략되는 '내' '우리' '사람들이(아)' 등의 주격과 주제격이 생략된 것들이다.

ᄒ믈며 人倫을 알려ᄒ면 이 아니코 어이리(주어 생략 : 내/네/우리/너희
/사람들이)

이 경우에는 '내' '네' '우리' '너희' '사람들이' 등으로 쓰일 수 있는 주

어의 생략이다.

　이상의 주어의 생략 중에서 '내' '우리' '네' '너희' 등이 동시에 가능한 것을 넷 중의 하나로 명시하지 않고 생략한 것은 그 사용을 두루하는 것으로 특성을 갖기 때문이다. 그리고 지금까지 살펴본 주어를 생략하는 특성은 <五倫歌>의 시조 형식의 생성 원리 및 다음에 볼 표현과 밀접한 관계를 가진다

　주어가 생략된 예들을 작가별로 초장이나 중장을 둘씩만 인용하고 그 것의 이차 규범적 의미를 검토해 보고자 한다.

　　　宋純의 <五倫歌>

　　　　늠으로 삼긴 듕에 / 벗 깃티 유신ᄒᆞ랴(7=7)(주어 생략 : 우리)
　　　　우리 늠으로 삼긴 듕에 / 벗 깃티 유신ᄒᆞ랴(9>7)(주어 보충)

　　　　내의 왼 이룰 다 / 닐오려 ᄒᆞ노매라(6<7)(주어 생략 : 벗이)
　　　　벗이 내의 왼 이룰 다 / 닐오려 ᄒᆞ노매라(8>7)(주어 보충)

　　　周世鵬의 <五倫歌>

　　　　이 말ᄉᆞᆷ 아니면 / 사룸이오 사룸 아니(6<8)(주어 생략 : 사람이)
　　　　사람이 이 말ᄉᆞᆷ 아니면 / 사룸이오 사룸 아니(9>8)(주어 보충)

　　　金尙容의 <五倫歌>

　　　　鞠躬 盡瘁ᄒᆞ야 / 죽은 後의 마라스라(6<8) (주어 생략 : 너희(들아))
　　　　너희(들아) 鞠躬 盡瘁ᄒᆞ야 / 죽은 後의 마라스라(8(10)≧8)(주어 보충)

　　　　날도곤 나으니로 / 굴히여 사괴여라(7<8)(주어 생략 : 너희(들아))
　　　　너희(들아)날도곤 나으니로 / 굴히여 사괴여라(9(11)>7)(주어 보충)

朴善長의 <五倫歌>

十生 九死ᄒᆞᆫ둘 / 님의 德을 니줄ᄂᆞ냐(6<8)(주어 생략 : 내/우리/네/너희)
내(네) 十生 九死ᄒᆞᆫ둘 / 님의 德을 니줄ᄂᆞ냐(7<8)(주어 보충)
우리/너희(들이) 十生 九死ᄒᆞᆫ둘 / 님의 德을 니줄ᄂᆞ냐(8(10)≧8)(주어 보충)

압 뒤혜 둘녀셔 / 한 져ᄌᆞ로 기러낫다(6<8)(주어 생략 : 내/우리/네/너희)
내(네) 압 뒤혜 둘녀셔 / 한 져ᄌᆞ로 기러낫다(7<8)(주어 보충)
우리/너희(들이) 압 뒤혜 둘녀셔 / 한 져ᄌᆞ로 기러낫다(8(10)≧8)(주
어 보충)

朴仁老의 <五倫歌>

同氣로 셋몸되야 / ᄒᆞᆫ몸가치 지닉다가(7<8)(주어 생략 : 우리)
우리 同氣로 셋몸되야 / ᄒᆞᆫ몸가치 지닉다가<9>8)(주어 보충)

友愛를 尤篤ᄒᆞ야 / 百年을 ᄒᆞᆫ틱 살며(7=7)(주어 생략 : 우리)
우리 友愛를 尤篤ᄒᆞ야 / 百年을 ᄒᆞᆫ틱 살며(9>7)(주어 보충)

李 侃의 <五倫歌>

天恩이 ᄀᆞ이 업서 / 代마다 덥혀 두고(7=7)(주어 생략 : 내)
내 天恩이 ᄀᆞ이 업서 / 代마다 덥혀 두고(8>7)(주어 보충)

有信곳 아니ᄒᆞ면 / 사괼 줄이 이실소냐(7<8)(주어 생략 : 우리)
우리 有信곳 아니ᄒᆞ면 / 사괼 줄이 이실소냐(9>8)(주어 보충)

위에서 보면, 주어를 생략하였을 경우에 한하여 시조 초장과 중장에서
의 전-반행≦후-반행이라는 규범이 지켜진다. 그러나 주어를 보충하였
을 경우는 상당 부분에서 전-반행≦후-반행이라는 규범이 파괴된다. 이
런 점에서 볼 때 주어의 생략은 초장과 중장에서의 전-반행≦후-반행의
규범을 따르기 위해 이루어지는 시조 형식을 생성하는 원리의 생성적인

것이라 할 수 있다.

이번에는 종장들에서의 주어 생략의 이차 규범적 의미를 정리하여 본
다.

宋純의 <五倫歌>

하늘 フ튼 フ 업손 은덕을 / 어디 다혀 갑소오리(10>8)(주어 생략 : 내)
내 하늘 フ튼 フ 업손 은덕을 / 어디 다혀 갑소오리(11>8)(주어 보충)

흔 졋 먹고 길러 나이셔 / 닷모음을 먹디 마라(9>8)(주어 생략 : 형
과 동생)
형과 동생아 흔 졋 먹고 길러 나이셔 / 닷모음을 먹디 마라(14>8)
(주어 보충)

金尙容의 <五倫歌>

烏鳥도 反哺를 하니 / 父母孝道 하여라(8>7)(주어 생략 : 너희)
烏鳥도 反哺를 하니 / 너희 父母孝道 하여라(8<9)(주어 보충)

가다가 不合곳 하면 / 믈러간들 엇더리(8>7)(주어 생략 : 너희)
너희 가다가 不合곳 하면 / 믈러간들 엇더리(10>7)(주어 보충)

朴善長의 <五倫歌>

이 恩惠 하 罔極하니 / 가풀 줄을 몰너라(8>7)(주어 생략 : 내/우리
/네/너희)
이 恩惠 하 罔極하니 / 내(네) 가풀 줄을 몰너라(8=8)(주어 보충)
이 恩惠 하 罔極하니 / 우리/너희(들아)가풀 줄을 몰너라(8<9(11)
(주어 보충)

李 侃의 <五倫歌>

두어라 爲國忠心을 / 永世不忘 ᄒ오리라(8=8)(주어 생략 : 너희, 내)
너희 두어라 내 爲國忠心을 / 永世不忘 ᄒ오리라(11>8)(주어 보충)

밑줄친 부분에 한하여 주어를 보충하였을 경우에 시조의 종장에서 전
-반행≧후-반행을 규범을 일탈한다. 이 경우는 생략된 주어가 종장의
후-반행에 위치할 경우이다. 몇몇의 이런 측면에서의 시조의 종장에서
전-반행≧후-반행의 규범을 지키기 위하여 종장 후-반행의 주어를 생략
한다고 본다.

다른 하나는 종장 첫부분의 3 또는 4음절의 규범 유지이다. 이에 해당
하는 것들로는 위에서 고딕체로 표기한 부분들이 있다. 이것들은 주어를
생략하였을 때는 3 또는 4음절의 규범을 유지하는 것이다. 그러나 주어
를 보충하면, 3 또는 4의 음절이 5음절로 파괴되는 성향을 보인다. 이런
점에서 종장에서 일부 주어의 생략은 종장 전-반행 내율절에서 3 또는
4음절을 유지하기 위한 것이라 할 수 있다. 뿐만 아니라 이로 인해 단시
조 종장의 형식이 파괴된다.

이상의 사실로 볼 경우에, <五倫歌>들은 종장에서 주어를 생략하는
수가 많은데, 그 이유는 주어진 규범들(종장 첫 율절의 3 또는 4음절의
규범, 종장의 전-반행≧후-반행의 규범)을 지키기 위한 생성 원리라 할
수 있다.

앞에서 정리한 규범들과 그 생성원리에 근거해 단시조 형식을 제시하
면 다음과 같다.

앞 '제2절 반행'의 '(1)초장 중장의 반행'과 '2. 도치법'에서 살폈듯이,
초장과 중장 반행들은 內律節≦外律節(3, 4음절)의 규범을 보이고, '제2
절 반행'의 '(2) 종장의 반행'과 '2. 도치법'에서 알 수 있듯이, 종장의 전
-반행들은 內律節(3, 4음절)<外律節 또는 內律節(3음절)≦中律節(2, 3, 4

음절)≦外律節(4, 3음절)의 규범을, 후-반행들은 內律節(4음절)≧外律節
의 규범을 가지고 있다.

그리고 '1. 行의 規範과 逸脫'의 '(1) 초장 중장의 행'과 '(2) 종장의
행'에서 살펴본 바와 같이, 초장과 중장에서는 전-반행≦후-반행의 규범
을 보이고, 종장에서는 전-반행≧후-반행의 규범을 보인다.

'제1절 율절'의 '(1) 초장 중장의 율절'과 '(2) 종장의 율절'에서의 율절
의 2차적 규범과 일탈을 정리하면 다음과 같은, 聯時調 <五倫歌>에서
各聯을 이루는 단시조의 형식을 얻을 수 있다.

    초 장(전-반행≦후-반행)
        전-반행 : 內律節(2음절 이상)≦外律節(3, 4음절)
        후-반행 : 內律節(3음절 이상)≦外律節(3, 4음절)

    중 장(전-반행≦후-반행)
        전-반행 : 內律節(2음절 이상)≦外律節(3, 4음절)
        후-반행 : 內律節(3음절 이상)≦外律節(3, 4음절)

    종 장(전-반행≧후-반행)
        전-반행 : ㉮ 內律節(3, 4음절)<外律節(4, 5음절)
                 ㉯ 內律節(3음절)≦中律節(2, 3, 4음절)≧外律節(4, 3음
                   절)
        후-반행 : 內律節(4음절)≧外律節

이 형식은 기왕의 연구들이 제시한 것들과 크게는 유사하지만, 작게는
기왕의 어느 주장과도 같지 않다. 이 차이는 자료를 어느 것으로 하느냐
하는 문제에 달려 있다고 할 수 있다. 그런데 기왕의 주장들은 자료의
임의 추출에 의한 것이라는 점에서 문제를 가지고 있다. 이를 극복하는
하나의 방법으로 작가별 장르별 정리가 요청된다고 할 수 있다. 이런 점
에서 이 형식은 그런대로 의미가 있다고 생각한다.

第三章 聯時調 <五倫歌>의 表現

본장에서는 표현과 관련된 일탈들과 그것들의 결합을 통하여 聯時調 <五倫歌>의 表現을 정리하고자 한다. 일탈들은 결합하여 聯時調 <五倫歌>의 표현적 특성들을 드러내는데 표현과 관련된 일탈들은 매우 다양하다. 이 중에서 앞장에서 정리한 '격어미의 생략' '주어의 생략' '조건법' '원인법' '당위와 당위이유의 의미구조' '무전의성' '격어미의 교체' '직유법' '인유법' '사용문자' '대명사' 등을 표현 항목별의 차례대로 살펴본다.

第一節 表現의 簡潔化

표현의 간결화에 기여하는 것은 격어미의 생략과 주어의 생략이다.

1. 격어미 생략

앞장에서 살폈듯이 격어미의 생략은 단시조 형식을 생성하는 주요한 원리중의 하나이다. 이에 비해 일부 격어미의 생략들은 단시조 표현에서 간결화를 보여주는 것들이 있다. 성격에 따라 초장과 중장 그리고 종장의 둘로 나누어 이것들을 정리하면 다음과 같다.

宋純의 <五倫歌>

<u>놈으로 삼긴 듕에 벗(과)</u> ㄳ티 유신ᄒ랴(3.4.4.4→3.4.3.4)
내의 원 이룔 다 닐오려 ᄒ노매라

위의 밑줄친 부분들은 內律節≦外律節(外律節 : 3 또는 4음절)의 규범
안에서 가급적 음절수를 줄여서 간결화를 꾀하고 있다.

周世鵬의 <五倫歌>

<u>兄님(이) 자신 져쥴</u> 내 조처 머굼이다(3.4→2.4)
어와 뎌아ᅀᅡ야 어마님(의) 너ᅀᅳ랑이야

밑줄친 부분의 격어미 생략은 內律節≦外律節(外律節 : 3 또는 4음절)
의 규범 안에서 가급적 음절수를 줄여서 간결화를 얻고 있다.

金尙容의 <五倫歌>

<u>兄弟(는) 두 몸이나</u> 一氣로 ᄂᆞ화시니(3.4→2.4)
人間의 貴ᄒᆞᆫ 거시 이 外예 ᄯᅩ 잇ᄂᆞᆫ가

위의 밑줄친 부분인 '兄弟(는) 두 몸이나'(3.4→2.4)는 內律節≦外律節(
外律節 : 3 또는 4음절)의 규범 안에서 음절수를 줄여서 간결화를 얻게
하는 것이다.

朴善長의 <五倫歌>

두 姓이 ᄒᆞᆫ 디 모다 함끠 늘거 죽쟈 ᄒ니
<u>百年(의) 情好야</u> 이예셔 더랴마ᄂᆞᆫ(3.3→2.3)

唐虞(이) 머러디고 漢唐宋이 니어시니(3.4→2.4)
天地(이) 오라거니 世道(이) 아니 變홀너냐

옷밥이 不足ᄒᆞ니 禮義(를) ᄎ리 겨를 업셔
家塾(과) 黨序을 不鵬이 너기ᄂᆞ냐(3.3→2.3)

위의 밑줄친 부분들인 '百年(의) 情好ᄒᆞ야'(3.3→2.3) '唐虞(이) 머러디
고'(3.4→2.4) '家塾(과) 黨序을'(3.3→2.3) 등에서는 초장과 중장 반행들의
內律節≦外律節(外律節 : 3 또는 4음절)의 규범 안에서 음절수를 줄이는
간결화를 보여준다.

朴仁老의 <五倫歌>

人生(의) 百歲中에 疾病이 다 이시니(3.4→2.4)
부모를 섬기나 몃 ᄒᆡ를 셤실넌고

父母(를) 셤기기를 至誠으로 셤기리라(3.4→2.4)
鷄鳴에 盥漱ᄒᆞ고 燠寒을 뭇ᄌᆞ오며

世上(의) 사롬들아 父母恩德(을) 아ᄂᆞ산다(3.4→2.4)
父母곳 아니면 이몸이 이실소냐

三千(의) 罪惡中에 不孝애 더니 업다(3.4→2.4)
夫子의 이 말숨(을) 萬古애 大法(을) 삼아(3.4→3.3)

사롬(이) 삼기실제 君父갓게 삼겨시니(3.4→2.4)
君父ㅣ 一致라 輕重을 두로소냐

深山의 밤이 드니 北風이 더옥 차다
玉樓 高處에도 이 ᄇᆞ롬(이) 부ᄂᆞ게오(4.4→3.4)

사람(을) 내실 적의 夫婦(이) ᄭᅵ게 삼겨시니(3.4→2.4)

天定配匹이라 夫婦又치 重홀소냐

夫婦(이) 삼길 적의 하 重케 삼겨시니(3.4→2.4)
夫唱 婦隨ㅎ야 一家天地 和ㅎ리라

兄弟(를) 내실 적의 同氣로 삼겨시니(3.4→2.4)
骨肉 至親이 兄弟(와) 又치 重홀넌가

友愛(이) 깁흔 쓰지 表裏(이) 업시 흔뜻되야(3.4→2.4)
이重에 和兄弟를 우린가 녀겨시니

言忠 行篤ㅎ고 벗(을) 사고기 삼가오면
내몸애 辱(이) 업고 외다ㅎ리 적거이와(3.4→3.3)

天地間(의) 萬物中에 사롬이 最貴ㅎ니(4.4→3.4)
最貴흔 바논 五倫이 아니온가

　朴仁老 <五倫歌>에도 상당한 격어미의 생략들이 있다. 하나는 앞장에
서 살폈듯이 단시조의 형식을 생성하기 위한 것이다. 다른 하나는 위의
인용에서 밑줄친 부분들이 가지는 기능이라 볼 수 있다. 이 기능은 바로
간결화이다. 밑줄친 부분의 격어미들은 단시조의 형식 생성이라는 점에
서만 보면 생략되지 않아도 되는 것들이다. 왜냐하면 이 격어미를 생략
하지 않아도 해당 부분은 초장과 중장 반행들의 內律節≤外律節(外律節
: 3 또는 4음절)를 생성하기 때문이다. 그러나 작품들은 이 부분의 격어
미를 생략하는데, 이는 그 안에서 음절수를 줄여서 간결하게 하려는 데
서의 이유로 볼 수 있다.

　　李 侃의 <五倫歌>

어버이 날 나ᄒ셔 어질과쟈 길러내니
이두分(이) 아니시면 내몸(이) 나셔 어질소냐(4.4→3.4)

우리몸(이) 갈라 난들 두몸이라 아지마소(4.4→3.4)
分形 連氣ᄒ니 이 이른 兄弟니라

　밑줄친 부분의 격어미 생략은 간결화로 정리할 수 있다. 이 부분들은
격어미를 살려서 써도 초장과 중장 반행들의 內律節≦外律節(3,　4음절)
의 규범을 생성한다. 그러나　4.4→3.4와 같이 격어미를 생략하는 것은
음절수를 줄이려는 간결화의 의도로 파악된다.
　이번에는 종장에서의 격어미·생략이 가지는 간결화의 기능을 보자. 먼
저 종장에서 간결화를 위해 생략된 어미들의 예를 본다.

　이 말슴(을) 닛디 말오 비호고야 마로링이다(周世鵬의 <五倫歌>)(4.4→3.4)

　ᄒ ᄆᆞᆯ매 두 ᄠᅳᆮ(이) 업시 소기지나 마옵생이다(周世鵬의 <五倫歌>)(4.5→4.4)

　이 恩惠(이) 하 罔極ᄒ니 가풀 줄을 몰니라(朴善長의 <五倫歌>)(4.5→3.5)

　上帝ᄶᅥ 우리(의) 聖主를 壽萬歲케 비로리라(朴仁老의 <五倫歌>)(3.6→3.5)

　이상의 격어미 생략들을 보면, 전-반행들에서는 內律節<外律節의 규
범에 일차로 맞추려는 의도가 있음을 본다. 그리고 이 규범 안에서 격어
미를 생략하여 간결성을 보이려 하는데, 특히 이 전-반행에는 많은 음절
들이 첨가될 수 있다는 점에서 그 생략은 간결한 표현과 연관된다. 앞의
밑줄친 부분들에서 생략되지 않은 격들이 있다. '하눌(과) ᄀᆞᄐᆞᆫ ᄀᆞ(이)
업손 은덕을'의 대격 '을'과 '이몸은 忠孝(의) 두 사이에'의 처소격 '에'이
다. 처소격 '에'를 생략하면 '이몸은 忠孝 두 사이'가 의미가 모호해진다.
그리고 대격 '을'을 생략하면, '하눌(과) ᄀᆞᄐᆞᆫ ᄀᆞ(이) 업손 은덕'의 '은덕'
은 대격으로의 의미가 약화된다. 이런 점에서 종장 전-반행에서의 생략
은 의미 전달에 방해가 되거나 의미 전달을 약화시킬 경우에는 생략하
지 않는다고 할 수 있다. 이는 곧 의미 전달의 간결성을 파괴하는 것이

된다. 따라서 격어미의 생략은 여전히 간결성의 의미를 지닌다고 할 수 있다.

2. 주어의 생략

작품의 간결화에는 앞에서 살핀 격어미의 생략 이외에도 주어의 생략이 큰 몫을 한다. 그런데 주어의 생략은 초장과 중장에서는 단시조 형식을 생성하는 데에 주로 쓰이고, 작품의 간결화에 기여하는 것은 주로 종장에서 나타난다.

周世鵬의 <五倫歌>

이 德을 갑흐려 하니 / 하늘▽이 업스샷다(8=8)(주어 생략 : 내)
내 이 德을 갑흐려 하니 / 하늘▽이 업스샷다(9>8)(주어 보충)

친코도 고마오시니 / 손이시나 다▽실가(8=8)(주어 생략 : 지아비)
지아비 친코도 고마오시니 / 손이시나 다▽실가(11>8)(주어 보충)

朴善長의 <五倫歌>

萬一에 大義를 모▽면 / 厮養이나 다▽랴(9>7)(주어 생략 : 내/우리/네/너희)
내(네) 萬一에 大義를 모▽면 / 厮養이나 다▽랴(10>7)(주어 보충)
우리/너희(는) 萬一에 大義를 모▽면 厮養이나 다▽랴(11(12)>7)(주어 보충)

朴仁老의 <五倫歌>

날마다 侍側奉養을 / 没身不衰 ᄒ오리라(8=8)(주어 생략 : 내)
내 날마다 侍側奉養을 / 没身不衰 ᄒ오리라(9>8)(주어 보충)

> *아모려* 下愚不移도 / 밋처 알게 ᄒ렷로라(8=8)(주어 생략 : 내)
> 내 *아모려* 下愚不移도 / 밋처 알게 ᄒ렷로라(9>8)(주어 보충)

李 侃의 <五倫歌>

> *아마도* 至極ᄒ 恩德을 / 못내 가파 ᄒ노라(9>7)(주어 생략 : 내)
> 내 *아마도* 至極ᄒ 恩德을 / 못내 가파 ᄒ노라(10>7)(주어 생략)

> *두어라* 爲國忠心을 / 永世不忘 ᄒ오리라(8=8)(주어 생략 : 너희, 내)
> 너희 두어라 *내* 爲國忠心을 / 永世不忘 ᄒ오리라(11>8)(주어 보충)

종장 전-반행에서 주어를 생략하든 생략하지 않든, 이 두 경우들은 종장에서 전-반행≧후-반행의 규범은 생성된다. 이런 점에서 종장 형식의 생성이 아닌 다른 각도에서 다시 생각해 볼 필요가 있다. 적어도 위에서 이탤릭체로 표기한 부분들은 주어를 보충하여도 종장 전-반행 내 율절에서 3 또는 4의 음절이 유지된다. 이것들은 앞의 다른 것들을 포함하여 가급적 음절수를 줄이는 간결화의 특성이라 할 수 있다.

第二節 傳達內容의 明瞭化

전달내용의 명료화에 기여하는 것은 無轉義性과 意味 構造이다.

1. 無轉義性

聯時調 <五倫歌>들은 전의를 수반하는 수사법을 거의 사용하지 않는 문체를 보인다. 이는 어휘의 선택에서의 일탈인데, 수사적인 어휘 일탈

을 수사별로 정리하면 다음과 같다.

㉠ 제유법

옷밥이 不足ᄒᆞ니 禮義 ᄎᆞ리 겨ᄅᆞᆯ 업셔(朴善長의 <五倫歌>)

家塾 黨序을 不闕이 너기ᄂᆞ냐(朴善長의 <五倫歌>)

爰輯舊聞ᄒᆞ야 二三篇 지어시니(朴仁老의 <五倫歌>)

㉡ 은유법

寸마도 못ᄒᆞᆫ 푸리 봄 이슬 마ᄌᆞᆫ 後에(朴善長의 <五倫歌>)

寸마도 못ᄒᆞᆫ 푸리 봄 이슬 마ᄌᆞᆫ 後에(朴善長의 <五倫歌>)

닙 넙고 줄기 기러 밤나ᄌᆞ로 부러낫다(朴善長의 <五倫歌>)

㉢ 상징법

玉樓高處에도 이 ᄇᆞ롬 부는 게오(朴仁老의 <五倫歌>)

엇지타 白首隻鴈이 혼자 울줄 알리오(朴仁老의 <五倫歌>)

이상의 밑줄친 부분들에 나타나는 수사적 어휘 일탈은 하나로 수렴된다. 즉 구체화와 겸손이다. 상징법에 속하는 玉樓高處와 白首隻鴈과 같은 상징은 그 빈도도 매우 드물지만, 그 당시의 시문에서 흔히 사용되는 것으로 생동감을 가지는 은유가 아니라 관습화된 죽은 은유에 가깝다고 본다. 이를 뺀 직유법과 은유법은 그 성격상 하나의 공통점을 보인다. 바로 화제를 구체화하는 것이다. 이는 문학 작품이 추상적 이미지보다

구상적 이미지에 호소하는 성격에 기인한 것으로 생각되며, 구상화에 의한 일종의 강조라고 할 수 있다. 이런 현상은 인용의 두 제유법에서도 같다. 즉 뒤의 제유법을 뺀 앞의 두 제유법은 衣食과 學校를 제유적으로 표현하면서 구체적인 성격을 보이는 구상화이다. 나머지 하나의 제유는 25수의 시조를 2, 3수로 표현하여 겸손을 드러내고 있다. 이 때 구상화로 강조되는 내용은 두 부류로 정리된다. 하나는 있어서는 안될 질서의 대상이 직유되는 것이고, 다른 하나는 있어야 할 상태나 대상이 직유, 은유, 제유되는 것이다. 전자에 속한 것으로 '卽同禽獸'만이 있고, 나머지는 모두 후자에 속한다.

그러면 그 많은 수사적 어휘 일탈이 사용될 수 있는데, 왜 하필이면 적은 수의 직유법, 제유법, 은유법, 상징법 등만이 사용되는가 하는 질문에 답해야 한다. 이는 수사적 어휘 일탈을 많이 썼을 때에 오는, 독자가 작품을 이해할 수 없는 것을 방지하기 위한 것으로 판단된다. 즉 수사적 이휘 일달을 많이 쓸 경우에 작품의 참신성과 보다 많은 부가적 의미를 전달할 수는 있다. 그러나 문학 또는 언어의 수사적 어휘 능력이 부족한 사람들, 말을 바꾸면, 문학 또는 언어의 수사적 어휘를 전문적으로 수업하지 않았거나 수사적 능력이 부족한 사람들에게, 수사적 어휘 일탈을 사용하면, 작품의 참신성과 부가적 의미를 전달하는 것은 고사하고, 작품에서 전달하고자 하는 기본적 의미마저 전달할 수 없다. 이런 점에서 기본적 의미의 전달을 강화할 수 있는 직유법, 제유법, 은유법, 상징법 등만을 적게 사용했다고 볼 수 있다. 다시말하면, <五倫歌>들이 대상으로 하고 있는 독자 내지 청자들이 문학 또는 언어의 수사적 어휘 능력이 부족한 사람들임을 말해준다고 할 수 있다.

다른 하나는 언어의 수사적 어휘 능력이 충분한 사람들에게 사고의 산만성을 방지하기 위한 것으로 판단된다.

또한 전체 작품들에서 보면, 둘 정도의 상징이 나왔다. 그런데 이 두 상징은 관습화된 상징으로 너무도 잘 알려진 것이어서, 일상적 일차 언

어로 볼 수도 있다. 그리고 朴善長의 시조 한 작품에서만 3개의 은유가
나타날 뿐이다. 이것들을 제외하면, <五倫歌>들에서는 3개의 제유가 나
오는데, 이것들은 비교되는 대상을 통한 구상화와, 큰 것을 적게 표현하
는 겸손의 표현에 쓰이고 있다.

이런 사실은 <五倫歌>가 가지는 수사의 거의 무전의성(tropelessness)
을 의미한다. 이는 독자 내지 청자가 문학적 수사 능력이 별로 없는 사
람들일 때에, 그들의 작품 이해를 돕고 작품에서 전달하고자 하는 내용
을 明瞭하게 전달하기 위한 것으로 판단되고, 문학적 수사 능력이 있는
사람들이 독자 내지 청자일지라도 그들이 문학적 수사를 이해하는 과정
에서 오는 사고의 산만성을 방지하고 작품에서 전달하고자 하는 내용을
明瞭하게 전달하기 위한 것으로 판단된다.

이런 연시조 <오륜가>의 무전의성과 전달 내용의 명료화는 교훈적
시가의 대표적 성격이라고 할 수 있다. 이는 <오륜가>를 포함한 훈민가
계 시조의 공통이라 할 수 있다. 그리고 이런 성격은 개인의 서정을 노
래하는 시조들과 크게 변별된다. 예로 앞에서 인용했던 <四時歌>를 다
시 보자.

> 江湖에 봄이드니 이몸이 일이하다
> 나는 그물깃고 아희는 밧츨가니
> 뒤뫼헤 옴기는 藥을 언제 키려 ᄒᆞᄂᆞ니
>
> 삿갓에 도롱의 닙고 細雨中의 호믜메고
> 山田을 흣미다가 綠陰에 누어시니
> 牧童이 牛羊을 모라다가 줌든날을 깨와다
>
> 大棗볼 불근골에 밤은어이 쓰드르며
> 베뷘 그르헤 게는 어이 ᄂᆞ리는고
> 술익ᄌ 쳬장ᄉ 도라가니 아니먹고 어이리

　　뫼혀는 새가굿고 들힉는 가리없다
　　외로운 비에 삿갓쓴 져늘근이
　　낙디예 마시 깁도다 눈깁픈쥴 아는가

　이 시조는 개인의 서정을 노래하고 있다. 겉으로만 보면, 강호의 유유
자적하는 삶을 노래하는 듯하다. 그러나 이는 작품에서 사용된 轉義의
함축적 의미를 생각하지 않았을 때만 가능하다. 오히려 전의들을 생각하
고 나면, 표면에 나타난 강호의 유유자적하는 삶의 이면에, 내면에서는
나라의 정치를 걱정하는 모습을 보여준다. 이런 내면적 의미의 파악은
세 곳에서 파악된다. 하나는 제1연에 나오는 시어 藥의 함축적 의미이
다. 이 약은 농가에서 흔히 쓰는 약초의 약일 수도 있으며, 동시에 국가
의 병폐를 치료하는 약일 수도 있다. 다른 하나는 제2연의 '牧童이 牛羊
을 모라다가 줌든날을 깨와다'이다. 이 행은 글자 그대로 목동이 우양을
몰고 와서, 그늘에서 쉬고 있는 시적 자아를 깨운다는 의미일 수도 있
고, 목민관들이 백성을 데려다가 시적 자아를 깨운다는 의미일 수도 있
다. 다른 하나는 제4연이다. 제4연은 중국 시인 柳宗元의 <江雪>을 戱
引(parody)한 것이다. 제4연과 <江雪>을 비교하면 다음과 같다.

　　뫼혀는 새가굿고 들힉는 가리없다　　　千山鳥飛絶　萬徑人踪滅
　　외로운 비에 삿갓쓴 져늘근이　　　　　孤舟衰笠翁
　　낙디예 마시 깁도다 눈깁픈쥴 아는가　獨釣寒江雪

　대략 비교하면 위와 같은데, 밑줄친 부분에서 변화를 보이고 있다.
<江雪>에서 어옹은 주위의 변화에 대해서 조금도 뜻을 두지 않는다. 그
러나 시조의 경우는 의문법으로 끝을 맺으면서, 두 가지의 의미를 가능
하게 한다. 하나는 본래의 의미와 같이 주위의 변화에 대해서 조금도 뜻
을 두지 않는다는 의미이고, 다른 하나는 주위의 변화에 뜻을 두라는 의
미이다.

이들 두 계열의 의미들 중에서 이 작품이 궁극적으로 표현하고자 하는 작품의 의미는 후자의 계열로 판단된다. 이렇게 후자의 의미를 찾아내는 것은 그리 쉽지 않다. 그 이유는 전의를 보이는 수사들이 그 해석을 기다리고 있기 때문이다. 이로 인해 전의의 수사들을 가진 작품들은 작가가 전달하려는 내용을 明瞭하게 하기 보다는 흐리게 한다. 이런 사실로 본다면, 연시조 <五倫歌>들이 취하는 無轉義性은 작품이 전달하려는 내용을 明瞭化하기 위한 것이라 정리할 수 있으며, 이는 그 표현에서 연시조 <五倫歌>를 연시조 <五倫歌>이게 하는 하나의 요소라 할 수 있다.

2. 意味 構造

聯時調 <五倫歌>들은 그 의미 구조에서 오륜의 당위와 오륜의 당위이유로 구성되는 특성을 가지고 있다. 이런 특성은 뒤의 일탈들에서 살필, 조건법 원인법 당위와 당위이유 등이 규범의 명령법 등과 서로 결합하여 만들어지는 현상이다.

(1) 조건법

<오륜가>들은 조건법을 많이 사용하고 있다. 이런 것들은 상대적인 일탈이다. 항목별로 당위와 당위이유를 나타내는 것의 둘로 나누어 설명하면 다음과 같다.

1) 조건법(1)
① 논리강화

　　진실로 熟讀 詳味ᄒ면(조건 비종결) 不無一助 ᄒ리라(당위)(박인로의
　　<오륜가 >)

사룸의 百福이 夫婦에 가잣거든(조건 비종결)
이리 重흔 스이에 아니 和코 엇지흐리(당위)(박인로의 <오륜가>)

위의 예문에서 보면 조건절에서 먼저 상황을 제시한다. 다음에 당위를
표명하므로써 논지를 강화 하고 있다. 앞엣 것은 오륜을 당위로써 전제
하고 숙지하여 알아야할 것으로 제시하고 있고 뒤의 것은 어휘와 표현
에 있어 오륜의 정서를 포함한 관습적 표현으로 되어있다.

② 조건강화

兄弟옷 不和흐면(조건 비종결) 개도티라 흐리라(당위)(周世鵬의 <五倫
歌>)
그러코 恭敬곳 아니면(조건 비종결) 卽同禽獸 흐리라(당위)(김상용의
<오륜가>)
萬一에 大義를 모르면(조건 비종결) 廝養이나 다르랴(당위)(박선장의
<오륜가>)
그려도 恭敬홀 줄 모르면(조건 비종결) 雎鳩 아니 인느냐(당위)(박선장
의 <오륜가>)
사룸이 이 뜻을 모라면(조건 비종결) 禽獸마도 못흐리(당위)(박선장의
<오륜가>)
父母곳 아니면(조건 비종결) 이몸이 이실소냐(박인로의 <오륜가>)
진실로 삼가지 못흐면(조건 비종결) 辱及其親 흐오리라(당위)(박인로의
<오륜가>)
사룸이 五倫을 모르면(조건 비종결) 不遠禽獸 흐리라(당위)(박인로의
<오륜가>)
學文을 모르면(조건 비종결) 알기 아니 어려온랴(당위)(이간의 <오륜가>)

위의 예문들은 조건법에 있어 원인을 강조하는 것들이다. 여기에는 상
황의 제시와 설명에 의하여 원인을 강화 시키고 있다. 어휘와 내용에 있
어 오륜을 암시하는 관습적 표현 내지 오륜의 당위적 내용을 표현하는
것들이다.

③ 당위성 강화

흔 젓 먹고 길러 나이셔(조건 비종결) 닷ᄆ음을 먹디 마라 (당위)(宋純
의 <五倫歌>)

반상을 들오딕(조건 비종결) 눈섭의 마초이다(당위)(周世鵬의 <五倫
歌>)
랄로셔 ᄆ디어시ᄃᆞ(조건 비종결) 절흐고야 마로링이다(당위)(周世鵬의
<五倫歌>)

님군을 셤기오딕(조건 비종결) 正흔 길노 引導흐야(조건 비종결)
鞠躬 盡瘁흐야(조건 비종결) 죽은 後의 마라스라(당위)
가다가 不合곳 흐면(조건 비종결) 믈러간들 엇더리(당위)(金尙容의 <五
倫歌>)

벗을 사괴오딕(조건 비종결) 처음의 삼가흐야(조건 비종결)
날도곤 나으니로 굴희여(조건 비종결) 사괴여라(당위)
終始히 信義롤 딕희여(조건 비종결) 久而敬之 흐여라(당위)(金尙容의
<五倫歌>)

桑田이 바다물 되어도(조건 비종결) 信을 닛디 마로리라(당위)(朴善長의
<五倫歌>)

사롬의 百福이 夫婦에 가잣거든(조건 비종결)(朴仁老의 <五倫歌>)
이리 重흔 스이에 아니 和코 엇지흐리(당위)(朴仁老의 <五倫歌>)
爭財에 失性흐야(조건 비종결) 同氣不睦 마라스라(당위)(朴仁老의 <五
倫歌>)
벗을 사괴딘딘(조건 비종결) 有信케 사괴리라(당위)(朴仁老의 <五倫歌>)

有信곳 아니흐면(조건 비종결) 사괼 줄이 이실소냐(당위)(李 侃의 <五
倫歌>)
흐믈며 人倫을 알려흐면(조건 비종결) 이 아니코 어이리(당위)(李 侃의
<五倫歌>)

위의 예문들은 조건법에 있어 당위를 나타내는 것으로써 상황의 제시와 그 표명 그리고 상황의 설명에 의하여 당위성을 강조하는 것들이다. 예문에서 보는 것과 같이 조건절의 내용들은 오륜의 이미지 내지는 윤리적 정서를 나타내주는 것들이다.

이상으로 볼 때 조건절에 의한 당위의 표명에서는 각 항목 들에서 오륜의 사실을 표명 또는 제시 그리고 설명에 의해 윤리를 강조 시키거나 윤리적 가치의 것으로서 당위화 시키는 것을 볼 수 있다.

2) 조건법(2)

① 논리강화

뉘손디 타나관디(조건 비종결) 양ᄌ조차 ᄀᄐ손다(당위 이유)(宋純의 <五倫歌>)

ᄒ 졋 먹고 길러 나이셔(조건 비종결) 닷ᄆ음을 먹디 마라(당위 이유)(宋純의 <五倫歌>)

ᄀᄐᆫ디 不恭ᄒ면(조건 비종결) 어딕가 다롤고(당위 이유)(周世鵬의 <五倫歌>)

져무니 어른 되셔 간듸마다 추례곳 알면(조건 비종결)
無知ᄒ 愚氓들도 아니 아지 못ᄒ려니(당위 이유)(李侃의 <五倫歌>)

위의 예문들은 조건절에 있어 당위이유를 나타내는 것들 중에 당위를 위해 논지를 강화 시키는 것들이다. 존재이유와 인류의 당위적 사실들을 표현함으로 당위이유를 제시하는 것이되어 뒤에 올 당위를 의미적으로 강화시켜 준다.

② 조건강화

두 분곳 아니시면(조건 비종결) 이 몸이 사라실가(당위 이유)(宋純의 <五倫歌>)

이 모미 벗님곳 아니면(조건 비종결) 사룸 되미 쉬올가(당위 이유)(宋純
의 <五倫歌>)

父母옷 아니시면(조건 비종결) 내몸이 업실낫다(당위 이유)(周世鵬의
<五倫歌>)

부모곳 아니면(조건 비종결) 이 몸이 이실소냐(당위 이유)(金尙容의
<五倫歌>)
그러코 恭敬곳 아니면(조건 비종결) 卽同禽獸 ᄒ리라(당위 이유)(金尙容
의 <五倫歌>)

父母곳 아니면(조건 비종결) 이몸이 이실소냐(당위 이유)(朴仁老의 <五
倫歌>)
夫婦곳 아니면(조건 비종결) 五倫이 가즐소냐(당위 이유)(朴仁老의 <五
倫歌>)

言忠 行篤ᄒ고 벗 사고기 삼가오면(조건 비종결)
내몸애 辱 업고 외다ᄒ리 적거이와(당위 이유)
진실로 삼가지 못ᄒ면(조건 비종결) 辱及其親 ᄒ오리라(당위 이유)(朴仁
老의 <五倫歌>)

사룸이 五倫을 모르면(조건 비종결) 不遠禽獸 ᄒ리라(당위 이유)(朴仁老
의 <五倫歌>)
진실로 熟讀 詳味ᄒ면(조건 비종결) 不無一助 ᄒ리라(당위 이유)(朴仁老
의 <五倫歌>)

이 두分 아니시면(조건 비종결) 내몸 나셔 어질소냐(당위 이유)(李侃의
<五倫歌>)
學文을 모르면(조건 비종결) 알기 아니 어려온랴(당위 이유)(李侃의
<五倫歌>)

위에서 보면 조건법 당위이유는 '-면'을 일관되게 사용하여 조건 강화
를 나타내고 있다. 이것들은 윤리의 주체가 되는 '부모' '벗' '부부' '오륜'

등의 오륜을 표현하는 관습적 이미지 내지 오륜을 암시하는 어휘들이다. 이러한 오륜의 근원적인 어휘들에 의하여 윤리적 분위기를 나타내줌은 물론 오륜의 원형을 상징하는 것들에 의해 당위의 이유를 표현해 주고 있다.

③ 당위성 강화

이 말숨 아니면(조건 비종결) 사롬이오 사롬 아니(당위 이유)(周世鵬의 <五倫歌>)

님군을 셤기오딕(조건 비종결) 正혼 길노 引導ᄒ야(조건 비종결) 鞠躬 盡瘁ᄒ야(조건 비종결) 죽은 後의 마라스라(당위 조건) 가다가 不合곳 ᄒ면(조건 비종결) 믈러간들 엇더리(당위 이유)(金尙容의 <五倫歌>)

聖恩곳 안니면(조건 비종결) 萬民이 살로소냐(당위 이유)(朴仁老의 <五倫歌>)

당위성 강화에서도 '-면'을 주로 사용하고 있고 '-딕' 'ᄒ야'를 1회씩 사용하고 있다. 어휘에 있어서도 '님군' '말숨' '성은'등으로 되어 있어 오륜을 표현해 주는 것들이다.

조건법의 당위 이유에서도 오륜의 존재를 나타내주는 관습적 어휘의 표현과 오륜의 인간적 정서를 나타내주는 전래의 어휘로 일관됨을 볼 수 있다. 이로 인해 작가가 의도하는 오륜의 존재이유 중요성이유 내지는 당위를 표명해 주고 있다.

조건법에서는 '-면'을 주로 사용하고 있고 '-딕' 'ᄒ야'를 소수로 사용하고 있다. 어휘에 있어서도 오륜 내지는 인간정서와 관련한 윤리를 표현해 주는 것들이다. 즉 오륜의 존재를 나타내주는 관습적 어휘의 표현과 오륜의 인간적 정서를 나타내주는 전래의 어휘로 일관됨을 볼 수 있다. 이로 인해 작가가 의도하는 오륜의 존재이유 중요성이유 내지는 당

위를 표명해 주고 있다. 조건절에 의한 당위의 표명에서는 각 항목들에
서 오류의 사실을 표명 또는 제시 그리고 설명에 의해 윤리를 강조시키
거나 윤리적 가치의 것으로써 당위화시키는 것을 볼 수 있다. 이렇게 오
류을 나타내주는 근원적인 어휘들에 의하여 윤리적 분위기를 나타내줌
은 물론 오류의 원형을 상징하는 것들에 의해 당위의 이유를 표현해 주
고 있다. 조건법에 있어서는 조건을 나타내주는 어미, 윤리를 표명해주
는 어휘, 그리고 인간적 정서를 나타내 주는 전래의 어휘로 구성된다.
이것들은 조건법에서 논리강화, 조건강화, 당위성 강화를 시켜주고 있다.

(2) 원인법

<오류가>들에는 조건법과 같이 많은 원인법들을 가지고 있다. 원인법
에서는 종속어미 '-니'와 '-ㄹ식'로 되어 있다. 그러나 '-ㄹ식'는 1회에
그치고 '-니'로 일관하고 있다. 이것들은 당위이유를 논리적 구성에 의하
여 강조시켜주고 있다. 어휘도 인간정서와 관련된 오류내지는 윤리를 암
시하는 것들이다. 이런 것들은 다같이 오류을 표현하는 사실들로써 인륜
내지는 이와 관련된 인간 정서의 표현인 어휘들로 구성됨을 본다. 이것
도 상대적 일탈을 보여주는 것이며 당위와 당위이유로 나누어 정리해
본다.

1) 원인법(1)

① 논리강화

  이 恩惠 하 罔極ᄒ니(원인 비종결) 가풀 줄을 몰너라(당위)(朴善長의
  <五倫歌>)

  昊天罔極이라 갑흘 길이 어려우니(원인 비종결)
  大舜의 終身誠孝도 못다한가 ᄒ노라(당위)(朴仁老의 <五倫歌>)

天地間 萬物中에 사룸이 最貴ᄒ니(원인 비종결)
사룸이 五倫을 모ᄅ면 不遠禽獸 ᄒ리라(당위)(朴仁老의 <五倫歌>)

文字ᄂ 撫ᄒ디 誠敬을 삭여시니(원인 비종결)
진실로 熟讀 詳味ᄒ면 不無 一助 ᄒ리라(당위)(朴仁老의 <五倫歌>)

無知ᄒ 愚氓들도 아니 아지 못ᄒ려니(원인 비종결)
ᄒ믈며 人倫을 알려ᄒ면 이 아니코 어이리(당위)(李 侃의 <五倫歌>)

위의 예문에서 밑줄친 부분은 원인을 나타내는 종속어미 '-니'이다. 모두 '-니'에 의하여 원인법을 형성하고 있다. 여기서의 원인법은 논리를 강화하기 위한 원인법이다. 예문에서 든 각각의 원인법들은 '恩惠' '五倫' '終身誠孝' '誠敬' '人倫' 등의 어휘를 가지고 있어 오륜을 표현하는 관습적 이미지 내지 오륜을 암시하는 것들로 되어 있음을 본다. 이는 <오륜가>에서 오륜은 윤리를 표현하는 것이기 때문에 그 표현도 관습적인 것을 많이 사용한 것이다.

② 원인강화
이ᄂ에 和兄弟를 우린가 녀겨시니(원인 비종결)
엇지타 白首隻鴻이 혼자 울줄 알리오(당위)(朴仁老의 <五倫歌>)

여기서는 당위의 사실 보다는 그 원인인 화자의 개인서정의 표현에 중점을 두고 있다. 따라서 그와 관련된 당위의 원인을 강화시키는 것이다. 이것도 원인을 나타내는 종속어미 '-니'에 의하여 표현되고 있다. 어휘도 '화형제'라는 오륜을 암시하는 것으로 되어 있다.

③ 당위성 강화
벌과 가여미아 이 뜨둘 몬져 아니(원인 비종결)
ᄒ ᄆᄉ매 두 뜯 업시 소기지나 마옵ᄉᆞ이다(당위)(周世鵬의 <五倫歌>)

친코도 고마오시니(원인 비종결) 손이시나 다른실가(당위)(周世鵬의
<五倫歌>)

鳥鳥도 反哺를 ᄒᆞ니(원인 비종결) 父母孝道 ᄒᆞ여라(당위)(金尙容의 <五
倫歌>)

이 님이 머기시고 이 님이 입피시니(원인 비종결)
十生 九死ᄒᆞᆫ둘 님의 德을 니줄느냐(당위)(朴善長의 <五倫歌>)

그려도 닐곱 구모 가자시니(원인 비종결) 五倫이야 모를랴(당위)(朴善長
의 <五倫歌>)

이中에 生民이 비롯ᄒᆞ니(원인 비종결) 夫婦 크다 ᄒᆞ로라(당위)(朴仁老의
<五倫歌>)

爰輯舊聞ᄒᆞ야 二三篇 지어시니(원인 비종결)
嗟哉 後生들아 살펴보고 힘서 ᄒᆞ라(당위)(朴仁老의 <五倫歌>)

눔으로셔 親ᄒᆞᆫ 사롬 벗이라 닐러시니(원인 비종결)
有信곳 아니ᄒᆞ면 사괼 줄이 이실소냐(당위)(李 侃의 <五倫歌>)

眞實로 國法이 이시니(원인 비종결) 無別無行 ᄒᆞ지마라(당위)(李 侃의
<五倫歌>)

    한결같이 원인을 나타내는 종속어미 '-니'로 되어있다. 앞의 사실들과
같이 어휘와 표현의 관습적 분위기는 <오륜가>의 공통적 양상으로 보
인다. 이런 것들의 요소와 원인법이 어우러져 윤리내지는 표명의 당위를
강조시키고 있다.

2) 원인법(2)

① 논리강화

친코도 고마오시니(원인 비종결) 손이시나 다릭실가(당위 이유)(周世鵬
의 <五倫歌>)

兄弟 두몸이나 一氣로 논화시니(원인 비종결)
人間의 貴흔 거시 이 外예 쏘 잇눈가(당위 이유)(金尙容의 <五倫歌>)

唐虞 머러디고 漢唐宋이 니어시니(원인 비종결)
天地 오라거니(원인 비종결) 世道 아니 變호너냐(당위 이유)(朴善長의
<五倫歌>)

人生 百歲中에 疾病이 다 이시니(원인 비종결)
부모를 섬기다 몃 히를 섬길년고(당위 이유)(朴仁老의 <五倫歌>)

夫婦ㅣ 이신 後에 父子兄弟 삼겨시니(원인 비종설)
夫婦곳 아니면 五倫이 가츨소냐(당위 이유)

孝玆秉彝心이 古今 업시 다 이실식(원인 비종결)
愛輔舊聞호야 二三篇 지어시니(당위 이유)(朴仁老의 <五倫歌>)

文字는 拙호디 誠敬을 삭여시니(원인 비종결)
진실로 熟讀 詳味호면 不無一助 호리라(당위 이유)(朴仁老의 <五倫歌>)

分形連氣호니(원인 비종결) 이 이른 兄弟니라(당위 이유)(李侃의 <五
倫歌>)

원인법의 당위이유에서는 종속어미 '-니'와 '-ㄹ식'로 되어 있다. 그러
나 '-ㄹ식'는 박인로 <오륜가>의 1회로 되어있고, 나머지는 '-니'로 일
관하고 있다. 이러한 종속어미에 의한 원인법들은 당위이유를 논리적 구
성에 의하여 강조시켜 주고 있다. 어휘도 인간정서와 관련된 오륜내지는
윤리를 암시하는 것들이다.

② 원인강화

　　두 姓이 흔 디 모다 함끠 늘거 죽쟈 흐니(원인 비종결)
　　百年 情好야 이예셔 더랴마는(당위 이유)(朴善長의 <五倫歌>)

　　아비는 나흐시고 어미는 치웁시니(원인 비종결)
　　昊天罔極이라 갑흘 길이 어려우니(당위 이유)(朴仁老의 <五倫歌>)

　　이中에 和兄弟를 우린가 녀겨시니(원인 비종결)
　　엇지타 白首隻鴈이 혼자 울줄 알리오(당위 이유)(朴仁老의 <五倫歌>)

　　天地間 萬物中에 사룸이 最貴흐니(원인 비종결)
　　最貴흔 바는 五倫이 아니온가(당위 이유)(朴仁老의 <五倫歌>)

③ 당위성 강화

　　아바님 날 나흐시고 어마님 날 기르시니(원인 비종결)
　　두 분곳 아니시면 이 몸이 사라실가(당위 이유)(宋純의 <五倫歌>)

　　아버님 랄 나흐시고 어마님 랄 기르시니(원인 비종결)
　　父母옷 아니시면 내몸이 업실낫다(당위 이유)(周世鵬의 <五倫歌>)

　　늘그니는 父母곧고 얼우는 兄ㄱ투니(원인 비종결)
　　곧톤디 不恭흐면 어디가 다룰고(당위 이유)(周世鵬의 <五倫歌>)

　　烏鳥도 反哺롤 흐니(원인 비종결) 父母孝道 흐여라(당위 이유)(金尙容의
　　<五倫歌>)

　　夫婦ㅣ 이신 後에 父子兄弟 삼겨시니(원인 비종결)
　　夫婦곳 아니면 五倫이 가츨소냐(당위 이유)
　　이中에 生民이 비롯흐니(원인 비종결) 夫婦 크다 흐로라(당위 이유)(朴
　　仁老의 <五倫歌>)

　　사람 내실적의 夫婦叉게 삼겨시니(원인 비종결)
　　天定配匹이라 夫婦叉치 重홀소냐(당위 이유)(朴仁老의 <五倫歌>)

夫婦 삼길 적의 하 重케 삼겨시니(원인 비종결)
夫唱 婦隨ᄒ야 一家天地 和ᄒ리라(당위 이유)(朴仁老의 <五倫歌>)

兄弟 내실적의 同氣로 삼겨시니(원인 비종결)
骨肉至親이 兄弟ᄀ치 重홀넌가(당위 이유)(朴仁老의 <五倫歌>)

어버이 날 나흐셔 어질과쟈 길러내니(원인 비종결)
이 두分 아니시면 내몸 나셔 어질소냐(당위 이유)(李 侃의 <五倫歌>)

學文을 모르면 알기 아니(원인 비종결) 어려온랴(당위 이유))
眞實로 國法이 이시니(원인 비종결) 無別無行 ᄒ지마라(당위 이유)(李
侃의 <五倫歌>)

　원인강화와 당위성 강화에 있어서도 앞의 사실들과 마찬가지로 원인
의 종속어미 '-니'로 일관하고 있다. 이런 것들은 다같이 오륜을 표현하
는 사실늘로써 인륜 내지는 이와 관련된 인간 정서의 표현인 어휘늘로
구성됨을 본다. 종속어미에 의해 이루어지는 원인법과 작품들의 오륜 내
지 인간정서적인 어휘들이 어우러져 원인강화와 당위성 강화를 이루어
주고 있다.
　원인법들에서 다음의 사실들을 알수 있다. 원인을 나타내주는 종속어
미 '-니'가 주종을 이루고 '-ㄹ싀'는 소수로 쓰였다. 어휘에 있어서도 인
간 정서와 관련된 관습적 이미지 내지 오륜을 암시하는 것들임을 본다.
오륜은 윤리를 표현하는 것이기 때문에 그 표현도 인간윤리와 관련된
관습화된 어조로 되어 있다. 이러한 원인법의 요소들이 <오륜가>에 있
어 논리강화, 원인강화, 당위성 강화를 시켜 주고 있다. 이러한 사실들은
개개의 작가에게만 있는 것이 아니고 오륜가의 공통적 양상임을 본다.

(3) 당위와 당위이유의 의미구조

　이 당위와 당위이유의 의미구조는 전달내용인 오륜의 당위와 오륜의

당위이유를 명료하게 하는 가장 큰 요소들이다. 작품에 조건법, 원인법, 그리고 의문법과 감탄법이 가지는 언표내적 의미를 기록하고, 당위와 당위이유의 결합 양상에 따라 그 유형을 정리하면 다음과 같다.

1) 당위이유→당위의 유형

이 유형은 다시 두 종류로 나눌 수 있다. 하나는 당위이유→당위의 유형이고 다른 하나는 당위이유를 한 번 더 사용한 당위이유→당위이유→당위의 유형이다.

① 당위이유→당위

이 유형에 속하는 작품이 聯時調 <五倫歌>에서 가장 많다. 그 구체적인 작품들을 보면 다음과 같다.

> 宋純의 <五倫歌>
>
> 아바님 날 나ᄒ시고 어마님 날 기ᄅ시니
> 두 분곳 아니시면 이 몸이 사라실가(두 분으로 인해 이 몸이 살아 있다)
> (당위 이유:부모가 나를 생육함과 나의 존재)
> 하ᄂᆞᆯ ᄀᆞ튼 ᄀᆞ 업순 은덕을 어디 다혀 갑ᄉ오리(하늘같이 끝없는 은덕을 갚아라)
> (당위:효도)

> 周世鵬의 <五倫歌>
>
> 사ᄅᆞᆷ 사ᄅᆞᆷ마다 이 말ᄉᆞᆷ 드러스라
> 이 말ᄉᆞᆷ 아니면 사름이오 사름 아니
> (당위 이유:이 말씀으로 사람됨)
> 이 말ᄉᆞᆷ 닛디 말오 ᄇᆡ호고야 마로ᄅᆡ이다
> (당위:이 말씀 배움)

아버님 랄 나흐시고 어마님 랄 기르시니
父母옷 아니시면 내몸이 업실낫다(부모로 인해 내 몸이 있다)
(당위 이유:내가 부모의 생육으로 존재)
이 德을 갑흐려 하니 하늘ㄱ이 업스샷다(이 德을 열심히 갚으리이다)
(당위:효도)

동과 항것과룰 뉘라셔 삼기신고(종과 주인은 하늘이 만들었다)
벌과 가여미아 이 뜨둘 몬져 아니
(당위 이유:주종을 하늘이 만들고 벌과 개미도 이를 앎)
흔 무슴매 두 뜯 업시 소기지나 마옵생이다
(당위:신하의 忠)

兄님 자신 져줄 내 조쳐 머궁이다
어와 뎌아슨야 어마님 너스랑이야
(당위 이유:한 젖 먹음과 어머니 사랑)
兄弟옷 不和흐면 개도티라 흐리라(兄弟들아 和睦하이다)
(당위:형제 화목)

늘그니는 父母곧고 얼우는 兄ㄱ투니
곧톤더 不恭흐면(조건 비종결) 어터가 다롤고(不恭흐면 다를게 없다)
(당위 이유:不恭하면 다름이 없음)
랄로셔 무디어시돈 절흐고야 마로링이다
(당위:老長 恭敬)

金尙容의 <五倫歌>

兄弟 두몸이나 一氣로 논화시니
(당위 이유:형제 一氣로 나눔)
人間의 貴흔 거시 이 外예 쏘 잇는가(人間에서 가장 貴한 것이 형제
이다)
갑주고 못 어들거손 이쑨인가 흐노라(인간에서 형제가 가장 귀하다)
(당위:형제가 인간에서 가장 귀함)

朴善長의 <五倫歌>

寸마도 못혼 푸리 봄 이슬 마죤 後에(촌만도 못한 내/우리/너/너희/
가 부모 은혜 받은 후에)
닙 넙고 줄기 기러 밤나즈로 부러낫다(몸과 인격이 밤낮으로 성장했다)
(당위 이유:내가 부모의 은혜로 성장함)
이 恩惠 하 罔極흐니 가풀 줄을 몰너라(이 罔極한 恩惠를 열심히 갚
으리라/갚자/갚아라)
(당위:孝道)

남으로 삼긴 거시 이더도록 親厚홀샤
손 잡고 말홀 제 억게만 두드리랴(그 이상을 다 한다)
(당위 이유:親厚함)
桑田이 바다물 되어도 信을 닛디 마로리라
(당위:朋友有信)

朴仁老의 <五倫歌>

아비는 나으시고 어미는 치웁시니
旲天罔極이라 갑흘 길이 어려우니
(당위 이유:부모님이 생육함과 그 은덕을 갚기 어려움)
大舜의 終身誠孝도 못다한가 흐노라(大舜의 終身誠孝도 못다 할만큼
크니 효도하라)
(당위:孝道)

人生 百歲中에 疾病이 다 이시니
부모를 섬기다 몃 희를 섬길넌고(부모 섬기는 것이 몇해되지 않다)
(당위 이유:부모 병이 있어 몇해 섬기지 못함)
아마도 못다홀 誠孝를 일즉 벼퍼 보렷로라(이 誠孝를 일직 베풀어 보라)
(당위:일찍 효도함)

世上 사롬들아 父母恩德 아느산다(세상 사람들이 부모 은덕 잘 모른다)
父母곳 아니면 이몸이 이실소냐(부모로 인해 이 몸이 있다)

(당위 이유:부모은덕을 잘 모름과 부모로 인해 몸이 있음)
生死葬祭에 禮로써 始終갓게 섬겨서라
(당위:예로 시종 섬김)

三千 罪惡中에 不孝애 더니 업다
(당위 이유:불효가 삼천 죄악 중에 가장 큼)
夫子의 이 말슴 萬古애 大法 삼아
아모려 下愚不移도 밋처 알게 흐렷로라(사람들아 효도하라)
(당위:효도)

聖恩이 罔極흔 줄 사롭들아 아ᄂ손다(사람들이 성은이 망극한 줄 모른다)
聖恩곳 안니면 萬民이 살로소냐(萬民이 성은으로 산다)
(당위 이유:성은을 사람들이 모름과 성은으로 만민이 삶)
이몸은 罔極흔 聖恩을 갚고 말려 흐노라(사람들아 망극한 성은을 갚아라)
(당위:忠誠)

稷契도 안닌 몸애 聖恩노 罔極호샤
百번을 죽어도 갑흘 닐이 업것마는
(당위 이유:성은이 큼)
窮達이 길이 달나 못 뫼압고 설윗로라(이제는 망극한 聖恩을 갚아라)
(당위:忠誠)

사롬 삼기실제 君父갓게 삼겨시니
君父ㅣ 一致라 輕重을 두로소냐(君父에 輕重을 둘 수 없다)
(당위 이유:君父가 같음)
이몸은 忠孝 두 사이에 늘글주를 모르로라(사람들아 나이에 관계없
이 忠孝하라)
(당위:忠孝)

深山의 밤이 드니 北風이 더욱 차다
玉樓高處에도 이 ᄇ롬 부는게오(궁궐에도 이 바람이 불 것이다)
(당위 이유:찬바람이 궁궐에도 불음)
간 밤의 치우신가 北斗비겨 바리로라(사람들아 북두를 비겨 바래라)
(당위:임금 걱정)

사람 내실적의 夫婦ス게 삼겨시니
天定配匹이라 夫婦ス치 重홀소냐(부부같이 중요한 것은 없다)
(당위 이유:하늘이 부부를 같게 만들음과 정함)
百年을 아적삼아 如鼓瑟琴 ㅎ렷로라(百年을 아침 삼아 如鼓瑟琴하라)
(당위:如鼓瑟琴함)

夫婦 삼길 적의 하 重케 삼겨시니
夫唱 婦隨ㅎ야 一家天地 和ㅎ리라
(당위 이유:부부는 생길 때 중함과 부창부수하여야 일가 천지가 화함)
날마다 擧顔齊眉을 孟光ス게 ㅎ여라
(당위:孟光 같이 擧顔齊眉함)

남으로 삼긴 거시 夫婦ス치 重홀넌가(남으로 생긴 것 중에 부부가
가장 중하다)
사롬의 百福이 夫婦에 가잣거든
(당위 이유:부부는 남남으로 가장 중함과 백복이 부부에 갖춤)
이리 重흔 스이에 아니 和코 엇지ㅎ리(이리 중한 사이에 和하라)
(당위:부부 화함)

兄弟 내실적의 同氣로 삼겨시니
骨肉至親이 兄弟ス치 重홀넌가(형제가 骨肉至親보다 중하다)
(당위 이유:형제는 동기임과 骨肉至親보다 중함)
一生에 友愛之情을 흔몸ス치 ㅎ리라
(당위:友愛之情을 한 몸 같이 함)

同氣로 셋몸되야 흔몸가치 지니다가
두 아은 어디가셔 도라올 줄 모르는고(두 아우는 이미 죽어서 돌아
올줄 모른다)
(당위 이유:동기도 죽어서 돌아올 수 없음)
날마다 夕陽門外에 한숨계워 ㅎ노라(同氣 살아서 和睦하라)
(당위:동기 살아서 화목함)

友愛 깁흔 쓰지 表裏업시 흔똣되야
이中에 和兄弟를 우린가 녀겨시니

엇지타 白首隻鴈이 혼자 울줄 알리오(형제 살아서 和穆하라)
(당위 이유:죽은 형제 돌아올 수 없음)(당위:형제 살아서 화목함)

辛玆乘彝心이 古今 업시 다 이실시
爰輯舊聞ᄒ야 二三篇 지어시니
(당위 이유:辛玆乘彝心이 古今에 있어 이를 모아 시를 지음)
嗟哉 後生들아 살펴보고 힘서 ᄒ라
(당위:살펴보고 힘써 행함)

李 偘의 <五倫歌>

어버이 날 나흐셔 어질과쟈 길러내니
이 두分 아니시면 내몸 나셔 어질소냐(두 분이 있기에 내가 나서 어
질다)
(당위 이유:부모님이 내 몸을 생육함과 어진 내가 부모님으로 인함)
아마도 至極ᄒᆫ 恩德을 못내 가파 ᄒ노라(지극한 은덕을 갚자스라)
(당위:孝道)

天恩이 ᄀ이 업서 代마다 덥혀 두고
太平盛世에 가플 일이 어려왜라
(당위 이유:누대 천은을 갚음이 어려움)
두어라 爲國忠心을 永世不忘 ᄒ오리라(爲國忠心을 永世不忘 하자스라)
(당위:爲國忠心을 永世不忘함)

우리몸 갈라 난들 두몸이라 아지마소(우리몸 한 몸이다)
分形連氣ᄒ니 이 이른 兄弟니라
(당위 이유:형제는 두 몸이 아니고 分形連氣임)
兄弟야 이 뜻을 아라 自友自恭 ᄒ쟈스라
(당위:형제 自友自恭)

져무니 어룬 뫼셔 간듸마다 추례곳 알면
無知ᄒᆫ 愚氓들도 아니 아지 못ᄒ려니
(당위 이유:가는 곳마다 차례를 알면 愚氓들도 알 것이다)
ᄒ믈며 人倫을 알려ᄒ면 이 아니코 어이리(차례를 알아 人倫을 알자스라)
(당위:인륜을 알기 위하여 이를 함)

② 당위이유→당위이유→당위

이 유형에 속하는 작품들이 앞의 것들과 다른 점은 당위이유를 한 번
더 사용하고 있다는 점이다. 그러나 크게 보면 당위이유→당위의 유형에
속한다고 할 수 있다. 구체적인 작품을 보면 다음과 같다.

金尙容의 <五倫歌>

어버이 子息 亽이 하늘 삼긴 至親이라
부모곳 아니면(조건 비종결) 이 몸이 이실소냐(부모로 인하여 이 몸
이 있다)
(당위 이유:父子의 至親 관계와 부모로 인한 나의 존재)
烏鳥도 反哺롤 ᄒᆞ니(원인 비종결) 父母孝道 ᄒᆞ여라
(당위 이유:烏鳥도 효도함)(당위:孝道)

朴善長의 <五倫歌>

唐虞 머러디고 漢唐宋이 니어시니(원인 비종결)
天地 오라거니(원인 비종결) 世道 아니 變홀너냐(天地가 오래되어
世道는 변했다)
(당위 이유:世道가 변함)
그려도 닐곱 구모 가자시니(원인 비종결) 五倫이야 모릌랴(사람으로
오륜을 알리라/알자/알어라)
(당위 이유:일곱 구멍을 가짐)(당위:오륜을 앎)

朴仁老의 <五倫歌>

夫婦ㅣ 이신 後에 父子兄弟 삼겨시니
夫婦곳 아니면 五倫이 가즐소냐(부부로 인해 오륜이 갖추질 것이다)
(당위 이유:부부로 인해 부자형제가 생김과 오륜이 갖추어짐)
이中에 生民이 비롯ᄒᆞ니(당위 이유:부부로 인해 生民이 비로함) 夫
婦 크다 ᄒᆞ로라(당위:부부가 큼)

2) 당위→당위이유의 유형

이 유형은 앞의 당위이유→당위를 뒤집은 형식이다. 이 유형에는 두 종류가 있다. 하나는 당위→당위이유이고, 다른 하나는 당위→당위이유를 한 번더 반복하는 유형이다.

① 당위→당위이유

이 유형에 속한 구체적인 작품들을 보면 다음과 같다.

宋純의 <五倫歌>

> 눔으로 삼긴 듕에 벗 ㄱ티 유신ᄒ랴(벗으로 유신하라)
> (당위:朋友有信)
> 내의 왼 이룰 다 닐오려 ᄒ노매라
> 이 모미 벗님곳 아니면 사롬 되미 쉬올가(이 몸은 벗으로 인해 사람이 된나)
> (당위 이유:내가 친구로 인해 사람이 됨)

朴善長의 <五倫歌>

> 옷밥이 不足ᄒ니 禮義 츠리 겨룔 업셔
> 家塾 黨序을 不瞅이 너기느냐(예의를 차려 家塾 黨序을 허물지 말리라/말자/말아라)
> (당위:예의를 차려 家塾 黨序을 허물지 말음)
> 그려도 보고 들으면 비호리 이시리
> (당위 이유:배울 것이 있음)

朴仁老의 <五倫歌>

> 爭財에 失性ᄒ야 同氣不睦 마라스라
> (당위:同氣 和睦)
> 田地와 奴婢는 갑슬 주면 살련이와

아모려 萬金인들 兄弟 살더 잇ᄂᆞ냐(萬金을 주고 형제를 살 데가 없다)
(당위 이유:萬金으로도 살 곳이 없음)

② 당위→당위이유→당위→당위이유
이 유형에 속한 작품으로 朴善長의 것이 있다.

이우즐 미이디 마라(당위:미지맘) 이웃 미오면 갈듸 업서(당위 이유:갈
곳 없음)
一鄕이 ᄇ리고 一國이 다 ᄇ리리
(당위 이유:鄕과 國이 버림)
百年도 못 살 人生이 그러그러 엇뎨리(百年도 못 살 人生에 이웃을 사
랑하리라/사랑하자/사랑하여라)
(당위:이웃을 사랑함)

3) 당위의 유형
이 유형은 하나의 당위로만 이루어진 작품이다. 이 유형은 둘로 나뉜다.

① 당위
이에 속한 작품으로는 朴仁老의 것이 있다.

이몸이 죽은 後에 忠誠이 넉시되야
놉히 놉히 ᄂ라 올라 閶闔을 블너 열고
上帝끠 우리聖主를 壽萬歲케 비로리라(상제께 우리 성주을 만수무강케
빌어라)
(당위 이유:없음)(당위:임금의 만수를 빌음)

友愛를 尤篤ᄒ야 百年을 ᄒ퇴 살며
ᄒ옷 ᄒ밥을 논하 닙고 논하 먹고
白髮애 아뮈줄 모ᄅ도록 홈긔 늘쟈 ᄒ노라(백발에 아문줄 모르도록 함
께 늙어라)
(당위 이유:없음)(당위:友愛 敦篤히 삶)

② 당위→당위

이에 속한 작품으로 金尙容과 朴仁老의 것이 있다.

　벗을 사괴오디(조건 비종결) 처음의 삼가ᄒ야
　날도곤 나으니로 ᄀᆲ희여 사괴여라(당위:벗을 삼가 하고 갈히어 사귐)
　終始히 信義를 딕희여 久而敬之 ᄒ여라
　(당위 이유:없음)(당위:벗을 신의로 오래 공경함)

　父母 섬기기를 至誠으로 셤기리라(당위:효도)
　鷄鳴에 盥漱ᄒ고 燠寒을 뭇즈오며
　날마다 侍側奉養을 沒身不衰 ᄒ오리라
　(당위:효도)

4) 당위→당위이유→당위의 유형

이 유형은 앞뒤에 당위를 놓고 가운데에 당위이유를 놓은 구조이다. 구체적인 작품으로 周世鵬과 金尙容의 다음 시조들을 들 수 있다.

　지아비 받 갈라 간디 밥고리 이고가
　반상을 들오디 눈섭의 마초이다
　(당위:지아비 섬김)
　친코도 고마오시니(당위 이유:친하고 고마움) 손이시나 다ᄅᆞᆯ실가(당위:
　지아비 섬김)(친하고 고마우니 손님 같이 뫼시리이다)

　님군을 셤기오디(조건 비종결) 正ᄒᆞᆫ 길노 引導ᄒ야
　鞠躬 盡瘁ᄒ야 죽은 後의 마라스라(당위:충성하기를 다함)
　가다가 不合곳 ᄒ면(조건 비종결) 물러간들 엇더리(가다가 不合곳 ᄒ면
　관직에서 물러가라)
　(당위 이유:不合)(당위:물러감)

5) 당위이유→당위→당위이유의 유형

이 유형은 앞의 것의 반대 구조이다. 이에 속한 작품으로 李侃의 것이

있다.

> 눔으로셔 親훈 사룸 벗이라 닐러시니
> (당위 이유:남으로 친한 것이 벗임)
> 有信곳 아니ᄒ면 사괼 줄이 이실소냐(신의 있게 사귀자스라)
> (당위:有新으로 사귐)
> 우리는 어진벗 아라셔 責善을 바다 보리라(어진 벗을 알아 責善을 바다
> 보자스라)
> (당위 이유:어진 벗을 알아 責善을 받음)

6) 당위이유→당위/당위이유의 유형

이 유형에는 두 종류가 있다. 하나는 당위이유→당위/당위이유의 유형
이고, 다른 하나는 당위이유가 반복된 당위이유→당위이유→당위/당위이
유의 유형이다.

① 당위이유→당위/당위이유

이에 속한 작품으로 송순의 한 작품, 朴善長의 두 작품, 朴仁老의 세
작품이 있다.

> 송순의 <오륜가>

> > 형아 아으야 네 술훌 만져 보아(조건 비종결)
> > 뉘손더 타나관더(조건 비종결) 양ᄌ조차 ᄀᄐ손다(부모로부터 같은
> > 양자를 받았다)
> > (당위 이유:한 부모의 소생)
> > 훈 젓 먹고 길러 나이셔(조건 비종결) 닷ᄆᆞᆷ을 먹디 마라
> > (당위 이유:한 젖으로 자람)(당위:형제 화목)

> 박선장의 <오륜가>

> > 이 님이 머기시고 이 님이 입피시니(원인 비종결)

(당위 이유:먹이고 입힘)
十生 九死ᄒᆞᆫᄃᆞᆯ 님의 德을 니줄느냐(十生 九死하더라도 임금의 덕
을 갚으리라/갚자/갚아라)
萬一에 大義를 모ᄅᆞ면(조건 비종결) 厮養이나 다ᄅᆞ랴(임금의 덕을
갚으리라/갚자/갚아라)
(당위 이유:大義를 모르면 厮養과 같음)(당위:忠)

몬져 나니 後에 나니 次序야 다ᄅᆞᆯ지라도
압 뒤혜 둘녀셔 한 져즈로 기러낫다
(당위 이유:앞뒤에서 한 젖으로 길러남)
사ᄅᆞᆷ이 이 ᄠᅳᆺ을 모라면(조건 비종결) 禽獸마도 못ᄒᆞ리(이ᄯᅳᆺ을 아라
사ᄅᆞᆷ이 되리라/되자/되어라)
(당위 이유: 이 뜻을 모르면 禽獸임)(당위:형제 화목)

박인로의 <오륜가>

言忠 行篤ᄒᆞ고 벗 사고기 삼가오면
내몸애 辱 업고 외다ᄒᆞ리 적거이와
(당위 이유:言忠 行篤하고 벗 사귀기 삼가면 복이 없다)
진실로 삼가지 못ᄒᆞ면 辱及其親 ᄒᆞ오리라(진실로 삼가하여 辱及其
親 하지 마라)
(당위 이유:삼가하지 않으면 욕이 부모에 미침)(당위:言忠 行篤함과
벗 사귀기 삼가)

天地間 萬物中에 사ᄅᆞᆷ이 最貴ᄒᆞ니
最貴ᄒᆞᆫ 바는 五倫이 아니온가(最貴한 바는 오륜이다)
(당위 이유:가장 귀한 인간의 가장 귀한 것은 오륜임)
사ᄅᆞᆷ이 五倫을 모ᄅᆞ면 不遠禽獸 ᄒᆞ리라(五倫을 알아 사람이 되라)
(당위 이유:오륜을 모르면 금수)(당위:오륜을 알아 사람됨)

仔細히 살펴 보면(조건 비종결) 뉘 아니 感激ᄒᆞ리(자세히 살살펴
보면 누구나 다 감격할 것이다)
文字는 拙ᄒᆞᄃᆡ 誠敬을 삭여시니(원인 비종결)

(당위 이유:누구나 감격하도록 誠敬을 새김)
진실로 熟讀 詳味ᄒ면(조건 비종결) 不無一助 ᄒ리라(…助가 있을
것이니 熟讀 詳味하라)
(당위 이유:熟讀 詳味하면 도움이 있음)(당위:熟讀 詳味함)

② 당위이유→당위이유→당위/당위이유
이에 속한 작품으로 朴善長의 아래의 것이 있다.

두 姓이 ᄒ 듸 모다 함끠 늘거 죽쟈 ᄒ니
(당위 이유:다른 성으로 결함하여 늙어 죽자함)
百年 情好야 이예셔 더랴마는(百年 情好에서 이 이상인 것은 없다마는)
(당위 이유:百年 情好에서 최고임)
그려도 恭敬ᄒᆯ 줄 모ᄅ면 雎鳩 아니 인느냐(서로 恭敬하리라/恭敬하자/
恭敬하여라)
(당위 이유:공경을 모르면 雎鳩임)(당위:부부 공경)

7) 당위/당위이유→당위/당위이유→당위의 유형
이에 속한 작품으로 아래의 박인로의 것이 있다.

夫婦을 重타ᄒᆫ들 情만 重케 가질것가(정만 중요하게 가지지 말라)
(당위 이유:정만 중히 가짐)(당위:정만 중히 가지지 말음)
禮別업시 居處ᄒ며 恭敬업시 조홀소냐(禮別 있게 居處하고 공경 있게
좋아라)
(당위 이유:禮別과 恭敬 없이 좋아함)(당위:禮別 있는 居處와 恭敬 있는
좋아함)
一生에 敬待如賓을 翼缺갓치 ᄒ오리라(일생에 敬待如賓을 翼缺 같이 하라)
(당위:남편 敬待)

8) 당위/당위이유→당위이유→당위의 유형
이 유형에 속하는 작품으로 아래의 李侃의 시조가 있다.

男女 有別ᄒᆞᆫ줄 사름마다 알년마ᄂᆞᆫ
學文을 모르면 알기 아니 어려온랴(學文을 모르면 어렵다)
(당위 이유:學文을 몰라 이를 알기 어려움)(당위:學文을 알음)
眞實로 國法이 이시니 無別無行 ᄒᆞ지마라
(당위 이유:국법이 있음)(당위:분별행동)

9) 당위→당위/당위이유→당위의 유형

이 유형에 속하는 작품으로 朴仁老의 것이 있다.

벗을 사괼딘딘(조건 비종결) 有信케 사괴리라
(당위:신의 있게 벗을 시귐)
信업시 사괴며 恭敬업시 지닐쏘냐(信 있이 사귀고 恭敬 있이 지내라)
(당위 이유:신의 없이 사귐과 공경 없이 지냄)(당위:신의로 공경하며 지냄)
一生에 久而敬之을 始終 업게 ᄒᆞ오리라(一生에 久而敬之을 始終 없게
ᄒᆞ라)
(당위:시종 없게 오래 공경함)

10) 당위/당위이유의 유형

이 유형에 속한 작품으로 金尙容의 다음 시조를 들 수 있다.

님군을 셤기오딕(조건 비종결) 正ᄒᆞ 길노 引導ᄒᆞ야
鞠躬 盡瘁ᄒᆞ야 죽은 後의 마라ᄉᆞ라(당위:충성하기를 다함)
가다가 不合곳 ᄒᆞ면(조건 비종결) 믈러간들 엇더리(가다가 不合곳 ᄒᆞ면
관직에서 물러가라)
(당위 이유:不合)(당위:물러감)

이상에서 보면 聯時調 <五倫歌>의 의미 구조 유형은 9종류이다. 가)
당위이유→당위의 유형(당위이유→당위, 당위이유→당위이유→당위), 나)
당위→당위이유의 유형(당위→당위이유, 당위→당위이유→당위→당위이
유), 다) 당위의 유형(당위, 당위→당위), 라) 당위→당위이유→당위의 유

형, 마) 당위이유→당위→당위이유의 유형, 바) 당위이유→당위/당위이유
의 유형(당위이유→당위/당위이유, 당위이유→당위이유→당위/당위이유),
사) 당위/당위이유→당위/당위이유→당위의 유형, 아) 당위/당위이유→당
위→당위의 유형, 자) 당위→당위/당위이유→당위의 유형, 차) 당위/당위
이유의 유형 등으로 다양하다. 그러나 이것들은 당위와 당위이유의 결합
으로, 聯時調 <五倫歌>들이 얼마나 의미 구조에서 그 명료화를 추구하
고 있는지를 잘 말해준다고 할 수 있다.

第三節 傳達內容의 强化

연시조 <五倫歌>들은 여러 측면에서 작품의 논지 기준과 그 강화를
보인다. 우선 이에 속한 것으로 격어미의 교체(옷/곳)와 직유법이 있다.
이보다는 인유법이 주가 된다.

1. 格語尾의 交替

<五倫歌>들에는 격어미를 일상적인 것으로부터 다른 것으로 교체한
일차적 일탈들이 보인다. 이것들을 정리하면 다음과 같다.

(1) 주격 '이'의 교체

　　두 분<u>곳</u> 아니시면 이 몸이 사라실가(宋純의 <五倫歌>)

　　이 모미 벗님<u>곳</u> 아니면 사룸 되미 쉬울가(宋純의 <五倫歌>)

父母옷 아니시면 내몸이 업실낫다(周世鵬의 <五倫歌>)

兄弟옷 不和ᄒ면 개도티라 ᄒ리라(周世鵬의 <五倫歌>)

부모곳 아니면 이 몸이 이실소냐(金尙容의 <五倫歌>)

그러코 恭敬곳 아니면 卽同禽獸 ᄒ리라(金尙容의 <五倫歌>)

父母곳 아니면 이몸이 이실소냐(朴仁老의 <五倫歌>)

聖恩곳 안니면 萬民이 살로소냐(朴仁老의 <五倫歌>)

夫婦곳 아니면 五倫이 가즐소냐(朴仁老의 <五倫歌>)

이상의 밑줄친 부분의 '-곳/옷'은 강조사로 주격 '-이'를 교체한 것들
이다.

(2) 목적격 '을'의 교체

가다가 不合곳 ᄒ면 믈러간들 엇더리(金尙容의 <五倫歌>)
有信곳 아니ᄒ면 시릴 줄이 이실소냐(李侃의 <五倫歌>)

이 두 밑줄친 '-곳'은 목적격 '-을'을 교체한 것들이다.
이 교체들은 강조사로 교체된다는 점에서 강조의 문체적 일탈로 보아
진다. 그리고 강조되는 것은 聖恩 또는 부모와 같이 받들거나, 有信이나
恭敬과 같이 지켜야 할 대상이나 행동들의 강조이다. 이는 작품의 주제
를 강조하는 것으로 정리할 수도 있다.

2. 직유법

聯時調 <五倫歌>에 나타난 형태적 일탈로써의 직유법을 정리하면 다음과 같다.

하늘 ᄀ튼 ᄀ 업슨 은덕을 어디 다혀 갑스오리(宋純의 <五倫歌>)

늄으로 삼긴 듕에 벗 ᄀ티 유신ᄒ랴(宋純의 <五倫歌>)

늘그니는 父母 ᄀ고 얼우는 兄 ᄀ트니(周世鵬의 <五倫歌>)

如鼓瑟琴ᄒ면 긔 아니 즐거오냐(金尙容의 <五倫歌>)

그러코 恭敬곳 아니면 卽同禽獸 ᄒ리라(金尙容의 <五倫歌>)

天定 配匹이라 夫婦 ᄀ치 重홀소냐(朴仁老의 <五倫歌>)

百年을 아적 삼아 如鼓瑟琴 ᄒ렷로라(朴仁老의 <五倫歌>)

一生애 敬待如賓을 冀缺 갓치 ᄒ오리라(朴仁老의 <五倫歌>)

날마다 擧顏齊眉을 孟光 ᄀ게 하여라(朴仁老의 <五倫歌>)

남으로 삼긴 거시 夫婦 ᄀ치 重홀넌가(朴仁老의 <五倫歌>)

骨肉 至親이 兄弟 ᄀ치 重홀넌가(朴仁老의 <五倫歌>)

一生애 友愛之情을 ᄒ 몸 ᄀ치 ᄒ리라(朴仁老의 <五倫歌>)

밑줄친 직유법들은 형태적 일탈이다. 이 직유법들은 오륜의 대상이나 행동의 근거를 제시함으로서 주제의 실행을 강조하고 있다. 인간만이 가

질 수 있는 정신적 세계를 가시적인 사물이나 행동을 통해 표현하는 시
적인 변용이다. 전혀 다른 두 대상을 결합시켜 양자 사이의 일정한 연관
성이 생겨나게 한다.

<오륜가>에서는 상황 사건보다는 상태상의 특성을 관계시켜 직유하
고 있다. 직유는 시적언어의 중요한 문체 특징의 하나이다. 표현적 사실
을 환기시키는 점에 있어서는 보다 효과적인 방법이다. 어느 상태를 통
해 의미를 함축시키고 그 기능을 통해 작가 내면의 감정을 깊이 인식할
수 있도록 하는 것이다.

3. 인유법

전달 내용의 강화의 히니로 어휘의 강조가 아니고 작품의 논지를 강
화하거나 논지의 기준으로 제시되는 부류가 있다. 바로 인유법이다. 引
喩法(allusion)은 최근에 그 논의가 상호 원문성의 이름하에 새롭게 확대
되고 있다. 聯時調 <五倫歌>에서의 인유법은 당대의 典籍, 歷史書, 經書
類를 인용한 것들이 대부분이다. 이 일부는 작품에서 작가가 전달하고자
하는 논지를 강화하기도 한다. 五倫의 항목과 밀접한 관계에 있기 때문
에 五倫의 항목별로 정리한다.

(1) 父子有親

父子有親을 노래한 <五倫歌>들에 인용된 것 중에서 대표적인 것으로
다음의 작품을 들 수 있다.

父兮生我하시고
母兮鞠我하시니

付我畜我하시며
長我畜我하시며
顧我復我하시며
出入腹我하시니
欲報之德인대
昊天罔極이샷다[1]

전반부에서 밑줄친 부분은 다음의 시조 행들에서 인용 번역되고 있다.

아바님 날 나흐시고 어마님 날 기르시니(宋純의 <五倫歌>)

아버님 랄 나흐시고 어마님 랄 기르시니(周世鵬의 <五倫歌>)

아비는 나으시고 어미는 치웁시니(朴仁老의 <五倫歌>)

이 작품의 행들을 볼 때에, 이 행들은 명확하게 앞의 한시의 인용 번역이다. 그런데 이 부분들은 인유로 인지되지 않아도 그 내용은 쉽게 이해되는 것들이다. 그러나 인유법이라는 것을 아는 독자나 청자에게는, 그 원전이 ≪詩經≫이라는 점에서 권위를 갖게 된다.

앞의 한시에서 밑줄친 후반부는 다음의 시조 행들과 관계된다.

하눌 フ튼 フ 업손 은덕을 어더 다혀 갑스오리(宋純의 <五倫歌>)

이 德을 갑흐려 하니 하눌フ이 업스샷다(周世鵬의 <五倫歌>)

이 恩惠 하 罔極 하니 가풀 줄을 몰너라(朴善長의 <五倫歌>)

昊天罔極이라 갑흘 길이 어려우니(朴仁老의 <五倫歌>)

---

1) ≪詩經≫, ‘小雅’편, 蓼莪.

아마도 至極혼 恩德을 못내 가파 호노라(李侃의 <五倫歌>)

위에서 살필 수 있듯이, 두 행 모두가 인용된 경우는 하나도 없다. 朴
仁老는 '昊天罔極'만을 그대로 인용하고 있다. 그리고 두 행을 그대로 번
역한 것은 周世鵬의 것이다. 그리고 나머지 사람들은 이해하기 쉽게 의
역하고 있다. 朴仁老의 인용을 제외하고는 모두가 인용 여부의 파악에
관계 없이 쉽게 이해할 수 있는 것들이다. 그러나 인용법을 인지하는 독
자에게는 권위성을 더할 수 있는 성격을 가진다.

金尙容의 것에는 反哺報恩을 인용한 부분이 있다.

烏鳥도 反哺롤 호니 父母孝道 호여라(金尙容의 <五倫歌>)

이 反哺報恩은 經書와 史書[2]의 인용이지만 동시에 인구에 회자되는
내용으로 그 이해는 그렇게 어려운 것이 아니다. 이 부분은 인유법의 인
지 여부에 관계 없이 권위성을 부여하지 못한다. 왜냐하면 이 인용된 부
분은 유가의 경서가 아니라 사물의 사실 관계를 진술한 글들이기 때문
이다.

朴仁老는 大舜의 효를 다음과 같이 요약 인용하여 노래하고 있다.

大舜의 終身誠孝도 못다한가 호노라(朴仁老의 <五倫歌>)

이런 내용은 ≪書經≫ ≪小學≫ ≪孟子≫등에 부분적 아니면 先行談
話로써 나오는 내용이다[3]. 그런데 이런 내용은 그 당시에는 그 내용을

---

2) 慈烏反哺 白脰不祥(≪禽經≫)
  …烏有反哺之義 必有遠人感惠而來者(≪十六國春秋≫)
3) 金基平, '朴蘆溪의 五倫歌 小考' 논문집11, 공주교대, 1974, pp. 55-56.

  岳曰 瞽子 父頑母嚚 象傲 克諧以孝 烝烝乂不格姦 帝曰 我其試哉 女于時

원전의 이해 없이도 쉽게 이해할 수 있었던 내용으로 파악된다. 왜냐하면 요순의 이야기는 그 당시에 널리 유포된 것이기 때문이다. 그런데 이 인용의 내용은 효를 일찍부터 행해야 하는 이유를 강화한다.

(2) 君臣有義

金尙容의 <五倫歌>에는 '鞠躬盡瘁 死而後己'의 전반부를 인용하고 후반부를 인용한 부분이 있다.

鞠躬 盡瘁ㅎ야 죽은 後의 마라스라

이 '鞠躬盡瘁 死而後己'는 諸葛亮의 <後出師表>에서 인용한 것이다. 이 역시 한자를 하는 사람에게는 쉬운 인용이다. 설령 諸葛亮의 <後出師表>의 문맥을 몰라도 문자의 의미에 따라 이해할 수 있는 것이다. 그

觀厥刑于二女 釐降二女嬀汭 嬪于虞 帝曰欽哉 《書經》 <堯典>

孟子曰 天下大悅而將歸己 視天下悅而歸己 猶草芥也 惟舜爲然 不得乎親 不可以爲人 不順乎親 不可以爲 子舜盡事親之道而瞽瞍底豫 瞽瞍底豫 而天下化瞽瞍底豫而天下之爲父子者定 此之謂大孝 <孟子 卷七, 離婁章 上>

虞舜 父頑 母嚚 象傲 克諧以孝 烝烝乂 不格姦 <小學 卷四, 明倫>

萬章問曰 舜往于 田號泣于旻天 何爲號泣也 孟子曰 怨慕也--我竭力耕田 共爲子職而已矣 父母之不我愛 於我何哉 帝使其子九男二女 百官牛羊倉廩備 以事舜於畎之中 天下之士多就之者 帝將胥天下而遷之焉 爲不順於 父母如 窮人無所 歸天下之士悅之 人之所欲也 而不足以解 憂好色人之所欲妻之二 女 而不足以解憂 富人之所欲富有天下 而不足以解憂貴人之所欲 貴爲天下 而不足以解憂 人悅之 好色富貴 無足以解憂者 惟順於父母 可以解憂 人少 則慕父母 知好色則慕少艾有妻子 則慕妻子 仕則慕君 不得於君則熱中 大孝 終身慕父母 五十而母者 予於大舜見之矣 <孟子 卷九; 小學 卷四, 明倫>

러나 한자를 모르는 사람들에게는 쉽지 않은 인용이다. 그런데 이 부분이 인용된 것임을 인지한다면, 이때는 비장한 분위기를 수반하게 된다. 왜냐하면 인용된 글의 분위가 비장한 것이기 때문이다.

朴善長의 <五倫歌>에는 '厮養'이 인용되고 있다.

    萬一에 人義를 모르면 厮養이나 다르랴

이 '厮養'은 ≪史記≫[4]의 인용이다. 그 뜻은 '부리고 먹이는 자(졸)'의 뜻이다. 이 역시 한자를 아는 사람들은 한자의 뜻에 따라 쉽게 이해할 수 있으나, 그렇지 않은 사람들은 이해하기 힘든 단어이다. 이 한자만을 안다고 하면 이해가 가능하지 그 본래 문장의 문맥까지 알아야만 이해가 가능한 것도 아니고, 어떤 분위기를 수반하는 것도 아니며, 권위성을 수반하는 것도 아니다. 왜냐하면 이 인용된 글은 그 문맥에서 알 수 있듯이, 객관적인 사실의 기록에서 인용한 것이기 때문이다.

朴仁老의 <五倫歌>에는 '君父一致'가 인용되고 아래와 같이 인용되고 있다.

    君父ㅣ 一致라 輕重을 두로소냐

이 '君父ㅣ 一致'는 ≪小學≫의 '通論'에서 인용한 것이다[5]. 그런데 이런 내용은 원전의 인용과 관계 없이 쉽게 이해할 수 있는 내용이다. 왜냐하면 우리의 오랜 관습인 君師父 一體의 내용 안에 있는 내용이기 때문이다.

---

4) 有厮養卒(≪史記≫ <陳餘傳>).
   隨厮養之役者 失萬乘之權…(≪史記≫ <淮陰侯傳>).
5) 欒共子曰 民生於三 事之如一 父生之 師敎之 君食之 非父不生 非食不長 非敎不知 生之族也 故一事之唯其所在 則致死焉 報生以死 報賜以力 人之道也(增補)
   君父師 皆人之所由生也(≪小學≫ 卷二, 通論)

(3) 夫婦有別

朴仁老의 <五倫歌>에는 ≪小學≫과 ≪童蒙先習≫의 內容을 인용한
아래의 작품이 있다.

夫婦ㅣ 이신 後에 父子兄弟 삼겨시니
夫婦곳 아니면 五倫이 가즐소냐
이中에 生民이 비롯ᄒ니 夫婦 크다 ᄒ로라

이 시조의 초장과 중장은 ≪小學≫(≪禮記≫ 포함)의 내용을, 그리고
종장은 ≪童蒙先習≫의 '生民之始'의 내용을 인용하여 시조화한 것이다[6].
이 내용은 한문을 배우지 않은 사람들도 알 수 있는 내용으로 쉽게 파
악된다. 그러나 이 인용을 인용으로 인지하는 사람에게는 과거에 배운
것이라는 것을 환기시키면서 학문 초기에 배운 것을 잊고 있어, 이에 대
한 새로운 확인을 고취한다. 이에 비해 한자를 전혀 모르는 사람들은 이

---

6) 金基平, '朴蘆溪의 五倫歌 小考', 논문집 제11, 공주교대, 1974, pp. 62-63.
　　禮記曰 夫昏禮 萬世之始也--執摯以相見 敬章別也 男女有別 然後父子親 父
　　子親然後義生義　生然後禮作　禮作然後萬物安　無別無義禽獸之道也(集解)
　　方氏曰 有夫婦而後有父子 父子所以傳世故曰 萬世之始(≪小學≫ 卷二, 明
　　夫婦之別)

　　馬氏曰 父子出於天性 而曰 男女有別 然後父子親 何也 蓋男女無別於內則
　　夫婦之道 喪而淫辟之罪 多 雖父子之親 亦不得而親之也 男女有別 然後父
　　子親 有相親之恩 父子親 有相親之恩則 必有相親之義 故義生焉 由是 推之
　　至於君臣弟朋友之際皆有義則 桀然有文以相接 故曰 義生而後禮作 禮作
　　而貴賤有等上下有分 此萬物所以安也<同上 (集解)>

　　夫有人民 而後有夫婦 有夫婦 而後有父子 有父子 而後有兄弟 一家之親 此
　　三者而己矣 自玆以往至于九族 皆本於三親焉 故於人倫爲重也 不可不篤(≪
　　小學≫ 卷五, 廣明倫)

해하기 힘든 인용이다.

朴仁老의 <五倫歌>에는 冀缺과 孟光의 고사가 다음과 같이 인용되어 노래되고 있다.

> 夫婦을 重타ᄒᆞᆫ들 情만 重케 가질것가
> 禮別업시 居處ᄒᆞ며 恭敬업시 조흘소냐
> 一生에 敬待如賓을 冀缺갓치 ᄒᆞ오리라
>
> 夫婦 삼길 적의 하 重케 삼겨시니
> 夫唱 婦隨ᄒᆞ야 一家天地 和ᄒᆞ리라
> 날마다 擧顔齊眉을 孟光ᄀᆞ게 ᄒᆞ여라

위의 冀缺과 孟光의 고사는 ≪小學≫과 ≪童蒙先習≫[7]에 실려 있는 것들이다. 이로 인해 한문을 조금만 배운 사람이면 쉽게 이해할 수 있는 내용이다. 그러나 한문을 전혀 모르는 사람으로는 이해하기 힘든 내용으로 파악된다. 왜냐하면 기결과 맹광의 고사를 모르기 때문이다. 이 인용은 부부유별의 행위 기준으로 기능한다.

---

7) 與鴻遯逃覇陵山中 耕耘織 ··· 爲事每進食 擧案齊眉 所在敬而慕之<中國人名事典>
敬相待如賓(≪小學≫ 卷四, 明倫) (≪童蒙先習≫ 夫婦有別)

臼季ㅣ 使過冀할쌔 見冀缺이 耨커늘 其妻ㅣ 饁之호대 敬하야 相待如賓하고 與之歸하야 言諸文公曰 敬은 德之聚也ㅣ니 能敬이면 必有德이라 德以治民하나니 君請用之하소서 臣은 聞호니 出門如賓하며 承事如祭는 仁之則也ㅣ라호이다 文公이 以爲下軍大夫하니라(≪小學≫ 卷四, 明倫)

昔者에 郤缺이 耨커늘 其妻ㅣ 饁之호대 敬하야 相待如賓하니 夫婦之道ㅣ 當如是也ㅣ니라 子思ㅣ 曰 君子之道ㅣ 造端乎夫婦라하시니라(≪童蒙先習≫, 夫婦有別)

(4) 兄弟和睦

　　爭財에 失性ᄒ야 同氣不睦 마라스라
　　田地와 奴婢ᄂᆫ 갑슬 주면 살런이와
　　아모려 萬金인들 兄弟 살뎌 잇ᄂᆞ냐

　이 시조는 《小學》 卷六, 實明倫篇8)의 내용을 인용하여 시조화한 작
품이다. 《小學》의 내용을 인용하였다는 점에서는 한문 수업의 연구에
따라 이해의 여부가 갈릴 수 있으나, 그 내용이 인용으로 인지되지 않아
도 이해되는 내용이다. 그러나 이 인용이 인용으로 인지될 때는 학문 초
기에 배운 것을 환기시켜서 마음의 가짐을 새롭게 한다.

(5) 朋友有信

　　벗을 사괴오뎌 처음의 삼가ᄒ야
　　날도곤 나으니로 굴희여 사괴여라
　　終始히 信義를 딕희여 久而敬之 ᄒ여라(金尙容의 <五倫歌>)

　　벗을 사괼딘댄 有信케 사괴리라
　　信업시 사괴며 恭敬업시 지닐쏘냐
　　一生에 久而敬之을 始終 업게 ᄒ오리라(朴仁老의 <五倫歌>)

　이 시조들의 '恭敬' '信(義)' '久而敬之' 등은 다음의 《論語》 《孟子》

---

8) 金基平, '朴蘆溪의 五倫歌 小考', 논문집 제11집, 공주교대, 1974, p.67.
　　繆肜少孤 兄弟四人 皆同財業 及各取妻 諸歸逡求分異 <u>又數有鬪爭之</u> 言形深懷
　　忿嘆 乃掩戸自撾曰 繆肜汝修身謹行 學聖人之法將以齊整風俗 奈何不能正其家
　　乎 弟及諸婦聞之 悉叩頭謝罪 逡更爲敦睦之行(《小學》 卷六, 實明倫)

　　蘇瓊 除南淸河太守 有百姓乙普明 <u>兄弟爭田</u> 積年不斷 各相援據 乃至百人 瓊
　　召普明兄弟 諭之曰 <u>天下難得者</u> <u>兄弟</u> <u>易求者</u> 田地假令得田地 失兄弟 心如何
　　因而下淚 諸證人莫不灑泣 普明兄弟叩頭乞外更思分異十年 逡還同住(同上)

을 포함한 ≪童蒙先習≫ ≪小學≫ 등의 밑줄친 부분의 인용이라 할 수
있다[9].

　　子夏曰 賢賢易色 事父母能竭其力 事君能致其身 與朋友交言而有信 雖曰
　　末學 吾必謂之學矣(≪論語≫ 卷一, 學而)

　　子路曰 願聞子之志 子曰 老者安之 朋友信之 小者懷之(≪論語≫ 卷五, 公
　　治長)

　　昔者 晏子與人交 久而敬之 朋友之道 當如是也 孔子曰 不信乎朋友不護乎
　　上矣 信乎朋友有道 不順乎親 不信乎朋友矣(≪童蒙先習≫, 朋友有信;
　　≪孟子≫ 卷七)

　　橫渠先生曰 今之朋友擇其善有以相 與拍肩執袂以爲氣合 一言不合 怒氣相
　　加 朋友之際 欲其相下不倦 故於朋友之間 主其敬者 日相親與得效最速
　　(≪小學≫ 卷五, 廣明倫)

　　伊川先生曰 近世淺薄 以相歡狎爲相與 以無主角爲相歡愛 如此者安能久
　　若要久 須是恭敬 君臣朋友皆當以敬爲主也<≪小學≫ 卷五, 廣明倫>

　≪小學≫ ≪童蒙先習≫의 인용이라는 점에서 한문을 전혀 알지 못하
는 사람들은 이해할 수 없다고 할 수 있다. 그러나 한문을 조금이라도
아는 사람들은 충분히 이해되는 내용들이다. 그리고 이 인용이 인용으로
인지될 때는 학문의 초기에 배운 것을 환기시키는 기능을 한다.

　　넘으로셔 親흔 사롬 벗이라 닐러시니
　　有信곳 아니ᄒ면 사귈 줄이 이실소냐
　　우리는 어진벗 아라셔 責善을 바다 보리라(李侃의 <五倫歌>)

_____

9) 金基平, 상게논문, pp.70-71.

이 시조의 '責善'은 《孟子》離婁(下)에서 인용한 것이다. 한자를 전혀 알지 못하는 사람들을 제외하고, 한자를 좀 아는 사람이라면 한자의 뜻으로 이해할 수 있는 인용이다. 인용된 원전의 문맥을 몰라도 그 이해가 충분한 인용이다. 그러나 이 인용이 인용으로 인지될 때는 과거에 배운 것을 다시 환기시키는 기능과 유교의 대표적인 경서의 인용이라는 점에서 권위성을 수반한다.

(6) 結論

> 天地間 萬物中에 사롬이 最貴ᄒ니
> 最貴ᄒ 바는 五倫이 아니온가
> 사롬이 五倫을 모ᄅ면 不遠禽獸 ᄒ리라(朴仁老의 <五倫歌>)

이 시조는 《童蒙先習》'童蒙訓'10)을 시조화해 놓은 것이다. 인용된 원전의 문맥을 알지 못해도 내용의 이해에는 지장을 받지 않는다. 왜냐하면 이 내용은 문자 자체의 의미만 알면 이해가 가능하기 때문이다. 이에 비해 이것을 인용으로 인지될 때는 어려서 배운 내용을 다시 환기시키는 기능을 가진다.

이 인유법의 일부는 작품에서 작가가 전달하고자 하는 논지를 강화하기도 한다. 예로 '烏鳥도 反哺롤 ᄒ니''昊天罔極이라' 등을 들 수 있다. 이 예들은 예로부터 성현들도 그렇게 하였으니 우리도/너희도 그렇게 해야한다는 작가의 논지를 강화하기 위한 인유법들의 사용이다. 한시의 인용 번역도 그러한 효과를 가져다 주는 것인데, 그 내용이 쉽게 이해되는 것일지라도 그 원전이 시경 이라는 점에서 독자 청자 에게는 권위로 될 수 있는 것들이다. 반면에 논지의 기준으로 제시되는 인유법들도 있

---

10) 天地之間 萬物之中에 唯人이 最貴하니 所貴乎人者는 以其有五倫ㅣ라 是故로 孟子ㅣ曰 父子有親하여 君臣有義하며 夫婦有別하며 長幼有序하며 朋友有信이라 하시니 人而不知有 五常 則其遠禽獸ㅣ 不遠矣리라.

는데, 예로 '鞠躬盡瘁호야' '擧顔齊尾을 孟光‥‥' 등을 들 수 있다. 이것들은 모두 작가가 작품에서 제시하고자 하는 논지(忠, 지아비 모심)의 기준으로 제시된 것들이다. 이 인유법들은 모두가 그 당시의 경서와 사서의 인용으로 그 책들의 권위에 의지하여 자신의 논지를 객관화하는 것들이다. 다른인유로는 환기에 의한 논지의 강화이다. ≪小學≫ ≪童蒙先習≫의 冀缺과 孟光의 故事, '生民之始'의 내용을 인용하여 시조화한것들이다. 이것은 인용을 인지하는 사람에게 과거에 배운것이라는 것을 환기 시킴과 동시, 잊었던 것에 대한 새로운 확인을 고취시켜 준다. 따라서 이런 인용의 인지에 의하여 학문초기에 배운 것을 환기시키면서 마음가짐을 새롭게 하게 한다. 여기에서 더 나가 인용된 원전의 문맥을 알지 못해도 내용의 이해에 지장을 받지 않는 것이 있다. 그것은 문자의 의미만 알면 이해가 가능한 것이기 때문이다. 이것을 인용으로 인지된 때는 다시 전에 배운 내용을 환기 시키는 기능을 한다.

인유법으로 논지를 객관화하고 합리화하는 방법은 시조의 경우에 훈민가계에서 주로 등장하고, 이런 사실은 ≪용비어천가≫에서도 확인된다. 두 말할 것도 없이 ≪용비어천가≫의 각장들은 전반부에서 중국의 고사를 인용하여 후반부의 육조의 사건을 객관화하고 합리화한다. 그리고 이런 현상은 자연을 노래한 시조들의 일부에서도 나타난다. 즉 자연을 인격의 도구로 노래하는 시조에서 중국의 성현을 기준으로 자신의 삶을 합리화하는 것이다.

第四節 讀者의 汎百姓化

聯時調 <五倫歌>는 교훈 시조의 일종이다. 이로 인해 많은 사람들에게 교훈을 주려 한다. 많은 사람들에게 교훈을 주기 위하여 작가들은 聯時調 <五倫歌>의 시적 청자와 독자를 특정한 사람으로 한정하지 않고,

많은 사람들이 작품을 수용할 수 있도록, 시적청자 내지 독자를 汎百姓11) 化하는 특성을 보인다. 이에 사용된 일탈들로 언어의 일탈, 소재의 일탈, 인칭 대명사의 극소화, 1, 2인칭 대명사의 不特定稱化 등이 결합한다.

1. 讀者 使用의 言語化

먼저 많은 독자들을 대상으로 하기 위하여, 사용된 것이 작품에서 사용되는 언어를 독자들이 사용하는 언어로 취한다는 점이다. 聯時調 <五倫歌>들은 그 사용 문자와 어휘라는 측면의 시어에서 서로 다르거나 비슷한 빈도로 일탈을 보이고 있다.

먼저 宋純의 <五倫歌>를 보자.

> 아바님 날 나ᄒ시고 어마님 날 기ᄅ시니
> 두 분곳 아니시면 이 몸이 사라실가
> 하ᄂᆞᆯ ᄀ튼 ᄀ 업손 은덕을 어디 다혀 갑스오리
>
> 형아 아으야 네 술홀 만져 보아
> 뉘손디 타나관디 양ᄌ조차 ᄀᄐᆞᆫ순다
> ᄒᆞᆫ 졋 먹고 길러 나이셔 닷ᄆᆞ음을 먹디 마라

---

11) 여기에서 사용된 '백성'이란 용어는 개념 규정의 문제가 있을 수 있다. 이 백성에 관한 의미는 民의 개념으로 논지에 따라 대체로 다음의 3가지로 분류된다. 여기서는 아래의 사실에 근거하여 上, 中 下의 모두를 가리키는 것으로 한다.

   ①百官(양반 사대부)
   ②庶民(평민), 人民, 官職이 없는 여느 사람들
   ③天下衆民(중인 천민)
   張三植 編, 大漢韓辭典, 進賢書館,1979, p.974.
   中文大辭典(六), 中國文化大學 出版部, 中華民國六十二年 p.908

  눔으로 삼긴 듕에 벗 ᄀᆞᆺ티 유신ᄒᆞ랴
  내의 왼 이룰 다 닐오려 ᄒᆞ노매라
  이 모미 벗님곳 아니면 사룸되미 쉬올가

  이상에서 보는 바와 같이 모두 한글을 쓰는 일탈을 보인다. 그리고 어
휘들은 그 당시의 사람이면 천민 평민 양반 누구나가 알 수 있는 우리
말 어휘들을 시어로 사용하고 있다.

  이번에는 周世鵬의 <五倫歌>에서 본다. 국한문 혼용체이다. 거의 모
든 문자를 한글로 쓰고 있으며, 다음의 단어들만 한자를 쓰고 있다. 德
兄 兄弟 不和 父母 不恭 등이다. 이 한자들은 극히 쉬운 한자들이다. 그
리고 어휘들은 그 당시의 천민 평민 양반 누구나가 거의 알 수 있는 평
이한 것들이다.

  金尙容의 <五倫歌> 5수의 시어를 살펴 보았다. 국한문을 혼용하고 있
다. 거의가 우리말을 한글로 쓰고 있으나, 다음의 문자들은 한자를 쓰고
있다. 子息 至親 烏鳥 反哺 父母孝道 正 引導 鞠躬盡瘁 後 夫婦 如鼓瑟
琴 恭敬 卽同禽獸 兄弟 一氣 人間 貴 外 終始 信義 久而敬之 등이다. 쉬
운 한자들이나 초보적인 한문이라도 배우지 않은 사람은 이해할 수 없
는 것으로 卽同禽獸 久而敬之 등이 나온다. 이 한문은 한문 구조를 전혀
모르면 한자만으로는 이해할 수 없는 것들이다. 이로 인해 어휘들도 한
문을 배운 평민 양반 등이 이해할 수 있는 수준의 어휘들이다.

  이번에는 朴善長의 聯時調 <五倫歌>의 시어들을 보자. 역시 국한문
혼용체이다. 한글이 많으나 한자도 적지 않게 나온다. 寸 後 恩惠 罔極
十生九死 德 萬一 大義 斯養 姓 百年情好 恭敬 睢鳩 後 次序 禽獸 親厚
桑田 信 唐虞 漢唐宋 天地 世道 變 五倫 禮義 家塾 黨序 不闕 一鄕 一
國 百年 人生 등이다. 이 한자들에는 흔히 쓰이지 않는 한자들이 포함되
어있다. 斯養 睢鳩 등이다. 이로 인해 시어들도 한문 교육을 받은 평민
과 양반들이 이해할 수 있는 수준의 것들 임을 본다.

이번에는 朴仁老의 <五倫歌>를 보면 이것 역시 국한문 혼용체이다. 다음과 같은 한자들을 포함하고 있다. 昊天罔極 舜 終身誠孝 人生 百歲 中 疾病 誠孝 父母 至誠 鷄鳴 盥漱 燠寒 侍側奉養 沒身不衰 世上 父母 恩德 生死葬祭 禮 始終 三千罪惡中 不孝 夫子 萬古 大法 下愚不移 聖恩 罔極 聖恩 萬民 罔極 聖恩 稷契 聖恩 窮達 君父 一致 輕重 忠孝 北風 玉樓高處 北斗 後 忠誠 閨閫 上帝 聖主 壽萬歲 夫婦 後 父子兄弟 五倫 中 生民 夫婦 天定配匹 重 百年 如鼓瑟琴 夫婦 情 禮別 居處 生 敬待如 賓 冀缺 夫唱 婦隨 一家天地和 擧顔齊眉 孟光 百福 兄弟 同氣 骨肉至親 一生 友愛之情 爭財 失性 同氣不睦 田地 奴婢 萬金 友愛 尤篤 白髮 夕 陽門外 表裏 和兄弟 白首隻鴈 久而敬之 始終 言忠行篤 辱 辱及其親 天 地間 萬物中 最貴 不遠禽獸 幸玆秉彝心 古今 爰輯舊聞 二三篇 嗟哉 後 生 仔細 感激 文字 拙 誠敬 熟讀 詳味 不無一助 등이다. 드물게 쓰이는 한자도 있지만 한문의 구문을 전혀 모르면 이해할 수 없는 것들도 있다. 이로 인해 시어들은 한문 교육을 받은 평민이나 양반들이 이해할 수 있는 수준이라 할 수 있다.

이번에는 李侃의 <五倫歌>를 보자. 국한문 혼용체이다 다음과 같은 한자들을 포함하고 있다. 分 至極 恩德 天恩 代 太平盛世 爲國忠心 永世 不忘 分形連氣 兄弟 自友自恭 親 有信 責善 ,男女有別 學文 眞實 國法 無別無行 無知 愚氓 人倫 등이다. 간혹 드물게 쓰이는 한자도 있고, 한 문 구문을 모르면 이해되지 않는 것들도 포함되어 있다. 이로인해 시어 들도 한문 교육을 받은 평민과 양반들이 이해할 수 있는 수준의 것들이 라 할 수 있다.

앞의 언어 일탈에서 살핀 내용을 다시 요약하면 다음과 같다.

　　　　宋純의 <五倫歌>
　　　　　문자 : 한글체

　　　어휘 : 우리말(천민 평민 양반 모두 이해)

　周世鵬의 <五倫歌>
　　문자 : 국한문 혼용체(극히 쉬운 한자)
　　어휘 : 우리말과 한자(천민 평민 양반 모두 이해))

　金尙容의 <五倫歌>
　　문자 : 국한문 혼용체(초보적인 한문이라도 배우지 않은 사람은 이
　　　　　해할 수 없는 것으로 卽同禽獸 久而敬之 등이 나온다)
　　어휘 : 우리말과 한자(한문을 배운 평민과 양반만 이해)

　朴善長의 <五倫歌>
　　문자 : 국한문 혼용체(초보적인 한문이라도 배우지 않은 사람은 이
　　　　　해할 수 없는 것으로 厮養 雎鳩 등이 나온다)
　　어휘 : 우리말과 한자(한문 교육을 받은 평민과 양반만 이해)

　朴仁老의 <五倫歌>
　　문자 : 국한문 혼용체(초보적인 한문이라도 배우지 않은 사람은 이
　　　　　해할 수 없는 것으로 沒身不衰 下愚不移 閨閤 敬待如賓 擧
　　　　　顏齊眉 久而敬之 言忠行篤 辱及其親 不遠禽獸 幸玆秉彛心
　　　　　爰輯舊聞 不無一助 등이 나온다)
　　어휘 : 우리말과 한자(한문 교육을 받은 평민과 양반만 이해)

　李偘의 <五倫歌>
　　문자 : 국한문 혼용체(초보적인 한문이라도 배우지 않은 사람은 이
　　　　　해할 수 없는 것으로 爲國忠心 永世不忘 分形連氣 自友自恭
　　　　　등이 나온다)
　　어휘 : 우리말과 한자(한문 교육을 받은 평민과 양반만 이해)

　이상과 같은 문자와 어휘의 사용은 작가가 의도한 교화 대상의 계층
을 잘 말해 준다. 즉 송순과 주세붕은 천민 평민 양반할 것 없이 백성
전체를 교화의 대상으로 하고 있음을 말해준다. 왜냐하면 두 사람이 사

용한 문자와 어휘는 천민 평민 양반 모두가 사용하고 이해할 수 있는 것들이기 때문이다. 이런 사실은 두 작가가 이 작품들을 짓게 된 창작 동기에서 밝히고 있는 교화 대상과도 일치한다고 할 수 있다. 周世鵬의 경우에 이 작품은 황해도 관찰사로 부임하여 그 지방 민속이 貿貿함을 보고 이를 교화하기 위하여 지었다는 사실을 작품의 竝書(按海西時 見 民俗之貿貿 乃作此歌 布施一路 以明人之大倫也)를 통하여 알 수 있다. 이 창작 동기를 계산하면, 주세붕의 문자와 어휘는 천민 평민 양반 모두 를 독자로 하기 위한 것이라 할 수 있다.

그리고 金尙容 朴善長 朴仁老 李偘 등은 그가 사용한 언어로 보아 교 화의 대상을 한문 교육을 받은 평민과 양반으로 삼았음을 알 수 있다. 이는 이 작가들이 사용한 문자와 어휘가 적어도 한문 교육을 받은 사람 들만이 이해할 수 있는 것들이기 때문이다. 이런 사실은 朴善長 朴仁老 李偘 등의 경우에, 창작 동기에서 보이는 교화 대상의 독자층과도 일치 한다. 朴善長의 경우에 夢士를 경계하기 위하여 지었다12). 그리고 朴仁 老의 경우는 後生을 경계하기 위하여 지었다13). 李偘 역시 愚氓한 천민 을 제외한 백성들을 대상으로 하였다14). 이렇게 이 작가들은 대상 독자 들을 한문 교육을 받은 평민과 양반으로 하고 있다. 이때 이 작가들은 백성에서 한문 교육을 받지 않은 천민이나 평민을 백성으로 보지 않는

---

12) 이것은 그의 문집 행장편에서 잘 나타나 있다.
　　辛亥 以洞中蒙士 無講學之所 與權陶隱虎臣 琴松隱復古諸公 倡建書堂於龜灣
　　以爲藏修講學之地 敎誨不倦 作十勿箴 以勵人心 作五倫歌 以警蒙士.
13) 이런 사실은 다음의 시조에서 잘 나타나 있다.
　　幸玆秉彝心이 古今 업시 다 이실식
　　爰輯舊聞ᄒ야 二三篇 지어시니
　　嗟哉 後生들아 살펴보고 힘서ᄒ라
14) 이런 사실은 다음의 시조가 암시한다.
　　져무니 어룬 뫼셔 간듸마다 츠례곳 알면
　　無知ᄒ 愚氓들도 아니 아지 못ᄒ려니
　　ᄒ믈며 人倫을 알려ᄒ면 이 아니코 어이리

듯하다.

이런 사실은 작가들이 聯時調 <五倫歌>들을 지으면서 그들이 대상으로 한 독자를 어느 한 사람이나 특수 계층으로 하지 않고, 그들이 취한 백성의 개념하에, 汎百姓을 대상으로 하였음을 말해준다.

2. 讀者 受容의 素材化

聯時調 <五倫歌>들은 素材의 사용에서 작품에 따라 다르거나 유사한 상대적 차이를 나타내는 일탈을 보인다.

먼저 宋純의 <五倫歌>를 보자.

아바님 날 나흐시고 어마님 날 기른시니
두 분곳 아니시면 이 몸이 사라실가
하눌 그튼 그 업손 은덕을 어디 다혀 갑스오리

형아 아으야 네 술홀 만져 보아
뉘손디 타나관디 양즈조차 그튼손다
훈 졋 먹고 길러 나이셔 닷모음을 먹디 마라

눔으로 삼긴 듕에 벗 ヌ티 유신흐랴
내의 왼 이롤 다 닐오려 흐노매라
이 모미 벗님곳 아니면 사롬되미 쉬울가

이 작품에 쓰인 소재들은 천민 평민 양반 누구나가 잘 아는 것들이다. 작품은 부모가 자식을 낳고 기른 것, 형제가 양자가 같은 것, 벗이 유신한 것 등을 각각의 소재로 사용하고 있다. 이런 소재는 천민 평민 양반 누구를 막론하고 모두가 잘 아는 소재들이다.

이번에는 周世鵬의 <五倫歌>를 보자.

사룸 사룸마다 이 말숨 드러스라
이 말숨 아니면 사룸이오 사룸 아니
이 말숨 닛디 말오 빅호고야 마로링이다

아버님 랄 나흐시고 어마님 랄 기른시니
父母옷 아니시면 내몸이 업실낫다
이 德을 갑흐려 하니 하놀ㄱ이 업스샷다

동과 항것과롤 뉘라셔 삼기신고
벌과 가여미 이 쯧돌 몬져 아니
흔 무ㅅ매 두 쁠 업시 소기지나 마옵생이다

지아비 받 갈라 간디 밥고리 이고가
반상을 들오디 눈섭의 마초이다
친코도 고마오시니 손이시나 다른실가

兄님 자신 져줄 내 조쳐 머궁이다
어와 뎌아ㅅ야 어마님 너스랑이야
兄弟옷 不和흐면 개도티라 흐리라

늘그니는 父母곧고 얼우는 兄ㄱ투니
곧튼디 不恭흐면 어디가 다롤고
랄로셔 무디어시돈 절흐고야 마로링이다

이 작품도 천민 평민 양반 모두가 잘 아는 소재들을 가지고 있다. 작품에서 부모가 자식을 낳고 기른 것, 개미와 벌, 지아비 반상, 어머니 젖과 형제, 老人과 어른 등의 소재가 나온다. 이 소재들은 천민 평민 양반 누구를 막론하고 모두가 잘 아는 소재들이다. 제4연은 孟光과 冀缺의 고사와 연관되어 있다. 이 점만을 생각하면, 이 연의 소재는 천민들이 잘 아는 것이 아니라고 할 수도 있다. 그러나 그 내용의 소재인 밥나름과 공경은 앞의 고사를 몰라도 그 당시의 상황에서 잘 아는 소재이다. 이런 점에서 이 작품의 소재들은 천민 평민 양반 모두가 잘 아는 소재들이라 할 수 있다.

이번에는 金尙容 <五倫歌>의 소재를 보자. 이 작품에도 앞에서 설명한 것과 같은 천민 평민 양반 누구를 막론하고 모두가 잘 아는 소재들을 사용하고 있다. 이와 더불어 이 작품은 천민이 친숙하지 않은 소재들을 가지고 있다.

> 님군을 섬기오디 正흔 길노 引導ㅎ야
> 鞠躬盡瘁ㅎ야 죽은 後의 마라스라
> 가다가 不合곳 ㅎ면 물러간들 엇더리.
>
> 兄弟 두몸이나 一氣로 ᄂᆞ화시니
> 人間의 貴흔 거시 이 外예 ᄯᅩ 잇ᄂᆞᆫ가
> 갑주고 못 어들거슨 이뿐인가 ㅎ노라

이 두 작품에서 소재는 임금을 정한 길로 인도하거나 兄弟 一氣 등이다. 이 소재는 누가 보아도 천민이나 평민의 것은 아니다. 임금을 정한 길로 인도하기는 양반 사대부의 소재이다. 그리고 兄弟 一氣는 한문을 배운 평민이나 양반들의 소재이다. 이런 점에서 金尙容의 <五倫歌>는 그 소재가 양반 중심적이라고 할 수 있다.

이번에는 朴善長의 聯時調 <五倫歌>의 소재를 보자. 朴善長 역시 앞에서 본 바와 같은 천민 평민 양반 모두 잘 아는 소재들을 사용하기도 한다. 앞에서 살핀 것과 동궤이지만 새롭게 돋보이는 것으로 '寸마도 못흔 푸리 봄 이슬 마즌 後에 닙 넙고 줄기 기러 밤나즈로 부러낫다'의 '풀과 이슬'은 그 어느 누구에게도 잘 알려진 소재이다. 그런데 박선장은 이 외에 천민이나 한문을 배우지 않은 평민이 잘 알지 못하는 소재들을 보여주고 있다.

이 님이 머기시고 이 님이 입피시니
十生 九死ㅎ돌 님의 德을 니줄느냐
萬一에 大義를 모르면 厮養이나 다르랴

두 姓이 ㅎ 디 모다 함믜 늘거 죽쟈 ㅎ니
百年 情好야 이예셔 더랴마는
그려도 恭敬홀 줄 모르면 雎鳩 아니 인느냐

唐虞 머러디고 漢唐宋이 니어시니
天地 오라거니 世道 아니 變홀너냐
그려도 닐곱 구모 가자시니 五倫이야 모르랴

옷밥이 不足ㅎ니 禮義 츠리 겨룰 업셔
家塾 黨序을 不闕이 너기느냐
그려도 보고 들으면 비호리 이시리

이 4수의 소재는 '聖恩과 厮養' '夫婦와 雎鳩' '世道의 變化와 五倫' '家
塾 黨序' 등이라 할 수 있다. 이 소재들은 그 성격상 천민이나 평민의
것들이라고 할 수 없다. 이런 점에서 朴善長 역시 그 소재가 양반 중심
적이라고 할 수 있다.
이번에는 朴仁老의 <五倫歌>를 보자. 朴仁老는 한문을 읽은 평민과
양반 중심적 소재를 취하고 있다고 할 수 있다.

人生 百歲中에 疾病이 다 이시니
부모를 섬기다 멋 히를 섬길넌고
아마도 못다홀 誠孝를 일즉 벼퍼보렷로라

聖恩이 罔極호 줄 사롬들아 아느순다
聖恩곳 안니면 萬民이 살로소냐
이몸은 罔極호 聖恩을 갚고 말려 ㅎ노라

이 두 작품의 소재는 '父母의 壽病과 孝' '聖恩과 萬民' 정도로 잡을
수 있다. 이 정도의 소재라면 천민 평민 양반 모두에게 통용되는 소재라
할 수 있다. 그러나 다음 시조들의 경우에는 사정이 달라진다.

> 夫婦을 重타ᄒ둘 情만 重케 가질것가
> 禮別업시 居處ᄒ며 恭敬업시 조ᄒᆯ소냐
> 生에 敬待如賓을 冀缺 갓치 ᄒ오리라
>
> 夫婦 삼길 적의 하 重케 삼겨시니
> 夫唱 婦隨ᄒ야 一家天地 和ᄒ리라
> 날마다 擧顔齊眉을 孟光ᄀᆺ게 ᄒ여라

이 두 수의 소재는 '夫婦와 冀缺' '夫婦와 孟光' 정도라 할 수 있다. 이
소재는 적어도 한문을 좀 읽은 사람들의 소재가 된다. 이런 점에서 朴仁
老는 그 소재 차원에서 한문을 좀 읽은 평민과 양반 중심적이라 할 수
있다.

이번에는 李侃의 <五倫歌>를 보자. 李侃 역시 한문을 읽은 평민과 양
반 중심적 소재를 취한다고 할 수 있다.

> 어버이 날 나ᄒ셔 어질과쟈 길러내니
> 이 두分 아니시면 내몸 나셔 어질소냐
> 아마도 至極ᄒ 恩德을 못내 가파 ᄒ노라

이 작품의 소재는 '부모의 生恤과 은덕' 정도라 할 수 있다. 이 소재는
천민 평민 양반 모두에게 통용되는 것이라 할 수 있다. 그러나 다음과
같은 시조의 소재는 그렇지 않다.

> 우리몸 갈라 난들 두몸이라 아지마소
> 分形 連氣ᄒ니 이 이른 兄弟니라

兄弟야 이 뜻을 아라 自友自恭 흐쟈스라

男女有別흔줄 사롬마다 알년마는
學文을 모르면 알기 아니 어려온랴
眞實로 國法이 이시니 無別無行 흐지마라

이 두 시조의 소재는 '兄弟와 分形連氣' '夫婦와 學文' 정도라 할 수 있다. 이런 소재는 한문을 좀 읽은 평민과 양반의 것들이라 할 수 있다. 이런 점에서 李侃의 소재는 한문을 좀 읽은 평민과 양반 중심적이라 할 수 있다.

聯時調 <五倫歌>의 소재들은 앞에서 언급한 不特定層의 독자들이 향유한 소재들로 하고 있다. 이는 곧 讀者 受容의 素材化라 할 수 있다. 이 讀者 受容의 素材化 역시 독자의 汎百姓化와 관련된다. 이런 사실을 보기 위하여 앞에서 살핀 素材的 逸脫의 내용을 요약하면 다음과 같다.

宋純의 <五倫歌>

천민 평민 양반 누구나가 잘 아는 것들(부모가 자식을 낳고 기른 것, 형제가 양자가 같은 것, 벗이 유신한 것 등)

周世鵬의 <五倫歌>

천민 평민 양반 모두가 잘 아는 소재들(부모가 자식을 낳고 기른 것, 개미와 벌, 어머니 젖과 형제, 老人과 어른, 밥나름과 공경)

金尙容 <五倫歌>

천민 평민 양반 모두가 잘 아는 소재들
천민이 친숙하지 않은 소재들(임금 인도, 兄弟一氣)

朴善長의 <五倫歌>

　천민 평민 양반 모두가 잘 아는 소재들
　천민이나 한문을 배우지 않은 평민이 잘 알지 못하는 소재들(聖恩
　과 廝養, 夫婦와 睢鳩世道의 變化와 五倫, 家藝 黨序)

朴仁老의 <五倫歌>

　천민 평민 양반 모두가 잘 아는 소재들
　천민이나 한문을 배우지 않은 평민이 잘 알지 못하는 소재들(夫婦
　와 冀缺, 夫婦와 孟光 등등)

李侃의 <五倫歌>

　천민 평민 양반 모두가 잘 아는 소재들
　천민이나 한문을 배우지 않은 평민이 잘 알지 못하는 소재들(兄弟
　와 分形連氣, 夫婦와 學文)

　이상의 聯時調 <五倫歌>의 소재들을 보면 두 유형으로 나뉜다. 하나
는 송순과 주세붕이 취한 천민 평민 양반 모두가 잘 아는 소재들의 유
형이고, 다른 하나는 천민 평민 양반 모두가 잘 아는 소재들은 물론, 천
민이나 한문을 배우지 않은 평민이 잘 알지 못하는 소재들을 함께 취한
유형이다. 이런 현상은 앞에서 살핀 讀者 使用의 言語化와 병립하는 현
상으로, 대상 독자의 汎百姓化라는 점에서 같은 현상이다. 즉 대상 독자
를 불특정적인 천민 평민 양반으로 하였을 때에, 그들이 사용하는 문자
어휘 소재를 사용하여 대상 독자를 범국민화하는 것이다. 동시에 대상
독자를 한문을 배운 평민이나 양반으로 하였을 때에, 그들은 한문을 배
우지 않은 천민이나 평민을 백성으로 보지 않는다는 점에서, 그들이 사
용하는 문자 어휘 소재를 사용하여 대상 독자를 범국민화하는 것이다.

3. 人稱 代名詞의 極小化

이 항에서 결합되는 일탈은 인칭 대명사의 일탈이다. 또한 결합에서
오는 1.2인칭 대명사의 불특정화에 대하여도 살펴본다.

(1) 人稱 代名詞의 逸脫

聯時調 <五倫歌>들은 인칭 대명사의 사용에서 아주 적은 빈도를 보
이는 일탈을 보인다.
먼저 宋純의 <五倫歌>를 보자.

아바님 날 나흐시고 어마님 날 기르시니
두 분곳 아니시면 이 몸이 사라실가
하눌 フ튼 フ 업손 은덕을 어딘 다혀 갑스오리

형아 아으야 네 술흘 만져 보아
뉘손딘 타나관딘 양주조차 フ트순다
흔 졋 먹고 길러 나이셔 닷무움을 먹디 마라

님으로 삼긴 듕에 벗 ヌ티 유신호랴
내의 왼 이룰 다 닐오려 흐노매라
이 모미 벗님곳 아니면 사름되미 쉬올가

위의 밑줄친 부분과 같이 인칭 대명사는 4회 등장한다. 그것도 첫째
작품에서는 시적자아의 목적격인 '날'이 2회 나오고, 둘째 작품에서는 시
적청자인 '네'가 1회 나오며, 셋째 작품에서는 시적자아인 '내'가 1회 등
장한다. 이렇게 인칭 대명사는 적은 빈도를 보이는데, 이 인칭 대명사들
은 하나의 특성을 가지고 있다. 즉 特定稱의 2인칭 대명사나 2인칭 대명
사가 아니라, 不特定稱의 1인칭 대명사와 2인칭 대명사라는 것이다. 작

품에 나타난 '나'와 '내'의 1인칭 대명사는, 이 작품을 노래하는 宋純이라고만 할 수 가 없다. 말을 바꾸면 송순 자신만을 지칭하는 特定稱의 대명사라고 할 수 없다. 왜냐하면 '아바님 날 나흐시고 어마님 날 기르시니'와 '내의 왼 이롤 다 닐오려 흐노매라'의 '나'와 '내'가 宋純 자신이라는 것을 단정할 수 있는 단서를 이 작품은 전혀 허락하지 않고 있을 뿐만 아니라, 이 작품을 다른 사람이 부를 때에 이 '나'와 '내'는 노래하는 사람으로 되기 때문이다. 특히 부모님이 '날'을 낳고 길렀다는 사실과 내의 그른 일을 다 이르는 것은 特定人인 송순에만 한정되지 않고 모든 사람에게 있는 사실이기 때문이다. 그리고 '형아 아으야 네 술홀 만져 보아'의 2인칭 대명사 '네'도 特定稱의 2인칭 대명사가 아니라 不特定稱의 2인칭 대명사라 할 수 있다. 즉 '형아 아으야 네 술홀 만져 보아'의 '네'는 송순의 형이나 아우만를 부르는 特定稱의 2인칭 대명사가 아니라, 어느 누구의 형이나 아우를 부르는 不特定稱의 2인칭 대명사라 할 수 있다. 왜냐하면 우선 이 작품은 그 어느 곳에서도 이 '너'가 송순의 형이나 아우라는 것을 단정적으로 보여주지 않기 때문이다. 다음으로 이 노래를 누구가 부르든지, 이때의 '너'는 그 사람의 형이나 아우가 되기 때문이다.

이런 사실들로 볼 때에, 이 작품에 나타난 1, 2인칭 대명사들은 特定稱의 인칭 대명사들이 아니라, 不特定稱의 인칭 대명사라 할 수 있다.

이번에는 周世鵬의 <五倫歌>를 보자.

사롬 사롬마다 이 말숨 드러스라
이 말숨 아니면 사롬이오 사롬 아니
이 말숨 닛디 말오 비호고야 마로링이다

아버님 랄 나흐시고 어마님 랄 기르시니(인칭 대명사 : 랄<2회>)
父母옷 아니시면 내몸이 업실낫다.(1인칭 주격 : 내)
이 德을 갑흐려 하니 하늘ㄱ이 업스샷다.

둥과 항것과롤 뉘라셔 삼기신고
벌과 가여미 이 쁘돌 몬져 아니
혼 ᄆᆞᆷ매 두 ᄠᅳᆮ 업시 소기지나 마옵샹이다.

지아비 받 갈라 간더 밥고리 이고가
반상을 들오더 눈섭의 마초이다.
친코도 고마오시니 손이시나 다ᄅᆞᆯ실가.

兄님 자신 져줄 <u>내</u> 조쳐 머궁이다.(1인칭 주격 : 내)
어와 더아ᄉᆞ야 어마님 <u>너</u>ᄉᆞ랑이야(2인칭 너)
兄弟옷 不和ᄒᆞ면 개도티라 ᄒᆞ리라

늘그니ᄂ 父母ᄀᆞᆮ고 얼우ᄂ 兄ᄀᆞᄐᆞ니
ᄀᆞᄐᆞᆫ더 不恭ᄒᆞ면 어디가 다롤고.
랄로셔 ᄆᆞ디어시ᄃ 절ᄒᆞ고야 마로링이다.

이 6수의 작품에 등장하는 인칭 대명사는 밑줄친 곳에서 5회 등장한
다. 시적자아를 지칭하는 1인칭 '랄' '내'가 각각 2회씩이고 시적청자인 2
인칭 '너'가 1회 등장한다. 그런데 이 인칭 대명사들 역시 特定稱의 인칭
대명사가 아니라 不特定稱의 인칭 대명사라는 특성을 가지고 있다. '아
버님 랄 나ᄒᆞ시고 어마님 랄 기르시니'의 '랄'와 '父母옷 아니시면 내몸
이 업실낫다'의 '내'는 앞의 작품에서 본 내용과 같은 것으로 같은 점에
서 不特定稱의 1인칭 대명사가 된다. '兄님 자신 져줄 내 조쳐 머궁이다'
의 '내'는 두 가지 측면에서 不特定의 인칭 대명사라 할 수 있다. 하나는
이 작품의 어느 곳에서도 이 '내'가 주세붕 자신이라는 징후를 보여주지
않기 때문이다. 다른 하나는 젖을 내가 먹는다는 사실이 주세붕 자신에
게만 한정된 것이 아니라 누구에게나 통하는 일이라는 점이다. 다음으로
'어와 더아ᄉᆞ야 어마님 너ᄉᆞ랑이야'의 2인칭 '너'를 보자. 이 역시 두 가
지 측면에서 不特定稱임을 보여준다. 하나는 이 작품의 어느 곳도 이
'너'가 周世鵬의 아우를 지칭한다는 징후를 보여 주지 않는다는 점이다.

다른 하나는 부모가 동생을 사랑하는 것은 周世鵬의 동생에게만 한정되
는 것이 아니라 모든 동생들에게도 통용된다는 점이다.

이런 점에서 이 작품에 나타난 1, 2인칭 대명사들 역시 特定稱의 1, 2
인칭 대명사가 아니라 不特定稱의 1, 2인칭 대명사라 할 수 있다.

  어버이 子息 亽이 하눌 삼긴 至親이라.
  부모곳 아니면 이 몸이 이실소냐
  烏鳥도 反哺롤 ᄒᆞ니 父母孝道 ᄒᆞ여라.

  님군을 셤기오더 正ᄒᆞᆫ 길노 引導ᄒᆞ야
  鞠躬盡瘁ᄒᆞ야 죽은 後의 마라亽라
  가다가 不合곳 ᄒᆞ면 믈러간들 엇더리.

  夫婦라 희온거시 눔으로 되어이셔
  如鼓琴瑟ᄒᆞ면 긔 아니 즐거오냐.
  그러코 恭敬곳 아니면 卽同禽獸 ᄒᆞ리라.

  兄弟 두몸이나 ·氣로 눈화시니
  人間의 貴ᄒᆞᆫ 거시 이 外예 또 잇눈가
  갑주고 못 어들거슨 이뿐인가 ᄒᆞ노라

  벗을 사괴오더 처음의 삼가ᄒᆞ야
  날도곤 나으니로 굴희여 사괴여라(1인칭 대명사 : 날)
  終始히 信義롤 딕희여 久而敬之 ᄒᆞ여라

이상은 金尙容의 <五倫歌> 5수이다. 이 작품들에서 인칭 대명사는 1
회 등장한다. 즉 맨끝의 작품 중장 첫머리에 나오는 시적자아 '날'이다.
이번에는 朴善長의 <五倫歌>를 보자. 이 1인칭 대명사 역시 不特定稱의
인칭 대명사이다. '날도곤 나으니로 굴희여 사괴여라'의 1인칭 대명사
'날'은, 문맥으로 보아 2인칭 대명사 '널'로 써도 되는 인칭 대명사이다.
그리고 이 '날'은 이 노래를 듣거나 보는 사람 개개인 누구든지 될 수

있는 특성을 가지고 있다. 말을 바꾸면 김상용이 그 앞에 있는 어느 특
정인을 지칭하는 特定稱이 아니다. 이런 점에서 이 '날'은 不特定稱의 1
인칭 대명사라 할 수 있다.

寸마도 못흔 푸리 봄 이슬 마즌 後에
닙 넙고 줄기 기러 밤나즈로 부러낫다
이 恩惠 하 罔極ᄒᆞ니 가풀 줄을 몰너라

이 님이 머기시고 이 님이 입피시니
十生 九死ᄒᆞᆫ둘 님의 德을 니즐ᄂᆞ냐
萬一에 大義를 모ᄅᆞ면 厮養이나 다ᄅᆞ랴

두 姓이 ᄒᆞᆫ 디 모다 함끠 늘거 죽쟈 ᄒᆞ니
百年 情好야 이예셔 더랴마ᄂᆞᆫ
그려도 恭敬홀 줄 모ᄅᆞ면 睢鳩 아니 인ᄂᆞ냐

몬져 나니 後에 나니 次序야 다툴지라도
압 뒤혜 둘녀셔 한 져즈로 기러낫다
사ᄅᆞᆷ이 이 뜻을 모라면 禽獸마도 못ᄒᆞ리

남으로 삼긴 거시 이더도록 親厚홀샤
손 잡고 말홀 제 억게만 두드리랴
桑田이 바다물 되여도 信을 닛디 마로리라

唐虞 머러디고 漢唐宋이 니어시니
天地 오라거니 世道 아니 變홀너냐
그려도 닐곱 구모 가자시니 五倫이야 모ᄅᆞ랴

옷밥이 不足ᄒᆞ니 禮義 ᄎᆞ리 겨룰 업셔
家塾 黨序을 不闕이 너기ᄂᆞ냐
그려도 보고 들으면 비호리 이시리

이우즐 미이디 마라 이웃 미오면 갈듸 업서

  鄕이 ㅂ리고 一國이 다 ㅂ리리
  百年도 못 살 人生이 그러그러 엇데리

　이 8수의 시조작품에서는 하나의 인칭 대명사도 찾아 볼 수 없는 특성을 보인다.
　이번에는 朴仁老의 <五倫歌>를 보자.

  아비는 나으시고 어미는 치옵시니
  낫天罔極이라 갑흘 길이 어려우니
  大舜의 終身誠孝도 못다한가 ㅎ노라

  人生 百歲中에 疾病이 다 이시니
  부모를 섬기다 몃 희를 섬길넌고
  아마도 못다홀 誠孝를 일즉 벼퍼보렷로라

  父母 섬기기를 至誠으로 섬기리라
  鷄鳴에 盥漱ᄒ고 燠寒을 뭇ᄌ오며
  날마다 侍側奉養을 沒身不衰 ᄒ오리라

  世上 사룸들아 父母恩德 아ᄂ산다
  父母곳 아니면 이몸이 이실소냐
  生死葬祭에 禮로써 始終 갓게 섬겨서라

  三千 罪惡中에 不孝애 더니 업다
  夫子의 이 말슴 萬古애 大法 삼아
  아모려 下愚不移도 밋처 알게 ᄒ렷로라

  聖恩이 罔極ᄒ 줄 사룸들아 아ᄂ순다
  聖恩곳 아니면 萬民이 살로소냐
  이몸은 罔極ᄒ 聖恩을 갑고 말려 ᄒ노라

  稷契도 안닌 몸애 聖恩도 罔極홀샤

百번을 죽어도 갑흘 닐이 업것마는
窮達이 길이 달나 못 뫼압고 설웟로라

사롬 삼기실제 君父갓게 삼겨시니
君父ㅣ 一致라 輕重을 두로소냐
이몸은 忠孝 두 사이에 늘글주를 모르보라

深山의 밤이 드니 北風이 더옥 차다
玉樓高處에도 이 브롬 부는게오
간 밤의 치우신가 北斗비겨 바러로라

이몸이 죽은 後에 忠誠이 넉시되야
놉히 놉히 느라 올라 閶闔을 블너 열고
上帝찌 우리 聖主를 壽萬歲케 비로리라(1인칭 복수 대명사 : 우리)

夫婦ㅣ 이신 後에 父子兄弟 삼겨시니
夫婦곳 아니면 五倫이 가즐소냐
이中에 生民이 비롯하니 夫婦 크다 흐로라

사람 내실적의 夫婦 又게 삼겨시니
天定配匹이라 夫婦 又치 重홀소냐
百年을 아적삼아 如鼓瑟琴 흐렷로라

夫婦을 重타흐둘 情만 重케 가질것가
禮別업시 居處흐며 恭敬업시 조홀소냐
生에 敬待如賓을 冀缺 갓치 흐오리라

夫婦 삼길 적의 하 重케 삼겨시니
夫唱 婦隨흐야 一家天地 和흐리라
날마다 擧顔齊眉을 孟光又게 흐여라

남으로 삼긴 거시 夫婦 又치 重홀넌가
사롬의 百福이 夫婦에 가잣거든

이리 重혼 스이에 아니 和코 엇지호리

兄弟 내실적의 同氣로 삼겨시니
骨肉至親이 兄弟 ▽치 重혼넌가
一生에 友愛之情을 흐믐 ▽치 호리라

爭財에 失性호야 同氣不睦 마라스라
田地와 奴婢는 갑슬 주면 살련이와
아모려 萬金인들 兄弟 살디 잇느냐

友愛를 尤篤호야 百年을 혼틱 살며
혼옷 혼밥을 논하 닙고 논하 먹고
白髮애 아뮈줄 모르도록 흠긔 늘쟈 호노라

同氣로 셋몸되야 혼몸가치 지닉다가
두 아은 어딕가셔 도라올 줄 모르는고
날마다 夕陽門外에 한숨계워 호노라

友愛 깁흔 쓰지 表裏업시 혼뜻되야
이中에 和兄弟를 우린가 너겨시니
엇지타 白首隻鴈이 혼자 울줄 알리오

벗을 사괼딘딘 有信케 사괴리라
信업시 사괴며 恭敬업시 지닐쏘냐
一生에 久而敬之을 始終 업게 호오리라

言忠行篤호고 벗 사고기 삼가오면
내몸애 辱 업고 외다호리 적거이와(1인칭 주격 : 내)
진실로 삼가지 못호면 辱及其親 호오리라

天地間 萬物中에 사롬이 最貴호니
最貴혼 바는 五倫이 아니온가
사롬이 五倫을 모르면 不遠禽獸 호리라

幸茲秉彝心이 古今 업시 다 이실시
爰輯舊聞ㅎ야 二三篇 지어시니
嗟哉 後生들아 살펴보고 힘서ㅎ라

仔細히 살펴 보면 뉘 아니 感激ㅎ리
文字는 拙ㅎ디 誠敬을 삭여시니
진실로 熟讀 詳味ㅎ면 不無一助 ㅎ리라

이 25수의 작품 중에 등장하는 인칭 대명사는 작품에 밑줄치고 부기한 '우리'가 2회 '내'가 1회로 세번 나타날 뿐이다. '上帝끠 우리 聖主를 壽萬歲케 비로리라'의 1인칭 복수 대명사 '우리'는 '내'를 복수화한 것으로, 이미 特定稱 '나'를 확대한다. 그런데 이 '우리'는 어느 特定 소수집단의 '우리'가 아닌 그 당시 이 땅에 살았던 사람들 전체를 포함하는 인칭 대명사가 되어 不特定稱의 1인칭 복수 대명사가 된다. 그리고 '言忠行篤ㅎ고 벗 사고기 삼가오면 내몸애 辱 업고 외다ㅎ리 적거이와'의 1인칭 주격 '내'도 不特定稱의 1인칭 대명사이다. 왜냐하면 '言忠行篤ㅎ고 벗 사고기 삼가오면'은 이미 그 의미 면에서 朴仁老나 어느 특정인의 행위가 아니라 사람 전체를 의미하기 때문이다. 이런 점에서 이 작품의 1인칭(복수) 대명사 역시 不特定稱의 대명사라 할 수 있다.
    이번에는 李侃의 <五倫歌>를 보자.

어버이 날 나ㅎ셔 어질과쟈 길러내니(1인칭 주격 : 날)
이 두分 아니시면 내몸 나셔 어질소냐(1인칭 대명사 : 내)
아마도 至極ㅎ 恩德을 못내 가파 ㅎ노라

天恩이 ᄀᆞ이 업서 代마다 덥혀 두고
太平盛世에 가플 일이 어려왜라
두어라 爲國忠心을 永世不忘 ㅎ오리라

우리몸 갈라 난들 두몸이라 아지마소(1인칭 복수 대명사 : 우리)

分形 連氣ᄒ니 이 이른 兄弟니라
兄弟야 이 ᄠᅳᆺ을 아라 自友自恭 ᄒ쟈스라

남으로셔 親ᄒᆫ 사름 벗이라 닐러시니
有信곳 아니ᄒ면 사괼 줄이 이실소냐
우리ᄂᆞᆫ 어진벗 아라셔 責善을 바다 보리라(1인칭 복수 대명사 : 우리)

男女有別ᄒᆫ줄 사롬마다 알년마ᄂᆞᆫ
學文을 모르면 알기 아니 어려온랴
眞實로 國法이 이시니 無別無行 ᄒ지마라

져무니 어룬 뫼셔 간듸마다 ᄎ례곳 알면
無知ᄒᆫ 愚氓들도 아니 아지 못ᄒ려니
ᄒ믈며 人倫을 알려ᄒ면 이 아니코 어이리

이 6수의 작품에서는 인칭 대명사가 4회 등장한디. 1인칭 단수가 '내'와 '나'로 1회씩 등장하고, 1인칭 복수 '우리'가 2회 등장한다. '어버이 날 나흐셔 어질과쟈 길러내니'의 1인칭 대명사 '날'과, '두分 아니시면 내몸 나셔 어질소냐'의 1인칭 대명사 '내'는 앞의 송순의 작품에 나왔던 것과 같은 것으로 不特定稱의 1인칭 대명사라 할 수 있다. '우리몸 갈라 난들 두몸이라 아지마소'의 1인칭 복수 대명사 '우리'와, '우리ᄂᆞᆫ 어진벗 아라셔 責善을 바다 보리라'의 1인칭 복수 대명사 '우리' 역시 不特定稱의 대명사라 할 수 있다. 형제가 두 몸으로 갈라 낳은 것과 어진 벗을 알아 책선을 받아볼 것은 李偘만의 것이 아니라 모든 사람들의 것이기 때문이다. 이런 점에서 이 작품의 1인칭 대명사들 역시 不特定稱의 인칭 대명사라 할 수 있다.

앞에서 살핀 인칭 대명사에서 생략된 인칭 대명사와, 인칭 대명사의 사용 빈도 등을 작가별로 정리하면 다음과 같다.

宋純의 <五倫歌>
    생략된 인칭 대명사 : 내
    표기된 인칭 대명사 : 3수에 4회('날' 2회, '네' 1회, '내' 1회)

周世鵬의 <五倫歌>
    생략된 인칭 대명사 : 내, 우리
    표기된 인칭 대명사 : 6수에 5회('랄' '내' 각각 2회, '너' 1회)

金尙容의 <五倫歌>
    생략된 인칭 대명사 : 네/너희
    표기된 인칭 대명사 : 5수에 1회('날' 1회)

朴善長의 <五倫歌>
    생략된 인칭 대명사 : 내/우리/네/너희
    표기된 인칭 대명사 : 8수에 없음

朴仁老의 <五倫歌>
    생략된 인칭 대명사 : 내, 우리, 네/너희, 내/우리/네/너희
    표기된 인칭 대명사 : 25수에 3회('우리' 2회 '내' 1회)

李 侃의 <五倫歌>
    생략된 인칭 대명사 : 내, 우리, 내/우리/네/너희
    표기된 인칭 대명사 : 6수에 4회('내' '나' 각각 1회, '우리' 2회)

인칭 대명사를 쓰는 이유는 사람을 지칭하는 명사를 대신하여 간결하게 하는 성격과, 나 너 그 등의 구별과 구획을 위한 것이다. 이 중에서 구별 구획이 심할 경우에, 그 전달 내용은 독자를 特定人 내지 특정 계층으로 한정하게 된다. 만약 이런 한정을 심하게 한다면, 聯時調 <五倫歌>는 독자를 特定人이나 特定 階層으로 한정하면서, 汎百姓化에 실패하게 된다. 이런 점에서 일단 인칭 대명사의 빈도 축소는 독자를 特定化하지 않고, 대상 독자를 汎百姓化하기 위한 것이라 할 수 있다. 이런 사

실의 극대화는 생략된 대명사의 위치에 여러 대명사가 동시에 올 수 있는 경우이다. 앞의 정리에 나타난 네/너희, 내/우리/네/너희의 생략 부분이 그렇다. 이 위치에는 너와 너희, 내지는 나, 너, 우리, 너희 등이 모두 나타날 수 있는 곳들이다. 그런데 만약 이 중의 어느 한 대명사만을 사용하면, 다른 대명사의 대상 독자들은 제외되게 된다. 이를 방지하고 모든 사람을 대상 독자로 만들기 위하여, 인칭 대명사를 생략하는 것이다. 가장 두드러진 작가로 朴善長을 들 수 있는데, 그는 聯時調 <五倫歌>에서 한 번의 인칭 대명사도 쓰지 않는다.

앞에서 살폈듯이, 주어의 생략과 인칭 대명사의 적은 사용은 작품의 간결화에 일단 이바지 한다. 이외에도 이것들은 독자의 汎百姓化에 이바지 한다.

(2) 1, 2人稱 代名詞의 不特定稱化

聯時調 <五倫歌>들은 1, 2인칭의 대명사를 쓰기는 쓰되, 앞에서 본 바와 같이 극히 극소화하고 있다. 그런데 이것들마저 不特定稱으로 바꾸어 쓰고 있다. 이런 사실을 앞에서의 글로부터 요약 정리하면 다음과 같다.

宋純의 <五倫歌>
  나, 내 : 特定人인 송순에만 한정되지 않는다.
  네 : 송순의 형제에 한정되지 않는다.

周世鵬의 <五倫歌>
  내, 랄 : 特定人인 주세붕에만 한정되지 않는다.
  너 : 주세붕의 아우만을 지칭하지 않는다.

金尙容의 <五倫歌>
  날 : 特定人인 김상용에만 한정되지 않는다.

朴善長의 <五倫歌>
인칭 대명사가 없다.

朴仁老의 <五倫歌>
우리 : 朴仁老가 속한 특정 집단에만 한정되는 경우(그의 형제)도
있고, 朴仁老가 속한 특정 집단에만 한정되지 않는 경우도
있다.
내 : 特定人인 朴仁老에만 한정되지 않는다.

李侃의 <五倫歌>
내, 나 : 特定人인 李侃에만 한정되지 않는다.
우리 : 李侃이 속한 特定 集團에 한정되지 않는다.

이상과 같이, 연시조 <五倫歌>의 1, 2인칭 대명사들은 작가들 자신이
나 그 자신이 속한 집단에 한정되는 1, 2인칭 대명사가 아니다. 이는 곧
1, 2인칭 대명사의 不特定稱化가 되는데, 이는 聯時調 <五倫歌>의 작가
들이 그 대상 독자를 汎百姓化하기 위하여 취한 방법으로 생각된다

第五節 讀者의 呼應 誘導

聯時調 <五倫歌>들은 일종의 교훈 시가이다. 교훈 시가들은 자칫 작
가 일방적인 판단과 가르침의 언어, 소재, 목소리 등으로 구성되는 他說
性을 가지기 쉽다. 이런 성격을 극복하지 못하는 한, 聯時調 <五倫歌>
는 산문으로 쓴 五倫를 聯時調의 형식으로 바꾼 것에 지나지 않으며, 이
를 극복하지 못할 때에, 시적 형상화의 면모를 거의 찾을 수 없으며, 시
가를 통한 교화의 목적은 거의 성취될 수 없다. 그런데 聯時調 <五倫歌>
들은 이를 극복하는 방법으로 몇가지 방법을 취하고 있다. 즉 언어 소재
공동법을 통한 친근화, 의문법을 통한 독자의 판단 유도, 감탄법을 통한

관심과 행위의 유도 등이다.

1. 親近化

친근화에서 결합되는 일탈들은 언어 소재 인유법 공동법 등이다.

앞에서 살폈듯이 언어의 문자와 어휘는 聯時調 <五倫歌>의 작가들이 대상으로 설정한 독자들이 향유하는 문자 어휘들이었다. 그리고 소재들 역시 聯時調 <五倫歌>의 작가들이 대상으로 설정한 독자들이 향유하는 소재들이었다. 이 문자 어휘 소재들이 왜 독자와의 친밀화를 조장하는지 는 작가들이 향유하던 문학의 문자 어휘 소재들과의 비교에서 파악될 수 있다.

문자 어휘와 소새는 앞에서 설명하였고 여기서는 그것을 토대로하여 친근화에 대하여 설명한다.

(1) 인유법

聯時調 <五倫歌>의 작가들인 宋純 周世鵬 金尙容 朴善長 朴仁老 李 偘 등은 모두가 조선조의 사람들로, 한문 교육을 받은 사람들이고, 한문 학에 상당히 익숙한 사람들이다. 이런 사실은 이 작가들의 사회적 신분 과, 그 당시의 교육이 주로 한문과 한문학으로 되어 있다는 점에서, 그 구체적인 예증을 필요로 하지 않는다. 이런 사람들이 왜 하필이면, 한글 체 혹은 국한문 혼용체, 우리말 혹은 우리말과 한자, 일상적인 소재 혹 은 일상적인 소재와 중국 문헌적 소재를 사용하였는가는 자명하다. 작가 들이 대상으로 삼은 독자들과 친근하게 하기 위하여, 대상 독자들의 문 자와 어휘 그리고 소재들을 사용했다고 할 수 있다. 만약 이 작가들이 한문체, 한자, 한문 문헌적 소재 등만을 이용하였다면, 이 작가들이 聯時

調 <五倫歌>에서 대상 독자로 설정한 汎百姓과 가까워질 수 없다. 왜냐 하면 이런 문자 어휘 소재 등은 모든 백성들과 친근한 것이 아니라, 상 당한 수준의 한문학에 이른 사람들에게만 친근감을 주기 때문이다.

이 소재와 연결된 것으로 독자의 친근화를 도모하는 것에는 인유법의 일부가 있다.

> 아바님 날 나흐시고 어마님 날 기르시니(宋純의 <五倫歌>)

> 아버님 랄 나흐시고 어마님 랄 기르시니(周世鵬의 <五倫歌>)

> 아비는 나으시고 어미는 치옵시니(朴仁老의 <五倫歌>)

> 하늘 フ튼 フ 업슨 은덕을 어디 다혀 갑스오리(宋純의 <五倫歌>)

> 이 德을 갑흐려 하니 하늘フ이 업스샷다(周世鵬의 <五倫歌>)

> 이 恩惠 하 罔極ㅎ니 가풀 줄을 몰너라(朴善長의 <五倫歌>)

> 昊天罔極이라 갑흘 길이 어려우니(朴仁老의 <五倫歌>)

> 아마도 至極흔 恩德을 못내 가파 ㅎ노라(李偘의 <五倫歌>)

이 행들은 앞에서 살폈듯이, ≪詩經≫ '小雅'편 蓼莪의 인용 번역이거 나 그 변개이다. 왜 작가들은 이렇게 같은 원시의 일부를 각각 다르게 인용 번역하거나 변개하였나는 바로 독자와의 친밀화를 위한 것으로 판 단된다. 천민 평민 양반 모두를 대상 독자로 한 송순과 주세붕의 경우는 인용된 내용을 완전히 한글과 우리말로 바꾼다. 이에 비해 한자를 아는 평민과 양반을 대상 작가로 한 나머지 작가들은 해당 시행을 시조 형식 에 맞추는 수준에서 일부를 한자 그대로 두고 있다. 이는 바로 대상 독 자와의 친근화를 꾀하는 것으로 판단된다. 나머지 한문 문적의 인용도 같은 맥락으로 볼 수 있다.

(2) 공동법

또한 이 친근감을 부여하기 위하여 명령법을 공동법으로 쓰는 경우도 있다. 이를 가장 잘 보여주는 것이 周世鵬의 聯時調 <五倫歌>이다.

　　사롬 사롬마다 이 말솜 드러스라
　　이 말솜 아니면 사롬이오 사롬 아니
　　이 말솜 닛디 말오 비호고야 마로링이다

　　아버님 랄 나흐시고 어마님 랄 기르시니
　　父母옷 아니시면 내몸이 업실낫다
　　이 德을 갑흐려 하니 하늘ㄱ이 업스샷다

　　동과 항것과롤 뉘라셔 삼기신고
　　벌과 가여미 이 뜨둘 몬져 아니
　　혼 므△매 두 뜯 업시 소기지나 마옵샹이다

　　지아비 받 갈라 간디 밥고리 이고가
　　반상을 들오디 눈섭의 마초이다
　　친코도 고마오시니 손이시나 다른실가.

　　兄님 자신 져줄 내 조처 머궁이다
　　어와 뎌아△야 어마님 너스랑이야
　　兄弟옷 不和흐면 개도티라 흐리라

　　늘그니는 父母ㄱ고 얼우는 兄ㄱ투니
　　ㄱ톤디 不恭흐면 어디가 다룰고
　　랄로셔 므디어시든 절흐고야 마로링이다

위 인용에서 보면, 周世鵬은 일방적인 판단이나 명령을 한번도 사용하고 있지 않고 있다. 그 대신에 공동법을 밑줄친 바와 같이 사용하고 있다. 이 공동법은 상대에게 너 또는 너희는 이렇게 하라는 일방적 명령이 아니라 우리 이렇게 하자는 것으로, 이 우리 속에는 시적화자와 시적청자가 한 데 어우러지는 것으로, 시적화자와 시적청자가 친근해지는 현상을 보인다. 이는 곧 독자와 친근화를 꾀하여 독자의 호응을 유도하려는 것이다.

2. 讀者의 判斷 誘導

작가의 일방적 판단이나 가르침의 한계를 극복하는 방법으로, 聯時調 <五倫歌>에서는 의문법과 감탄법이 많이 쓰이고 있다. 이 중에서 의문법을 통한 일방적 판단과 가르침의 극복을 이 항에서 살피려 한다.

앞의 주어의 생략에서 살펴본 바와 같이, <五倫歌>들의 어느 작품은 청자가 통일된 것도 있다. 그러나 어느 경우는 청자가 한 작품 내에서 首마다 다른 경우를 발견할 수 있다. 이렇게 한 작품 내에서 首마다 청자가 다른 작품들은 통일을 상실한 작품으로 단정짓고 말 것인가 하는 문제가 제기된다. 이 문제는 거의가 언표내적 의미를 상정하고 나면 풀리는 것들이다. 그리고 <五倫歌>들은 감탄법과 의문법을 많이 사용하고 있는데, 이것들은 바로 언표내적 의미를 일으키기 위한 것으로 생각된다.

宋純의 <五倫歌>

아바님 날 나흐시고 어마님 날 기르시니
두 분곳 아니시면 이 몸이 사라실가(의문 종결)(두 분으로 인해 이
몸이 살아 있다)
하늘 ᄀ튼 ᄀ 업순 은덕을 어듸 다혀 갑ᄉ오리(의문 종결)(하늘같이

끝없는 은덕을 갚아라)

형아 아으야 네 술홀 만져 보아
뉘손디 타나관디 양ㅈ조차 ㄱ트손다(의문감탄 종결)(부모로부터 같
은 양자를 받았다)
흔 졋 먹고 길러 나이셔 닷ㅁ음을 먹디 마라

눔으로 삼긴 듕에 벗ㄱ티 유신ㅎ랴(의문 종결)(벗으로 유신하라)
내의 왼 이룰 다 닐오려 ㅎ노매라
이 모미 벗님곳 아니면 사룸 되미 쉬올가(의문 종결)(이 몸은 벗으
로 인해 사람이 된다)

괄호 속에 언표내적 의미와 이를 가능하게 한 종결어미들을 제시해
본 것이다. 우선 위의 宋純 <五倫歌>의 발화 상황을 상정해 보자. 의문
종결어미와 감탄 종결어미 그리고 평서 종결어미에서는 그 청자와 관련
된 발화 상황을 파악할 수 없지만, 명령과 청유의 종결어미에서는 그 청
자와 관련된 발화 상황을 알 수 있다. 즉 명령과 청유 종결어미의 경우
에는 그것들이 2인칭의 호격(네/너희) 또는 '우리'의 인칭 대명사들과 호
응 관계에 있어, 그 청자가 2인칭이라는 것을 알 수 있다. 이를 계산하
고 보면, 宋純 <五倫歌>의 청자는 '네/너희'가 된다. 즉 두 번째 작품의
종장 끝에 있는 '먹디 마라'에 따라 청자는 '네/너희'가 된다.

이 청자가 '네/너희'라는 사실과 작품의 의문 종결이 합치면서 언표내
적 의미를 드러낸다. 앞의 의문 종결들은 청자인 '네/너희'에게 질문하여
이 질문에 대답하게 만든다. 이 대답에서 청자는 어떤 사실을 이끈다.
'두 분곳 아니시면 이 몸이 사라실가'의 경우는 '두 분으로 인해 이 몸이
살아 있다'를, '뉘손디 타나관디 양ㅈ조차 ㄱ트손다'의 경우는 '부모로부
터 같은 양자를 받았다'를, 각각 이끈다. 이와 다른 것들도 있다. 즉 '하
눌 ㄱ튼 ㄱ 업손 은덕을 어디 다혀 갑스오리'의 경우는 '하늘같이 끝없
는 은덕을 갚아라'를, '눔으로 삼긴 듕에 벗ㄱ티 유신ㅎ랴'는 '벗으로 유

신하라'를, 각각 이끄는 것들이다. 이것들은 질문의 대답을 다시 청자의 행동으로 향한 화자의 진술이다. 이때 그 어미는 바로 청자인 '네/너희'와 연결된 명령형으로 되는데, 이는 매우 주목되는 것으로 의문 종결이 어떤 사실의 단정을 이끄는 것과 명령으로 바뀌는 것이다. 이는 발화 상황에 의한 언표내적 의미의 소산이고, 이 단정과 명령을 단정과 명령으로 직설하지 않고 의문법으로 자문하게 하여 간접적으로 표현한 것은 이 작품의 특성이라 할 수 있다.

周世鵬의 <五倫歌>

동과 항것과롤 뉘라셔 삼기신고(의문 종결)(종과 주인은 하늘이 만들었다)
벌과 가여미 이 뜨둘 몬져 아니
ᄒᆞᆫ ᄆᆞᅀᆞ매 두 뜯 업시 소기지나 마옵생이다

지아비 받 갈라 간디 밥고리 이고가
반상을 들오디 눈섭의 마초이다
친코도 고마오시니 손이시나 다ᄅᆞᆯ실가(의문추측 종결)(친하고 고마우니 손님 같이 뫼시리이다)

兄님 자신 겨줄 내 조처 머궁이다
어와 뎌아ᅀᆞ야 어마님 너ᄉᆞ랑이야
兄弟옷 不和ᄒᆞ면 개도티라 ᄒᆞ리라(의문추측 종결)(兄弟들아 和睦하이다)

늘그니ᄂᆞᆫ 父母ᄀᆞᆮ고 얼우ᄂᆞᆫ 兄ᄀᆞᄐᆞ니
ᄀᆞᆮ톤디 不恭ᄒᆞ면 어디가 다룔고(의문 종결)(不恭ᄒᆞ면 다를게 없다)
랄로셔 ᄆᆞ디어시던 절ᄒᆞ고야 마로링이다

이 작품들의 경우는 생략된 주어로 '내/우리' '사람이' 등을 보여준 작품들이다. 이로 인해 이 작품들의 청자는 '우리'로 통합된다. 그리고 이

작품의 발화 상황은 작품에 이탤릭체로 표기한 '드러스라' '-ㅇ 이다' 등
으로 보아 공동법의 종결이 된다. 이런 발화 상황에서 작품의 일부 문장
들은 앞의 괄호에 표기한 언표내적 의미들을 얻게 된다.

이 언표내적 의미들을 계산하면 이 작품의 간접 표현성의 특성을 정
리할 수 있다. 의문문은 그 자체가 아니라 괄호 안의 언표내적 의미와
연결되면서 작품의 표현적 특성을 얻게 된다. 즉 '삼기신고' '다롤고' 등
이 속한 구문들과 같이 어떤 사실의 단정을 의문법의 질문을 통해 간접
적으로 유도하는 표현적 특성과, '다른실가' 'ㅎ리라' 등이 속한 구문들과
같이 권청을 의문법을 통해 간접적으로 표현하는 특성의 하나이다.

金尙容의 <五倫歌>

어버이 子息 스이 하늘 삼긴 至親이라
부모곳 아니면 이 몸이 이실소냐(의문 종실)(부모로 인하여 이 몸이
있다)
烏鳥도 反哺롤 ᄒ니 父母孝道 ᄒ여라

님군을 셤기오디 正ᄒ 길노 引導ᄒ야
鞠躬 盡瘁ᄒ야 죽은 後의 마라스라
가다가 不合곳 ᄒ면 믈러간들 엇더리(의문 종결)(가다가 不合곳 ᄒ
면 관직에서 물러가라)

兄弟 두몸이나 一氣로 논화시니
人間의 貴ᄒ 거시 이 外예 쏘 잇ᄂ가(의문 종결)(人間에서 가장 貴
한 것이 형제이다)
갑주고 못 어들거슨 이쑨인가 ᄒ노라

벗을 사괴오디 처음의 삼가ᄒ야
날도곤 나으니로 글히여 사괴여라
終始히 信義롤 딕희여 久而敬之 ᄒ여라

이 작품들은 이탤릭체의 명령형에 의해 그 청자를 '네/너희'로 한다. 이 '네/너희'와 의문법 결합하여 괄호 안의 내용과 같은 평서와 명령의 의미를 지니게 된다.

이 언표내적 의미들에서 이 작품의 의문법의 표현적 특성을 정리할 수 있다. 의문법의 '이실소냐'와 '잇눈가' 등이 속한 구문은 부모로 인하여 이 몸이 있다는 단정의 사실과 인간에서 가장 귀한 것이 형제라는 단정의 사실을 의문법의 자문을 통하여 간접적으로 표현한 것이다. 그리고 '엇더리'가 속한 구문들은 가다가 불합하면 관직에서 물러나라는 직설적 명령을 의문법의 질문을 통하여 간접화한 것이다.

朴善長의 <五倫歌>

이 님이 머기시고 이 님이 입피시니
十生 九死ᄒᆞᆫᄃᆞᆯ 님의 德을 니줄ᄂᆞ냐(의문 종결)(十生 九死하더라도 임금의 덕을 갚으리라/갚자/갚아라)
萬一에 大義를 모ᄅᆞ면 廝養이나 다ᄅᆞ랴(의문 종결)(임금의 덕을 갚으리라/갚자/갚아라)

두 姓이 ᄒᆞᆫ ᄃᆡ 모다 함의 늘거 죽쟈 ᄒᆞ니
百年 情好야 이예셔 더랴마ᄂᆞᆫ
그려도 恭敬ᄒᆞᆯ 줄 모ᄅᆞ면 雎鳩 아니 인ᄂᆞ냐(의문 종결)(서로 恭敬하리라/恭敬하자/恭敬하여라)

몬져 나니 後에 나니 次序야 다롤지라도
압 뒤혜 둘녀셔 한 져ᄌᆞ로 기러낫다
사ᄅᆞᆷ이 이 ᄠᅳᆺ을 모ᄅᆞ면 禽獸마도 못ᄒᆞ리(의문 종결)(이뜻을 아라 사ᄅᆞᆷ이 되리라/되자/되어라)

남으로 삼긴 거시 이더도록 親厚ᄒᆞᆯ샤
손 잡고 말ᄒᆞᆯ 제 억게만 두드리랴(의문 종결)(그 이상을 다 한다)
桑田이 바다믈 되여도 信을 닛디 마로리라

唐虞 머러디고 漢唐宋이 니어시니
天地 오라거니 世道 아니 變호너냐(의문 종결)(天地가 오래되어 世
道는 변했다)
그려도 닐곱 구모 가자시니 五倫이야 모르랴(의문 종결)(사람으로
오륜을 알리라/알자/알어라)

옷밥이 不足호니 禮義 츠리 겨롤 업서
家塾 黨序을 不闕이 너기느냐(의문 종결)(예의를 家塾 黨序을 허물
지 말리라/말자/말아라).
그려도 보고 들으면 비호리 이시리

이우즐 미이디 마라 이웃 미오면 갈듸 업서
一郷이 브리고 一國이 다 브리리
百年도 못 살 人生이 그러그러 엇데리(의문 종결)(百年도 못 살 人
生에 이웃을 사랑하리라/사랑하자/사랑하여라)

이 작품들은 명령법의 종결어미와 경어법의 선어말어미를 전혀 보이
지 않으면서 청자로 '내/우리/네/너희'를 모두 허락하고 있다. 이로 인해
이 작품들의 의문의 종결어미들은 청자에게 질문하여 괄호 안의 언표내
적 의미와 같은 평서와 다짐/명령/청유의 종결적 의미들을 이끌어 낸다.

朴仁老의 <五倫歌>

人生 百歲中에 疾病이 다 이시니
부모를 섬기다 몃 히를 섬길넌고(의문 종결)(부모 섬기는 것이 몇해
되지 않다)
아마도 못다홀 誠孝를 일즉 벼퍼 보렷로라

世上 사롬들아 父母恩德 아느산다(의문 종결)(세상 사람들이 부모
은덕 잘 모른다)
父母곳 아니면 이몸이 이실소냐(의문 종결)(부모로 인해 이 몸이 있다)
生死葬祭에 禮로뻐 始終갓게 섬겨서라

聖恩이 罔極흔 줄 사룸들아 아ᄂ손다(의문 종결)(사람들이 성은이 망극한 줄 모른다)
聖恩곳 안니면 萬民이 살로소냐(의문 종결)(萬民이 성은으로 산다)
이몸은 罔極흔 聖恩을 갚고 말려 ᄒ노라

사룸 삼기실제 君父갓게 삼겨시니
君父ㅣ 一致라 輕重을 두로소냐(의문 종결)(君父에 輕重을 둘 수 없다)
이몸은 忠孝 두 사이에 늘글주를 모ᄅ로라

夫婦ㅣ 이신 後에 父子兄弟 삼겨시니
夫婦곳 아니면 五倫이 가즐소냐(의문 종결)(부부로 인해 오륜이 갖춰질 것이다)
이中에 生民이 비롯ᄒ니 夫婦 크다 ᄒ로라

사람 내실적의 夫婦ス게 삼겨시니
天定配匹이라 夫婦ス치 重홀소냐(의문 종결)(부부같이 중요한 것은 없다)
百年을 아적삼아 如鼓瑟琴 ᄒ렷로라

夫婦을 重타흔들 情만 重케 가질것가(의문 종결)(정만 중요하게 가지지 말라)
禮別업시 居處ᄒ며 恭敬업시 조홀소냐(의문 종결)(禮別 있게 居處하고 공경 있게 좋으라)
一生에 敬待如賓을 冀缺갓치 ᄒ오리라

남으로 삼긴 거시 夫婦ス치 重홀넌가(의문 종결)(남으로 생긴 것 중에 부부가 가장 중하다)
사룸의 百福이 夫婦에 가잣거든
이리 重흔 스이에 아니 和코 엇지ᄒ리(의문 종결)(이리 중한 사이에 和하라)

兄弟 내실적의 同氣로 삼겨시니
骨肉至親이 兄弟ス치 重홀넌가(의문 종결)(형제가 骨肉至親보다 중

하다)
一生에 友愛之情을 흐믐긋치 흐리라

爭財에 失性흐야 同氣不睦 마라스라
田地와 奴婢는 갑슬 주면 살런이와
아모려 萬金인들 兄弟 살디 잇느냐(의문 종결)(萬金을 주고 형제를
살 데가 없다)

同氣로 셋몸되야 흐몸가치 지니다가
두 아은 어디가셔 도라올 줄 모르는고(의문 종결)(두 아우는 이미
죽어서 돌아올줄 모른다)
날마다 夕陽門外에 한숨계워 흐노라

友愛 깁흔 쓰지 表裏업시 흐뜻되야
이中에 和兄弟를 우린가 녀겨시니
엇지타 白首雙鷗이 혼자 울줄 알리오(의문 종결)(형제 살아서 和하라)

벗을 사괼딘딘 有信케 사괴리라
信업시 사괴며 恭敬업시 지닐쏘냐(의문 종결)(信 있이 사귀고 恭敬
있이 지내라)
一生에 久而敬之을 始終 업게 흐오리라

天地間 萬物中에 사름이 最貴흐니
最貴흔 바는 五倫이 아니온가(의문 종결)(最貴한 바는 오륜이다)
사름이 五倫을 모르면 不遠禽獸 흐리라

幸茲秉彝心이 古今 업시 다 이실시
爰輯舊聞흐야 二三篇 지어시니
嗟哉 後生들아 살펴보고 힘서 흐라

仔細히 살펴 보면 뉘 아니 感激흐리(의문 종결)(자세히 사사펴 보면
누구나 다 감격할 것이다)
文字는 拙흐디 誠敬을 삭여시니

진실로 熟讀 詳味ᄒ면 不無一助 ᄒ리라

이상의 朴仁老의 <五倫歌>들은 언표적인 의미로만 보면, 앞의 주어의 생략에서와 같이, 너무도 다양하여 작품을 통일적으로 읽을 수 없다. 그러나 작품의 '嗟哉 後生들아 살펴보고 힘써 ᄒ라'의 '後生'으로 보아 청자를 '後生'으로 잡힌다. 이 청자와 작품의 의문 종결어미의 결합은, 앞의 괄호 안의 단정이나 명령의 의미들을 보여준다. 이로 인해 이 의문들은 모두가 그 자체를 위한 것이 아니라 단정과 명령을 의문법의 질문을 통해서 간접적으로 유도하는 표현이 된다.

李 侃의 <五倫歌>

어버이 날 나ᄒ셔 어질과쟈 길러내니
이 두分 아니시면 내몸 나셔 어질소냐(의문 종결)(두 분이 있기에 내가 나서 어질다)
아마도 至極ᄒ 恩德을 못내 가파 ᄒ노라

우리몸 갈라 난들 두몸이라 아지마소
分形連氣ᄒ니 이 이른 兄弟니라
兄弟야 이 뜻을 아라 自友自恭 ᄒ쟈스라

ᄂ으로셔 親ᄒ 사ᄅ 벗이라 닐러시니
有信곳 아니ᄒ면 사괼 줄이 이실소냐(의문 종결)(신의 있게 사귀자스라)
우리는 어진벗 아라셔 責善을 바다 보리라

男女有別ᄒ줄 사ᄅ마다 알년마는
學文을 모르면 알기 아니 어려온랴(의문 종결)(學文을 모르면 어렵다)
眞實로 國法이 이시니 無別無行 ᄒ지 마라

져무니 어룬 뫼셔 간듸마다 ᄎ례곳 알면

> 無知훈 愚氓들도 아니 아지 못ᄒ려니
> ᄒ믈며 人倫을 알려ᄒ면 이 아니코 어이리(의문 종결)(차례를 알아
> 人倫을 알자스라)

이 작품은 '아지 마소' 'ᄒ지 마라' 등과 같이 명령법을 가지고 있고, 동시에 'ᄒ자스라'와 같이 청유법을 보여주고 있다. 이에 따라 청자 '네/ 너희'는 '우리'로 통합이 가능하다. 이로 인해 이 작품의 의문법의 문장 들은 괄호 안의 내용과 같은 언표내적 의미들을 가지게 된다. 이 언표내 적 의미와 작품의 언술을 비교할 때에, 이 작품들의 의문들 역시 어떤 사실의 단정과 명령(청유)을 의문법의 질문을 통해 간접적으로 유도하는 표현의 특성을 가진다고 할 수 있다.

먼저 聯時調 <五倫歌>의 작가들이 얼마나 일방적인 판단이나 가르침 의 명령을 피하고 있나를 보자.

> 宋純의 <五倫歌> : 3수 중 1회(먹디 마라)
> 周世鵬의 <五倫歌> : 6수 중 없음(공동법으로 대체)
> 金尙容의 <五倫歌> : 5수 중 4회(至親이라, 父母孝道 ᄒ여라, 사괴여라,
>   久而敬之 ᄒ여라)
> 朴善長의 <五倫歌> : 8수 중 없음
> 朴仁老의 <五倫歌> : 25수 중 4회(不孝애 더니 업다, 北風이 더욱 차다,
>   孟光ᄀ치 ᄒ여라, 힘서 ᄒ라)
> 李侃의 <五倫歌> : 6수 중 2회(아지마소, 無別無行 ᄒ지마라)

이상과 같이 전체 작품 53수 중에 나타나는 일방적인 명령법은 11회 에 지나지 않는다. 이는 그만큼 이 聯時調 <五倫歌>들이 일방적인 명령 에 의한 가르침을 피하고 있다는 사실을 말해준다.

그러면 이 일방적인 명령의 가르침을 피해 교훈을 주는 방법이 무엇 인가가 문제가 되는데, 그 중의 하나가 의문법에 의해 독자의 판단을 유

도하는 것이다. 앞에서 정리한 의문법을 작가별로 다시 정리하면 다음과
같다.

　　　宋純의 <五倫歌> : 3수 중 9회(이 몸이 사라실가, 어디 다혀 갑스오리,
　　　　　　　　　　　　양ᄌᆞ조차 ᄀᆞᄐᆞᆫ다, 벗ᄀᆞ티 유 신ᄒᆞ랴, 사름 되미
　　　　　　　　　　　　쉬올가, 뉘라셔 삼기신고, 손이시나 다ᄅᆞ실가, 개도
　　　　　　　　　　　　티라 ᄒᆞ리라, 어디가 다롤고)
　　　周世鵬의 <五倫歌> : 6수 중 없음
　　　金尙容의 <五倫歌> : 5수 중 3회(이 몸이 이실소냐, 믈러간들 엇더리,
　　　　　　　　　　　　ᄯᅩ 잇ᄂᆞᆫ가)
　　　朴善長의 <五倫歌> : 8수 중 9회(님의 德을 니줄ᄂᆞ냐, 顧養이나 다ᄅᆞ랴,
　　　　　　　　　　　　雎鳩 아니 인ᄂᆞ냐, 禽獸마도 못ᄒᆞ리, 억게만 두드
　　　　　　　　　　　　리랴, 世道 아니 變ᄒᆞᆯ너냐, 五倫이야 모ᄅᆞ랴, 不闕
　　　　　　　　　　　　이 너기ᄂᆞ냐, 그러그러 엇데리)
　　　朴仁老의 <五倫歌> : 25수 중 19회(희를 셤길넌고, 父母恩德 아ᄂᆞ산다,
　　　　　　　　　　　　이몸이 이실소냐, 사름들아 아ᄂᆞᆫ다, 萬民이 살로
　　　　　　　　　　　　소냐, 輕重을 두로소냐, 五倫이 가즐소냐, 夫婦ᄀᆞ치
　　　　　　　　　　　　重ᄒᆞᆯ소냐, 情만 重케 가질것가, 恭敬업시 조ᄒᆞᆯ소냐,
　　　　　　　　　　　　夫婦ᄀᆞ치 重ᄒᆞᆯᆫ가, 아니 和코 엇지ᄒᆞ리, 兄弟ᄀᆞ치
　　　　　　　　　　　　重ᄒᆞᆯ넌가, 兄弟 살디 잇ᄂᆞ냐, 도라올 줄 모ᄅᆞᆫ고,
　　　　　　　　　　　　혼자 울줄 알리오, 恭敬업시 지닐쏘냐, 五倫이 아
　　　　　　　　　　　　니온가, 뉘 아니 感激ᄒᆞ리)
　　　李 侃의 <五倫歌> : 4회(내몸 나셔 어질소냐, 사괼 줄이 이실소냐, 알기
　　　　　　　　　　　　아니 어려온랴, 이 아니코 어이리)

　　이상에서 보는 바와 같이, 聯時調 <五倫歌>들은 일방적인 감탄법보다
월등하게 의문법을 쓰고 있다. 이 의문법들은 시적화자 일방적인 판단이
나 행동 명령을, 시적청자에게 의문으로 제시하여, 시적청자 스스로가
그것을 판단하여, 그렇다는 판단을 유도하는 것들이다. 이는 곧 독자의
呼應을 誘導하는 방법이다.

3. 讀者의 關心과 行動 誘導

이번에는 일방적인 명령의 가르침을 피해 교훈을 주는 방법이 무엇인
가 하는 문제 중에서, 감탄법에 의해 독자의 關心과 行動을 誘導하는 경
우를 보자.

감탄법의 사용에 의하여 여기 聯時調 <五倫歌>에서 의미적 일탈을
보인다. 차례로 정리하면 다음과 같다.

周世鵬의 <五倫歌>

아버님 랄 나흐시고 어마님 랄 기르시니
父母옷 아니시면 내몸이 업실낫다(감탄 종결)(부모로 인해 내 몸이
있다)
이 德을 갑흐려 하니 하늘ᄀ이 업스샷다(간탄 종결)(이 德을 열심히
갚으리이다)

앞에서 살폈듯이 周世鵬의 <오륜가>는 그 청자를 '우리'로 하고 있다.
그리고 이 작품의 발화 상황은 '드러스라' '-ㅇ 이다' 등으로 보아 공동법
의 종결이 된다. 이런 발화 상황에서 앞의 감탄법을 포함한 문장들은 앞
의 괄호에 표기한 언표내적 의미들을 얻게 된다. '업실낫다'가 속한 구문
은 괄호안의 의미와 같은 단정의 간접적 표현이다. 그리고 '업스샷다'가
속한 구문은 괄호 안의 의미와 같이 공동법의 간접적 표현이다.

이 공동법의 표현은 앞에서 살핀 의문법보다 더 간접적이다. 왜냐하면
의문법은 그 질문에 독자가 답하게 하는 유도 과정을 통하는 간접성을
가지지만, 왜 시적자아가 자신의 의지나 사실을 감탄으로 표현하였는가
를 되묻기 전에는 단정과 권청의 의미를 알지 못한다. 왜 시적자아가 자
신의 의지나 사실을 감탄으로 표현하였는가를 되물었을 때에 비로서, 시
적청자는 이 시적자아가 자신의 판단과 의지를 따르라는 것이라는 것을

파악하게 된다. 이 경우에 시적청자가 시적자아의 감탄에 왜라는 질문을 하지 않으면, 시적자아는 그의 소기의 목적 달성에 실패하게 된다. 이런 점에서 이 감탄법들은 의문법들보다 더 간접적이라 할 수 있다.

金尙容의 <五倫歌>

夫婦라 히온거시 눔으로 되어이셔
如鼓瑟琴ᄒ면 긔 아니 즐거오냐
그러코 恭敬곳 아니면 卽同禽獸 ᄒ리라(감탄 종결)(서로 恭敬하여
사람이 되라)

兄弟 두몸이나 一氣로 눈화시니
人間의 貴ᄒ 거시 이 外예 ᄯᅩ 잇는가
갑주고 못 어들거슨 이쑨인가 ᄒ노라(감탄 종결)(인간에서 형제가
가장 귀하다)

金尙容의 <五倫歌>는 그 청자를 '네/너희'로 하고 있다. 이 '네/너희'와 위의 감탄법은 결합하여 괄호 안의 내용과 같은 평서와 명령의 의미를 지니게 된다. 우선 'ᄒ리라' 'ᄒ노라' 등의 선언적 감탄들은 단순한 선언적 감탄이 아니라 단정과 명령의 간접적 표현이라는 것이다. 'ᄒ리라'가 속한 구문은 괄호 속의 의미와 같은 명령으로 유도하는 간접적 표현이다. 그리고 'ᄒ노라'가 속한 구문은 괄호속의 언표내적 의미와 같이 단정으로 유도하는 간접적 표현이다.

朴善長의 <五倫歌>

ᅔ마도 못ᄒ 푸리 봄 이슬 마즌 後에(촌만도 못한 내/우리/너/너희/
가 부모 은혜 받은 후에)
닙 넙고 줄기 기러 밤나ᄌ로 부러낫다(감탄 종결)(몸과 인격이 밤낮
으로 성장했다)

이 恩惠 하 罔極ᄒ니 가풀 줄을 몰닉라(감탄 종결)(이 罔極한 恩惠
를 열심히 갚으리라/갚자/갚아라)

　이 작품이 포함된 朴善長의 <五倫歌>는 그 시적청자로 '내/우리/네/
너회'를 모두 허락하였다. 이로 인해 이 작품의 감탄의 종결어미들은 청
자를 유도하여 괄호 안의 언표내적 의미와 같은 평서와 다짐/명령/청유
의 종결적 의미들을 얻게 한다. '부러낫다'가 속한 구문의 경우는 괄호
안의 내용과 같은 의미를 감탄을 통해 간접적으로 유도하여 단정하게
하고, '몰리라'가 속한 구문의 경우는 괄호 안의 의미와 같이 갚으리라/
갚자/갚아라 등의 다짐 명령 청유 등을 간접적으로 유도한다.

　　朴仁老의 <五倫歌>

　　　　아비는 나ᄒ시고 어미는 치웁시니
　　　　昊天罔極이라 갑홀 길이 어려우니
　　　　大舜의 終身誠孝도 못다한가 ᄒ노라(감탄 종결)(大舜의 終身誠孝도
　　　　못다 할만큼 크니 효도하라)

　　　　人生 百歲中에 疾病이 다 이시니
　　　　부모를 섬기다 멋 히를 섬길넌고
　　　　아마도 못다홀 誠孝를 일즉 벼퍼 보렷로라(감탄 종결)(이 誠孝를 일
　　　　직 베풀어 보라)

　　　　三千 罪惡中에 不孝애 더니 업다
　　　　夫子의 이 말슴 萬古애 大法 삼아
　　　　아모려 下愚不移도 밋처 알게 ᄒ렷로라(감탄 종결)(사람들아 효도하라)

　　　　聖恩이 罔極ᄒ 줄 사롬들아 아느순다
　　　　聖恩곳 안니면 萬民이 살로소냐
　　　　이몸은 罔極ᄒ 聖恩을 갚고 말려 ᄒ노라(감탄 종결)(사람들아 망극
　　　　한 성은을 갚아라)

稷契도 안닌 몸애 聖恩도 罔極홀샤
百번을 죽어도 갑흘 닐이 업것마는
窮達이 길이 달나 못 뫼압고 설웟로라(감탄 종결)(이제는 망극한 聖
恩을 갚아라)

사롬 삼기실제 君父갓게 삼겨시니
君父ㅣ 一致라 輕重을 두로소냐
이몸은 忠孝 두 사이에 늘글주를 모르로라(감탄 종결)(사람들아 나
이에 관계없이 忠孝하라)

深山의 밤이 드니 北風이 더옥 차다
玉樓高處에도 이 브롬 부는게오(감탄 종결)(궁궐에도 이 바람이 불
것이다)
간 밤의 치우신가 北斗비겨 바러로라(감탄 종결)(사람들아 북두를
비겨 바래라)

이몸이 죽은 後에 忠誠이 넉시되야
놉히 놉히 ᄂᆞ라 올라 閻闔을 블너 열고
上帝씌 우리聖主를 壽萬歲케 비로리라(감탄 종결)(상제께 우리 성주
을 만수무강케 빌어라)

사람 내실적의 夫婦ᄀᆞᆺ게 삼겨시니
天定配匹이라 夫婦ᄀᆞᆺ치 重홀소냐
百年을 아적삼아 如鼓瑟琴 ᄒᆞ렷로라(감탄 종결)(百年을 아침 삼아
如鼓瑟琴하라)

夫婦을 重타ᄒᆞᆫ돌 情만 重케 가질것가
禮別업시 居處ᄒᆞ며 恭敬업시 조홀소냐
一生에 敬待如賓을 冀缺갓치 ᄒᆞ오리라(감탄 종결)(일생에 敬待如賓
을 冀缺 같이 하라)

友愛를 尤篤ᄒᆞ야 百年을 흔틔 살며
흔옷 흔밥을 논하 닙고 논하 먹고

白髮애 아뮈줄 모르도록 흠긔 늘쟈 ᄒ노라(감탄 종결)(백발에 아문
줄 모르도록 함께 늙어라)

同氣로 셋몸되야 흔몸가치 지너다가
두 아은 어더가셔 도라올 줄 모르는고
날마다 夕陽門外에 한숨계워 ᄒ노라(감탄 종결)(同氣 살아서 和하라)

벗을 사괼딘딘 有信케 사괴리라
信업시 사괴며 恭敬업시 지닐쏘냐
一生에 久而敬之을 始終 업게 ᄒ오리라(감탄 종결)(一生에 久而敬之
을 始終 없게 하라)

言忠行篤ᄒ고 벗 사고기 삼가오면
내몸애 辱 업고 외다ᄒ리 적거이와
진실로 삼가지 못하면 辱及其親 ᄒ오리라(감탄 종결)(진실로 삼가하
여 辱及其親 하지 마라)

天地間 萬物中에 사롬이 最貴ᄒ니
最貴혼 바는 五倫이 아니온가
사롬이 五倫을 모르면 不遠禽獸 ᄒ리라(감탄 종결)(五倫을 알아 사
람이 되라)

仔細히 살펴 보면 뉘 아니 感激ᄒ리
文字는 拙ᄒ디 誠敬을 삭여시니
진실로 熟讀 詳味ᄒ면 不無一助 ᄒ리라(감탄 종결)(一助가 있을 것
이니 熟讀 詳味하라)

이상의 朴仁老의 <五倫歌>들은 언표적인 의미로만 보면, 앞의 주어의
생략에서와 같이, 너무도 다양하여 작품을 통일적으로 읽을 수 없다. 그
러나 작품의 '嗟哉 後生들아 살펴보고 힘써 ᄒ라'의 '後生'으로 보아 청
자를 '後生'으로 잡힌다. 이 청자와 작품의 감탄 종결어미의 결합은, 앞
의 괄호 안의 단정이나 명령의 의미들을 청자로부터 유도한다. 이로 인

해 이 선언적인 감탄들은 모두가 그 자체를 위한 것이 아니라 단정과
명령을 간접적으로 표현한 것이라 할 수 있다.

李 侃의 <五倫歌>

> 어버이 날 나흐셔 어질과쟈 길러내니
> 이 두分 아니시면 내몸 나셔 어질소냐
> 아마도 至極혼 恩德을 못내 가파 ㅎ노라(감탄 종결)(지극한 은덕을
> 갚자스라)

> 天恩이 ㄱ이 업서 代마다 덥혀 두고
> 太平盛世에 가플 일이 어려왜라
> 두어라 爲國忠心을 永世不忘 ㅎ오리라(감탄 종결)(爲國忠心을 永世
> 不忘 하자스라)

> 눔으로셔 親혼 사룸 벗이라 닐러시니
> 有信곳 아니ㅎ면 사굘 줄이 이실소냐
> 우리는 어진벗 아라셔 責善을 바다 보리라(감탄 종결)(어진 벗을 알
> 아 責善을 바다 보자스라)

이 李侃의 작품들은 '아지 마소' 'ㅎ지 마라' 등과 같은 명령법을 가지
고 있고, 동시에 'ㅎ자스라'와 같이 청유법을 보여주고 있다. 그리고 시
적청자로 '우리'를 가지고 있었다. 이로 인해 이 작품의 감탄의 문장들은
괄호 안의 내용과 같은 언표내적 의미들을 가지게 된다. 이 언표내적 의
미와 작품의 언술을 비교할 때에, 이 작품들의 감탄들 역시 어떤 사실의
단정과 명령(청유)을 간접적으로 유도하는 표현의 특성을 가진다고 할
수 있다.

앞에서 정리한 감탄법을 작가별로 다시 정리하면 다음과 같다.

宋純의 <五倫歌> : 3수 중 없음
周世鵬의 <五倫歌> : 6수 중 2회(내몸이 업실낫다, 하늘ㄱ이 업스샷다)
金尙容의 <五倫歌> : 5수 중 2회(아니면 卽同禽獸 ㅎ리라, 이쓴인가 ㅎ
노라)
朴善長의 <五倫歌> : 8수 중 2회(밤나즈로 부러낫다, 가풀 줄을 몰너
라)
朴仁老의 <五倫歌> : 25수 중 17회(못다한가 ㅎ노라, 일즉 벼퍼 보렷로
라, 밋처 알게 ㅎ렷로라, 갚고 말려 ㅎ노라, 못 뫼
압고 설웟로라, 늘글주를 모르로라, 이 브롬 부는
게오, 北斗비겨 바리로라, 壽萬歲케 비로리라, 如鼓
瑟琴 ㅎ렷로라, 冀缺갓치 ㅎ오리라, 홉긔 늘쟈 ㅎ
노라, 한숨계워 ㅎ노라, 始終 업게 ㅎ오리라, 辱及
其親 ㅎ오리라, 不遠禽獸 ㅎ리라, 不無一助 ㅎ리라)
李侃의 <五倫歌> : 6수 중 3회(못내 가파 ㅎ노라, 永世不忘 ㅎ오리라,
責善을 바다 보리라)

　　이상과 같이 聯時調 <五倫歌>에서는 감탄법이 26회 나타난다. 작가에
따라 차이는 있으나, 전체 작품 53수 중에서 11회 나타난 명령법보다는
월등한 빈도이다. 이 감탄법들은 작가가 그 일방적으로 어떤 사실을 판
단하거나 어떤 일을 행하라는 명령을 대신한 것들로, 일단 선언적 감탄
에 의해 독자의 관심을 일으키고, 그 다음에 그 스스로 시적자아는 이렇
게 판단하고 행하겠다고 선언하는데, 시적청자 나는 어떻게 판단하고 행
동할 것인가를 스스로 판단하게 하여, 그의 행동을 유도하는 것들이다.
이 역시 독자의 呼應을 유도하는 방법이다.

第四章 聯時調 <五倫歌>의 構造

앞의 두 장에서 살폈듯이 일탈들의 결합은 聯時調 <五倫歌>의 단시
조 형식과 표현에 관계한다. 이 기능들 외에도 일탈들의 결합은 構造에
도 관여한다. 이런 사실을 검토하기 위하여 삼차적 일탈을 정리하고, 이
어서 일탈들의 결합을 통하여 구조를 정리하고자 한다.

일탈의 결합은 聯時調 <五倫歌>의 構造에서 연들의 구조를 보여주기
도 하고, 意味 構造를 補完하여 構造를 이루기도 하며, 意味 構造와 連
結되어 構造를 이루기도 한다.

第一節 一次的 逸脫과 構造

<오륜가>들은 연의 구성상 특수한 구조를 지니는 것들이 있다. 그것
은 獨立的 短時調의 구조가 일반적이라 한다면, 非獨立的 短時調 와 獨
立的/非獨立的 短時調의 형태로 일탈하는 것이 그것이다.

1. 獨立的 短時調

<오륜가>의 각편에 있어 연을 이루는 短時調들은 의미구조상 각각의

독립된 구조를 이룬다. 물론 이것들은 각편들에서 오륜의 항목 아래 계
기적 구조를 이루고 또한 동시에 정점을 중심으로 의미를 전환 시키는
구조로 되어 있는 것들이 있다. 이에 대하여는 다음절인 第二節 意味構
造의 補完과 第三節 意味構造와의 連結에서 논의 되어 진다. <오륜가>
들에서 독립적 단시조의 형태를 이루는 것은 전체 53수중 44수가 있어
대부분을 차지한다. 즉 非獨立的 短時調 4수, 獨立的/非獨立的 短時調 5
수의 9수를 제외한 나머지 44수가 독립적 단시조의 형태로 되어 있다.
독립적 단시조 형태의 각각의 작품들은 하나하나의 單時調로써도 완성
된 의미와 형식을 가지고 있다. 이 獨立的 短時調로써의 <오륜가>들은
각편의 <오륜가>들에서 분리되어 나와도 각각의 독립된 의미를 형성할
수도 있고, 한편의 <오륜가>작품속에서 다른 오륜의 내용을 노래한 작
품들과도 어우러져 하나의 전체 <오륜가>로써 의미를 형성시키기도 한
다.

2. 非獨立的 短時調

非獨立的 短時調의 形態를 보이는 <오륜가> 작품들은 주세붕의 <오
륜가>, 박선장의 <오륜가>, 박인로의 <오륜가>들에서 보인다. 차례로
살펴보면 다음과 같다.

周世鵬의 <五倫歌>

사롬 사롬마다 이 말숨 드러스라.
이 말숨 아니면 사롬이오 사롬 아니.
이 말숨 닛디 말오 비호고야 마로링이다.

아버님 랄 나흐시고 어마님 랄 기르시니

父母옷 아니시면 내몸이 업실낫다.
이 德을 갑흐려 하니 하늘ㄱ이 업스샷다.

둉과 항것과를 뉘라셔 삼기신고.
벌과 가여미 이 쁘둘 몬져 아니
흔 ᄆᅀᆞ매 두 쁜 업시 소기지나 마옵생이다.

지아비 밧 갈라 간딕 밥고리 이고가
반상을 들오딕 눈섭의 마초이다.
친코도 고마오시니 손이시나 다ᄅᆞᆯ실가.

兄님 자신 져줄 내 조쳐 머궁이다.
어와 뎌아ᅀᅡ야 어마님 너ᄉᆞ랑이야.
兄弟옷 不和ᄒᆞ면 개도티라 ᄒᆞ리라.

늘그니ᄂᆞᆫ 父母ᄀᆞᆮ고 얼우ᄂᆞᆫ 兄ᄀᆞᄐᆞ니
ᄀᆞᆮᄐᆞᆫ디 不恭ᄒᆞ면 어딕가 다ᄅᆞᆯ고.
ᄂᆞᆯ로셔 ᄆᆞ디어시ᄃᆞᆫ 졀ᄒᆞ고야 마로링이다.

제1연은 1차적 일탈로써 의미적 일탈을 보여준다. 1연에서 3회 나타난 '이 말씀'은 정보성이 결여 되어 있다. 즉 1연 안에서는 그 의미를 파악할 수 없는 비독립적 구조를 지닌다. '이 말씀'에 관한 정보는 제2연에서 6연까지의 내용을 살펴본 다음에라야 오륜의 항목 모두에 관한 사실이라는 것을 알 수 있게 된다. 또한 이것은 작품의 맨앞에 위치해 있어 전체작품의 序聯的 구실을 한다. 그러면서 의문과 문제를 던져 주어 독자의 관심과 의구심을 가지게 한다. 결국 이 작품은 제1연의 비독립적 구조에 의해 독자로 하여금 관심내지 호기심을 유발케하는 효과를 가져다 주는 일탈적 의미를 갖는다.

박선장의 <오륜가>

> 옷밥이 不足ᄒ니 禮義 ᄎ릴 겨롤 업셔
> 家塾 黨序을 不關이 너기ᄂ냐
> 그려도 보고 들으면 비호리 이시리

위의 시조는 박선장의 <오륜가>중 제7연으로 亂三章에 해당하는 작품이다. 여기에서 보면 '비호리 이시리'의 주어가 생략 되었다. 이것은 이 <오륜가> 전체작품을 파악한 다음에라야 이해될 수 있는 비독립적 단시조의 구조임을 보여준다. 이는 또한 6연 8연과 더불어 전체 작품을 총괄하여 작가의 의도가 가장 심층화된 總結의 구조를 형성한다.

박인로의 <오륜가>

> 幸玆秉彝心이 古今 업시 다 이실시
> 爰輯舊聞ᄒ야 二三篇 지어시니
> 嗟哉 後生들아 살펴보고 힘서ᄒ라

> 仔細히 살펴 보면 뉘 아니 感激ᄒ리
> 文字ᄂ 拙ᄒ디 誠敬을 삭여시니
> 진실로 熟讀 詳味ᄒ면 不無一助 ᄒ리라

위의 두 작품은 박인로의 <오륜가>중 총론에 해당하는 작품이다. 역시 각각의 單時調로써는 의미를 파악할 수 없는 非獨立的 短時調의 구조이다. 이 단시조의 작품들에서는 정보가 결여되어 있는 형태이다. 이 것도 작가의 문학적 의도가 집중적으로 표명된 시조로 총결의 구조를 형성하는 작품이다.

위의 비독립적 일탈의 작품들 중 1수씩을 들어 설명하면 다음과 같다.

사룸 사룸마다 이 말숨 드러스라.
이 말숨 아니면 사룸이오 사룸 아니.
이 말숨 닛디 말오 비호고야 마로링이다.(周世鵬의 五倫歌)

옷밥이 不足ᄒ니 禮義 ᄎ리 겨룰 업셔
家塾 黨序을 不關이 너기ᄂᆞ냐
그려도 보고 들으면 비호리 이시리(朴善長의 <오륜가>)

幸玆秉彝心이 古今 업시 다 이실신
爰輯舊聞ᄒ야 二三篇 지어시니
嗟哉 後生들아 살펴보고 힘서ᄒ라(朴仁老의 <五倫歌>)

예로 든 4수의 <오륜가> 작품들은 非獨立的 短時調의 형태들이다. 예에서 보는 것과 같이 하나 하나의 독립된 단시조로써는 그 의미를 정확히 파악할 수가 없는 일탈을 보인다. 예로써 든 첫번째 시조에서 '이 말숨'이란 어휘가 3회 나왔는데 이 하나의 단시조 작품에서는 그 의미를 파악할 수가 없다. 즉 주세붕의 <오륜가> 전체 작품 속에서 상호 연관지어 의미를 파악했을 때 비로서 그 의미가 '오륜의 사실'이라는 것을 알 수 있게 된다. 朴善長의 <오륜가>에서는 주어가 결여되어 있어 무엇을 보고 들을 것인지를 도무지 알 수 없다. 이것도 박선장의 <오륜가> 전체작품과 연관 지었을 때, '오륜의 사실'이 생략된 주어라는 것을 파악할수 있게 된다. 다음에 오는 박인로의 <오륜가>도 같은 구조로 구성되어 있어, 비독립적인 단시조로의 형태를 보여주고 있다. 중장에서의 지은 '二三篇'이 무엇을 지은 것인가를 알 수 없다. 또한 종장에서도 무엇을 자세히 읽고 음미하라는 것인지 도무지 알 수 없다. 이것은 앞의 작품과의 관계속에서만 의미를 파악할 수 있는 구조이다. 이와같이 <오륜가>들에는 非獨立的 短時調의 형태의 일탈을 가지고 있는 것들이 있어, <오륜가>가 논리적이고 연의 구조상 단시조 상호간의 유기적인 의미의 연관성을 갖추고 있는 연시조임을 알 수 있게 해준다.

비독립적 단시조의 구조는 작품의 정보성이 결여되어 있는 상태이며
이것은 전체 작품을 파악한 다음에 이해될수 있는 것들이다. 이것은
<오륜가>들에서 서연 또는 총결의 구조를 형성하는 것들로 되어 있다.

3. 獨立的/非獨立的 短時調

여기에 해당하는 작품들은 박선장의 <오륜가>4수와 박인로의 <오륜
가> 1수가 있다. 차례로 들어 본다.

> 寸마도 못흔 푸리 봄 이슬 마존 後에
> 닙 넙고 줄기 기러 밤나즈로 부러낫다
> 이 恩惠 하 罔極ᄒ니 가풀 줄을 몰너라(박선장<오륜가>)

> 이 님이 머기시고 이 님이 입피시니
> 十生 九死ᄒᄂᆫ둘 님의 德을 니즐ᄂᆞ냐
> 萬一에 大義를 모르면 廝養이나 다르랴(박선장<오륜가>)

> 唐虞 머러디고 漢唐宋이 니어시니
> 天地 오라거니 世道 아니 變ᄒ너냐
> 그려도 닐곱 구모 가자시니 五倫이야 모르랴(박선장<오륜가>)

> 이우즐 미이디 마라 이웃 미오면 갈듸 업서
> 一鄕이 브리고 一國이 다 브리리
> 百年도 못 살 人生이 그러그러 엇데리(박선장<오륜가>)

위의 예로든 시조는 박선장의 제1연 2연 6연 8연의 시조이다. 위에서
보면 각 시조 작품들은 정보가 결여되어 있지는 않다. 그러나 그 정보들
은 단시조 자체안에서만 찾을 수 있는 것이 아니고 전체 작품과의 관계
에서 의미를 생성하기도 한다. 위에서 보면 제1연에서는 ‘父子有親’의 항

목을 제2연에서는 '君臣有義'의 항목을 노래한 단시조들이다. 이들은 두 수를 다 이해하지 않으면 어느 항목을 노래한 것인지 파악하기가 힘들다. 이것은 소재의 일탈에서 기인되며 독자는 그 일탈에 관심이 있을 때 독자에게는 정보량이 증가되는 효과를 갖게 된다. 제6연에서도 <오륜가> 전체 작품을 파악해야만 앞에서 노래한 오륜의 사실에 대한 작가의 의도를 심도있게 표현한 시조라는 것을 알 수 있는 작품이다. 8연의 시조는 어휘의 정서로는 오륜의 윤리에 부합하나 독립된 단시조로 볼 때에는 오륜을 노래한 <오륜가>성으로 보이지 않는다. 그것은 앞의 작품들과의 계기적 구조를 이루기 때문이다. 이것은 비독립적인 단시조의 특성이다. 전체 작품과 연관 지어 계기적 구조에서 의미를 갖게되는 총결로써의 작품임을 알 수 있다.

>   天地間 萬物中에 사룸이 最貴호니
>   最貴호 바는 五倫이 아니온가
>   사룸이 五倫을 모르면 不遠禽獸 호리라(박인로의<오륜가>)

위 시조는 박인로 <오륜가> 총론의 첫 번째 시조이다. 위에서 보듯이 이 작품에는 오륜의 필요성을 피력하고 있다. 또한 이 시조 작품은 앞의 연들에서 노래한 오륜의 사실들을 당위이유를 들어 강조시키고 있다. 이로 볼 때 정보량이 두 배로 되어 있는 시조임을 알 수 있다. 이런 점에서 獨立的/非獨立的 短時調의 구조임을 파악할 수 있다. 이를 차례로 두 작품을 선정하여 구체적인 설명을 들면 다음과 같다.

>   寸마도 못혼 푸리 봄 이슬 마즌 後에
>   닙 넙고 줄기 기러 밤나즈로 부러낫다
>   이 恩惠 하 图極호니 가풀 줄을 몰너라(朴善長의 <오륜가>)

>   이 님이 머기시고 이 님이 입피시니
>   十生 九死호둘 님의 德을 니줄느냐

萬一에 大義를 모르면 厮養이나 다르랴(朴善長의 <오륜가>)

천地間 萬物中에 사롬이 最貴ᄒ니
最貴ᄒ 바는 五倫이 아니온가
사롬이 五倫을 모르면 不遠禽獸 ᄒ리라(박인로의 <오륜가>)

위의 예로든 작품들은 앞에서 검토된 獨立的/非獨立的 短時調의 작품들이다. 의미형태상 單時調로 독립되어 있어도, 그리고 <오륜가>작품 내에서도 그 의미파악이 가능한 형태이다. 첫번째 예로든 박선장의 <오륜가>에서 보자. 임금의 恩德을 노래한 오륜의 항목에서 君臣有義에 해당하는 작품이다. 獨立된 單時調로도 그 의미를 형성할 수 있으나 전체 작품속에서 다른 개별 작품과 연관 지을 때 보다 더 정확하게 君臣有義을 노래한 시조라는 것을 알 수 있다. 이것은 일차적 일탈이다. 박선장의 두번째 시조도 마찬가지다. 단시조 작품내에서는 '이님'의 구체적인 대상을 파악하기가 어렵다. 그러나 박선장의 <오륜가> 전체작품과의 관계속에서는 그 의미를 정확히 파악할 수 있게 된다. 박인로의 <오륜가>에서 오륜의 필요성을 제시한다. 이 작품은 앞의 다른 연들에서 이미 피력한 오륜의 사실을 당위로 받아들일 것을 전제로 한 의미이다. 이런 맥락에서 이해할 때 이 작품의 의미가 독립적일 때 보다 더 적나라한 사실로서 드러나게 된다.

이제까지 구조의 결합에서 살펴 보았듯이 獨立的 短時調의 구조에서 일탈된 非獨立的 短時調, 獨立的/非獨立的 短時調는 <오륜가>들에서 序聯 또는 總結의 構造를 형성하고 있다. 그렇게 될 때 의미의 확충내지는 또다른 의미의 정보 내용을 부여 받는다. 바로 여기에서 연을 구성하여 작품을 이루는 연시조로써의 <오륜가>성을 갖게 된다.

第二節 三次的 逸脫과 意味 構造의 補完

聯時調 <五倫歌>들은 그 소재가 오류에 속하는 개개 항목을 노래한다. 이로 인해 소재적인 측면에서 보면, 어느 수를 먼저 노래하여도 상관이 없는 병렬적 구조(paratatic structure)15) 내지 오류의 항목에 따른 순차적 구조이다. 서론과 결론의 단시조를 포함한 聯時調 <五倫歌>의 경우는 사정이 조금 다르나, 이 서론과 결론의 단시조를 제외한 부분은 역시 병렬적 구조 내지 순차적 구조를 벗어나지 못한다. 그러면 작품의 연구조가 이런 병렬적 구조 내지 순차적 구조만을 가지고 있는가 하는 점이다. 작품들의 이차적 일탈과 삼차적 일탈들을 계산할 때에 적어도 문체적인 측면에서는 병렬적 구조 내지 순차적 구조뿐만 아니라 역동요소들을 보이면서 작품의 순서를 바꾸었을 때는 그 역동적 구조를 파괴하는 특성을 보인다. 이는 곧 聯時調 <五倫歌>의 연구조를 의미 구조나 소재 배열의 구조 차원에서 살필 수 없는 특성들이다.

삼차적 일탈은 한 텍스트에 내재한 규범들로부터의 일달이고, 그것 때문에 또한 내적 일탈이라고 이름붙여지기도 한다. 이차적 일탈과 같이, 삼차적 일탈은 일종의 지워진 기대이다. 즉 시 자체에서 확립되어 오고 있던 기대들의 좌절이다. 그러나 다른 두 차원의 일탈들과 다르게, 내적 일탈은 역동적인 현상이다. 삼차적 일탈은 앞의 텍스트와의 대조에 의해 확인되고, 그 결과 텍스트의 어느 한 지점에서 내적 일탈로 계산되는 것은 다른 곳에서는 일탈로 계산되지 않을 것이다16).

이와 관련하여 聯時調 <五倫歌> 의미구조의 종류를 그 작품별로 살펴보면 다음과 같다.

---

15) B. H. Smith, Poetic Closure, Chicago/London : The University of Chicago Press, 1968, pp. 98-109.

16) G. Leech, stylistics, Teun A. van Dijk(ed), Discourse and Literature, Amsterdam/ Philadelphia:John Benjamins Publishing Company, 1985, p. 49.

宋純의 <五倫歌>는 두 작품이 상실되어 이 연구조를 설명하는 데에 부적합하여 논외로 한다.

1. 終結의 補完

(1) 형태적 일탈

1) 종결어미

종결을 보완하는 일탈들을 살펴본다. 먼저 周世鵬의 <五倫歌>에서 보자.

> 사롬 사롬마다 이 말솜 드러스라
> 이 말솜 아니면 사롬이오 사롬 아니
> 이 말솜 닛디 말오 비호고야 마로링이다(전-반행>후-반행의 일탈)

> 아버님 랄 나흐시고 어마님 랄 기르시니
> 父母옷 아니시면 내몸이 업실낫다
> 이 德을 갑흐려 하니 하늘ㄱ이 업스샷다

> 둉과 항것과롤 뉘라셔 삼기신고
> 벌과 가여미아 이 뜨돌 몬져 아니
> 흔 ᄆᆞᆺ매 두 뜯 업시(內律節<外律節의 일탈) 소기지나 마읍샘이다(전-반행>후-반행의 일탈)

> 지아비 받 갈라 간더 밥고리 이고가
> 반상을 들오더 눈섭의 마초이다
> 친코도 고마오시니 손이시나 다ᄅᆞᆯ실가

> 兄님 자신 져줄 내 조쳐 머궁이다
> 어와 뎌아ᄉ야 어마님 너ᄉ랑이야

兄弟옷 不和ᄒ면 개도티라 ᄒ리라(종결어미 '-ㅇ이다'와 전-반행>후-반행의 기대 일탈)

늘거니는 父母곧고 얼우는 兄ᄀᄐ니
곧ᄐ딩 不恭ᄒ면 어듸가 다롤고(전-반행≦후-반행의 일탈)
랄로셔 ᄆ디어시든 절ᄒ고야 마로링이다(종결어미 '-ㅇ이다'이 아닌 것의 일탈,전-반행>후-반행의 일탈)

이 周世鵬의 <五倫歌>는 그 내용으로 볼 경우에 다음과 같은 구조를 갖는다.

1연 : 序
2연 : 父子有親
3연 : 君臣有義
4연 : 夫婦有別
5연 : 兄弟和陸
6연 : 長幼有序

이런 구조로 볼 경우에 '朋友有信'과 '結'을 기대하게 된다. 그 결과 이 작품에서 '朋友有信'과 '結'이 노래되지 않은 미완이거나, 그 노래들이 산실되지 않았나를 의심하게 한다. 그러나 이런 의심을 막아주는 것이 일탈의 결합들이 보여주는 終結의 補完이다. 다음의 종장들의 정리가 그것이다.

역시 위의 주세붕 <五倫歌> 작품에서 종결어미의 삼차적 일탈을 보인다. 이는 종장에서 볼 수 있다. 즉 다음의 정리를 보자.

이 말슴 닛디 말오 빅ᄒ고야 마로링이다

이 德을 갑ᄒ려 하니 하늘ᄀ이 업스샷다

혼 무숩매 두 뜯 업시 <u>소기지나 마옵생이다</u>

친코도 고마오시니 <u>손이시나 다른실가</u>

兄弟옷 不和ㅎ면 <u>개도티라 ㅎ리라</u>

랄로셔 무디어시돈 <u>절ㅎ고야 마로링이다</u>

위의 밑줄친 곳들을 보면, 작품 내에서 반복하다가 일탈하는 것을 발견할 수 있다. 즉 제1연의 밑줄친 부분 '비호고야 마로링이다'의 '-ㅇ 이다'는 한 연을 건너서 제3연의 밑줄친 부분 '마옵생이다'의 '-ㅇ 이다'에서 다시 반복한다. 이런 사실은 제4연을 넘어서 제5연에서 다시 반복될 것을 기대하게 한다. 그러나 정작 제5연에서는 이 '-ㅇ 이다'의 기대를 파괴하면서 삼차적 일탈을 보인다.

위의 정리에서 살필 수 있듯이, 제5연에서는 종결어미 '-ㅇ 이다'의 기대를 일탈하고 있다. 그리고 이와 같은 논리에서 제6연에서도 종결어미 '-ㅇ 이다'가 아닌 것의 기대를 일탈하고 있다. 이 두 일탈들은 바로 제1, 2연과 제3, 4연이 보여주는 '-ㅇ 이다'와 비'-ㅇ 이다'의 반복을 뒤집은 것이다.

1연 : '-ㅇ 이다'(A)
2연 : '-ㅇ 이다'가 아닌 것(B)
3연 : '-ㅇ 이다'(A)
4연 : '-ㅇ 이다'가 아닌 것(B)
5연 : '-ㅇ 이다'가 아닌 것(B)
6연 : '-ㅇ 이다'(A)

이 BA의 뒤집음은 AB의 반복에서 오는 무한한 기대를 끊으면서 종결의 기능을 한다.

2) 맑음의 일탈

이번에는 李 侃의 <五倫歌>를 보자.

어버이 날 나흐셔 어질과쟈 길러내니
이 두分 아니시면 내몸 나셔 어질소냐
아마도 至極혼 恩德을 못내 가파 흐노라

天恩이 ᄀ이 업서 代마다 덥혀 두고
太平盛世에 가플 일이 어려왜라
두어라 爲國忠心을 永世不忘 흐오리라

우리몸 갈라 난들 두몸이라 아지마소
分形連氣흐니 이 이른 兄弟니라
兄弟야 이 ᄠᅳᆺ을 아라 自友自恭 흐쟈스라

늠으로셔 親혼 사롬 벗이라 닐러시니
有信곳 아니흐면 시릴 줄이 이실소냐
우리ᄂᆞᆫ 어진벗 아라셔 責善을 바다 보리라

男女 有別혼 줄 사롬마다 알년마ᄂᆞᆫ
學文을 모르면 알기 아니 어려온랴
眞實로 國法이 이시니 無別無行 흐지마라

져무니 어룬 뫼셔 간듸마다 ᄎᆞ례곳 알면
無知혼 愚氓들도 아니 아지 못흐려니
흐믈며 人倫을 알려흐면 이 아니코 어이리

이 李 侃의 시조에서 중장과 종장의 두 行들에 나타난 末音의 일탈과 종장 끝율절의 음수 대칭은 이 작품의 내용이나 의미의 구조가 결여하고 있는 종결의 구조를 보완한다. 이를 보기 위하여 먼저 작품의 내용 구조를 보면 다음과 같다.

1연 : 父子有親
2연 : 君臣有義
3연 : 兄弟友恭
4연 : 朋友有信
5연 : 夫婦有別
6연 : 長幼有序

이 내용의 구조는 오륜의 순서조차 파괴한 구조이고, 兄弟友恭을 더하고 있다. 작품이 이럴 경우에 마지막 단시조가 이 작품의 끝이라는 것을 알 수 없다. 이를 보완하는 것이 다음에서 제시한 일탈들의 결합이다.

이런 일탈들을 살피기 위해 여기서는 李侃 <五倫歌>의 중장들과 종장들을 보자.

이 두分 아니시면 내몸 나셔 어질소냐
아마도 至極혼 恩德을 못내 가파 ᄒᆞ노라

太平盛世에 가플 일이 어려왜라
두어라 爲國忠心을 永世不忘 ᄒᆞ오리라

分形連氣ᄒᆞ니 이 이른 兄弟니라
兄弟야 이 뜻을 아라 自友自恭 ᄒᆞ쟈스라

有信곳 아니ᄒᆞ면 시꿜 줄이 이실소냐
우리는 어진벗 아라셔 責善을 바다 보리라

學文을 모르면 알기 아니 어려온랴
眞實로 國法이 이시니 無別無行 ᄒᆞ지마라

無知혼 愚氓들도 아니 아지 못ᄒᆞ려니
ᄒᆞ믈며 人倫을 알려ᄒᆞ면 이 아니코 어이리

밑줄친 부분에서 알 수 있듯이, 제5연까지의 종장 끝음은 모두가 '라'
이다. 그러나 제6연의 종장 끝음은 '리'가 되어 기대를 일탈하는 삼차적
일탈이다. 또한 종장의 끝모음은 제5연까지 '아'를 취하고 있다. 제1, 4연
은 '냐(니 + 아)'의 '아'이고, 제2, 3연은 '라'의 '아'이고, 제5연은 '랴(리 +
아)'의 '아'이다. 이를 보거나 들은 수용자는 제6연의 이 곳에서 '아'를 기
대하게 된다. 그러나 이 '아'의 기대는 '니'에 의해 파괴된다. 이런 점에
서 이 역시 삼차적 일탈이라고 할 수 있다.

그 규범과 일탈만을 다시 정리하면 다음과 같다.

    1연 : 중장 말모음 '아'(A)(←니 + 아 : 냐)
         종장 말음 '라'(B)
    2연 : 중장 말모음 '아'(A)(←ㄹ + 아 : 라)
         종장 말음 '라'(B)
    3연 : 중장 말모음 '아'(A)(←ㄹ + 아 : 라)
         종장 말음 '라'(B)
    4연 : 중장 말모음 '아'(A)(←니 + 아 : 냐)
         종장 말음 '라'(B)
    5연 : 중장 말모음 '아'(A)(←리 + 아 : 랴)
         종장 말음 '라'(B)
    6연 : 중장 말모음 '이'(C)(←ㄴ + 이 : 니)
         종장 말음 '니'(D)

이상과 같이 제5연까지 반복되던 AB는 제6연에 이르러 CD로 바뀌고
있다. 무엇인가의 반복은 지속의 의미를 가진다. 그러나 이의 일탈은 그
끝을 의미한다. 제5연까지의 AB의 반복은 지속을 의미하고 있다. 그러
나 제6연에 이르러 CD로 바뀐다는 사실은 노래의 종결을 의미한다. 이
런 사실은 단시조의 형식에서도 마찬가지이다.

3) 행구성

① 행구성의 일탈(1)

다음의 周世鵬의 <五倫歌>에서 반행의 길이를 살펴보자.

　　　사롬 사롬마다 이 말숨 드러스라
　　　이 말숨 아니면 사롬이오 사롬 아니
　　　이 말숨 닛디 말오 빗호고야 마로링이다(전-반행>후-반행의 일탈)

　　　아버님 랄 나흐시고 어마님 랄 기르시니
　　　父母옷 아니시면 내몸이 업실낫다
　　　이 德을 갑흐려 하니 하늘ᄀ이 업스샷다

　　　둉과 항것과롤 뉘라셔 삼기신고
　　　벌과 가여미아 이 뜨돌 몬져 아니
　　　ᄒᆞᆫ ᄆᆞᅀ매 두 뜯 업시(內律節<外律節의 일탈) 소기지나 마옵생이다(전-
　　　반행>후-반행의 일탈)

　　　지아비 받 갈라 간디 밥고리 이고가
　　　반상을 들오디 눈섭의 마초이다
　　　친코도 고마오시니 손이시나 다르실가

　　　兄님 자신 져줄 내 조쳐 머궁이다
　　　어와 뎌아ᅀᆞ야 어마님 너ᄉᆞ랑이야
　　　兄弟옷 不和ᄒᆞ면 개도티라 ᄒᆞ리라(종결어미 '-ㅇ 이다'와 전-반행>후-반
　　　행의 기대 일탈)

　　　늘거니ᄂᆞ 父母ᄀᆞᆮ고 얼우ᄂᆞ 兄ᄀᆞᄐᆞ니
　　　ᄀᆞᆮᄐᆞᆫ디 不恭ᄒᆞ면 어듸가 다룰고(전-반행≦후-반행의 일탈)
　　　랄로셔 ᄆᆞ디어시든 절ᄒᆞ고야 마로링이다(종결어미 '-ㅇ 이다'이 아닌 것
　　　의 일탈,전-반행>후-반행의 일탈)

이 작품은 또다른 반복의 기대를 제6연에서 파괴하고 있다. 이는 제6

연의 종장에서 전-반행>후-반행의 일탈이 제2, 4연에서 隔聯으로 이어
져온 전-반행<후-반행의 파괴라는 것이다. 이런 사실을 정리하면 다음
과 같다.

> 1연 : 전-반행>후-반행의 일탈(A)
> 2연 : 전-반행>후-반행의 준수(B)
> 3연 : 전-반행>후-반행의 일탈(A)
> 4연 : 전-반행>후-반행의 준수(B)
> 5연 : 전-반행>후-반행의 일탈(A)
> 6연 : 전-반행>후-반행의 일탈(A)

위에서 볼 수 있듯이 제4연 까지는 AB의 반복으로 작품의 지속을 의
미한다. 그러나 이런 반복은 제6연에서 B가 A로 바뀌면서 파괴되어 종
결되게 된다.

이런 점에서 周世鵬의 聯時調 <五倫歌>는 그 내용이나 의미의 구조
에서 오는 '終結' 부족의 불완전성을 문체적인 측면에서 보완한다고 할
수 있다.

② 행구성의 일탈(2)

다음 李侃의 <五倫歌>에서 보자. 이 李侃의 시조에서는 일탈의 결합
이 잘 나타나고 있다. 전체 6수 중에서 제4연에 일탈들이 집중되는 현상
이다. 초장에서 시조 형식인 전-반행≦후-반행을 전-반행>후-반행으로
일탈한다. 동시에 초장의 첫율절은 그 앞의 연까지 있어온 주격을 일탈
하고 있다. 그리고 종장의 후-반행은 그 앞의 연까지 있어온 4. 3 또는
4. 4를 3. 5 또는 5. 3으로 일탈하고 있다.

> 어버이 날 나흐셔 어질과쟈 길러내니
> 이 두分 아니시면 내몸 나셔 어질소냐
> 아마도 至極ᄒ 恩德을 못내 가파 ᄒ노라

天恩이 ᄀ이 업서 代마다 덥혀 두고
太平盛世에 가플 일이 어려왜라
두어라 爲國忠心을 永世不忘 ᄒ오리라

우리몸 갈라 난들 두몸이라 아지마소
分形連氣ᄒ니 이 이른 兄弟니라
兄弟야 이 뜻을 아라 自友自恭 ᄒ쟈스라

<u>님</u>(주격의 일탈)으로셔 親혼 사룸 벗이라 닐러시니(전-반행≦후-반행의
일탈)
有信곳 아니ᄒ면 시퀼 줄이 이실소냐
우리는 어진벗 아라셔 <u>責善을 바다 보리라</u>(대칭의 기대에 따른 후-반행
의 일탈)
(의미 '당위를 먼저 노래하고, 당위의 의미를 나중에 노래'하는 일탈)

<u>男女</u>(주격의 일탈) 有別혼 줄 사룸마다 알년마는
學文을 모르면 알기 아니 어려온랴
眞實로 國法이 이시니 無別無行 ᄒ지마라

져무니 어룬 뫼셔 간듸마다 ᄎ례곳 알면
無知혼 愚氓들도 아니 아지 못ᄒ려니
ᄒ믈며 人倫을 알려ᄒ면 이 아니코 어이리

　초장과 중장에서의 반행들은 內律節≦外律節의 반복이다. 이로 인해
노래가 지속한다. 그러나 종장은 內律節<外律節 內律節≧外律節의 반행
들을 취하면서 노래의 종결을 의미한다.
　게다가 이 작품의 끝율절의 음수는 다음과 같이 대칭되어 전체 형식
이 완결되고 있다.

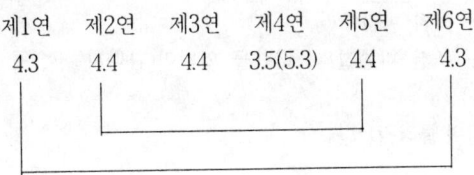

이런 사실로 볼 때에, 李侃 <五倫歌>는 문체적인 終結의 구조를 취한다.

이 終結은 내용이나 의미의·구조가 가지지 못한 것을 文體로 補完한 것이라 할 수 있다.

4) 율절

이간의 <五倫歌>에서 종결적 기능은 다른 것이 아닌 단시조의 종장 후-반행에서도 발견된다. 즉 앞의 '① 행구성의 일탈(2)'에서 살핀 것과 같이 초장과 중장의 반행들이 보이는 內律節≦外律節을 內律節≧外律節로 뒤집음에 의해 종결하는 것이다.

(2) 의미적 일탈

1) 당위이유- 당위(1)

의미적 일탈로써 金尙容 <五倫歌>를 보자.

어버이 子息 스이 하늘 삼긴 至親이라
부모곳 아니면(조건 비종결) 이 몸이 이실소냐(부모로 인하여 이 몸이 있다)
(당위 이유:父子의 至親 관계와 부모로 인한 나의 존재)
烏鳥도 反哺롤 ᄒ니(원인 비종결) 父母孝道 ᄒ여라
(당위 이유:烏鳥도 효도함)(당위:孝道)

님군을 셤기오ᄃᆡ(조건 비종결) 正ᄒᆞᆫ 길노 引導ᄒᆞ야

鞠躬 盡瘁ᄒ야 죽은 後의 마라ᄉ라
가다가 不合곳 ᄒ면(조건 비종결) 믈러간들 엇더리(가다가 不合곳 ᄒ면
관직에서 물러가라)
(당위 이유:不合)(당위:물러감)

夫婦라 ᄒ온거시 늠으로 되어이셔
如鼓瑟琴ᄒ면(조건 비종결) 긔 아니 즐거오냐
그러코 恭敬곳 아니면(조건 비종결) 卽同禽獸 ᄒ리라(서로 恭敬하여 사
람이 되라)
(당위 이유:공경치 않으면 禽獸)(당위:부부 공경)

兄弟 두몸이나 一氣로 ᄂ화시니(원인 비종결)
(당위 이유:형제 一氣로 나눔)
人間의 貴ᄒ 거시 이 外예 ᄯ 잇ᄂ가(人間에서 가장 貴한 것이 형제이다)
갑주고 못 어들거슨 이쑨인가 ᄒ노라(인간에서 형제가 가장 귀하다)
(당위:형제가 인간에서 가장 귀함)

벗을 사괴오디(조건 비종결) 처음의 삼가ᄒ야
날도곤 나으니로 ᄀᆯ히여 사괴여라(당위:벗을 삼가 하고 갈히어 사귐)
終始히 信義롤 딕희여 久而敬之 ᄒ여라
(당위 이유:없음)(당위:신의로 오래 공경함)

제5연은 당위의 이유가 없이 당위만을 노래하는 일탈을 보인다. 이는
그 앞까지 있어온 당위 이유와 당위의 노래 기대를 파괴하는 삼차적 일
탈이다.

위 金尙容의 <五倫歌>는 5수로 되어 있다. 그리고 그 내용도 오륜의
것들이다. 그런데 우리는 많은 聯時調들이 '結'의 작품을 가지고 있다는
점에서, 이 작품도 '結'를 가지지 않았는가를 생각할 수도 있다. 그러나
이런 사실은 작품의 내용이나 의미 차원에서는 무엇인가를 말 할 수 없
다. 이를 말해주는 것이 바로 작품에서 문체가 '終結'를 補完한다는 사실
이다.

이 작품에서 보면, 앞의 4수는 앞의 인용에서 볼 수 있듯이, 당위 이유를 먼저 노래하고, 이어서 당위의 내용을 노래하고 있다. 이것을 제5연이 그대로 답습할 경우에는 문체상에서 노래의 지속을 의미하게 된다. 그러나 다음 작품의 제5연은 이 당위 이유를 노래하지 않고 당위만을 노래한다.

　　　벗을 사괴오되 처음의 삼가ᄒ야
　　　날도곤 나으니로 골희여 사괴여라(당위:벗을 삼가 하고 갈히어 사귐)
　　　終始히 信義롤 딕희여 久而敬之 ᄒ여라
　　　(당위:신의로 오래 공경함)

이런 사실을 앞의 인용에서 정리하면 다음과 같다.

　　　1연 : 당위 이유(A) - 당위(B)
　　　2연 : 당위 이유(A) - 당위(B)
　　　3연 : 당위 이유(A) - 당위(B)
　　　4연 : 당위 이유(A) - 당위(B)
　　　5연 : 당위(B) - 당위(B)

이상과 같이 제4연까지의 AB의 반복을 BB로 바꾸고 있다. 이는 各聯의 종결에서 쓰인 B만을 BB로 써서 작품의 종결을 의미한다고 할 수 있다.

이런 점에서 金尙容의 <五倫歌>는 내용이나 의미 구조에서 볼 수 없는 연구조의 종결을 그 문체적인 측면서 보완하고 있다고 할 수 있다.

2) 당위이유-당위(2)

삼차 의미적 일탈로써 이번에는 朴仁老 <五倫歌>의 제6-10연을 보자.

　　　聖恩이 罔極호 줄 사롬들아 아ᄂ손다(사람들이 성은이 망극한 줄 모른다)

聖恩곳 안니면(조건 비종결) 萬民이 살로소냐(萬民이 성은으로 산다)
(당위 이유:성은을 사람들이 모름과 성은으로 만민이 삶)
이몸은 罔極혼 聖恩을 갚고 말려 호노라(사람들아 망극한 성은을 갚아라)
(당위:忠誠)

稷契도 안닌 몸애 聖恩도 罔極홀샤
百번을 죽어도 갚흘 닐이 업것마는
(당위 이유:성은이 큼)
窮達이 길이 달나 못 뫼압고 설윗로라(이제는 망극한 聖恩을 갚아라)
(당위:忠誠)

사롭 삼기실제 君父갓게 삼겨시니(원인 비종결)
君父ㅣ 一致라 輕重을 두로소냐(君父에 輕重을 둘 수 없다)
(당위 이유:君父가 같음)
이몸은 忠孝 두 사이에 늘글주를 모르로라(사람들아 나이에 관계없이
忠孝하라)
(당위:忠孝)

深山의 밤이 드니(원인 비종결) 北風이 더욱 차다
玉樓高處에도 이 브롬 부는게오(궁궐에도 이 바람이 불 것이다)
(당위 이유:찬바람이 궁궐에도 불음)
간 밤의 치우신가 北斗비겨 바리로라(사람들아 북두를 비겨 바래라)
(당위:임금 걱정)

이몸이 죽은 後에 忠誠이 넉시되야
놉히 놉히 느라 올라 閶闔을 블너 열고
上帝께 우리聖主를 壽萬歲케 비로리라(상제께 우리 성주을 만수무강케
빌어라)
(당위 이유:없음)(당위:임금의 만수를 빌음)

이 제6-9연들은 초장과 중장에서 충성이라는 당위를 행해야 하는 이
유를 노래하고 종장에서 그 당위를 노래하는 상례성으로 구성되어 있다.
이로 인해 독자나 청자들은 제10연에서도 그 이전과 같은 의미 구조로

노래될 것이라는 것을 기대하게 된다. 그러나 이 기대는 당위의 이유를 노래하지 않고 당위만을 노래하는 일탈로 파괴되어 진다. 이런 점에서 이 역시 삼차적 일탈이라 할 수 있다. 박인로 <五倫歌>의 忠에 관한 시조인 6연에서 10연은 이것에서 문체적인 종결을 꾀하고 있다.

2. 頂点의 補完

앞항의 검토로 인해 聯時調 <五倫歌>들은 모두가 終結을 취하고 있음을 확인할 수 있다. 朴仁老와 朴善長의 <五倫歌>들은 '亂三章'과 總結 3章을 가지고 있고, 周世鵬 金尚容 李侃 등의 <五倫歌>들은 내용이나 의미의 구조에서는 終結의 聯을 가지고 있지 않지만, 그 終結을 문체적인 측면에서 가지고 있기 때문이다. 이 終結을 각작품들이 가지고 있다는 사실만으로도 聯時調 <五倫歌>들의 연구조가 병렬적 혹은 순차적 구조만을 가졌다는 것을 벗어난다고 할 수 있다. 게다가 이런 사실은 頂点의 補完에 의해 더욱 강화된다.

(1) 형태적 일탈

1) 행구성

① 행구성의 일탈(1)

통사의 일탈중 이번에는 행구성의 삼차적 일탈을 보자. 周世鵬의 <五倫歌> 종장들의 후-반행에서는 행구성의 삼차적 일탈을 보인다. 다음의 종장 행들을 예를 들어 설명한다.

이 말솜 닛디 말오 <u>빅호고야 마로링이다</u>

이 德을 갑흐려 하니 <u>하늘ㄱ이 업스샷다</u>

혼 ᄆᆞᆷ매 두 뜯 업시 소기지나 마옵생이다

친코도 고마오시니 손이시나 다ᄅᆞᆯ실가

兄弟옷 不和ᄒᆞ면 개도티라 ᄒᆞ리라

랄로셔 ᄆᆞ디어시ᄃᆞ 절ᄒᆞ고야 마로링이다

제1연의 밑줄친 부분은 4. 5의 음절수를 보인다. 그리고 한 연을 건너 제3연의 밑줄친 부분에서 이 4. 5의 음절수는 반복된다. 이 반복은 제5연의 밑줄친 부분에서도 반복되리라는 기대를 가지게 한다. 그러나 제5연의 밑줄친 부분의 실제에서는 이 4. 5의 음절수가 반복되지 않으면서 기대를 파괴하는 삼차적 일탈을 보여주고 있다.

이 정점은 이 작품의 내용이나 의미의 구조가 가지는 頂点의 결여를 補完한다고 할 수 있다.

② 행구성의 일탈(2)
다음은 통사적 행구성의 삼차적 일탈을 본다.

一生에 友愛之情을 / 혼몸ᄀᆞ치 ᄒᆞ리라(8>7)

아모려 萬金인들 / 兄弟 살디 잇ᄂᆞ냐(7=7)

白髮애 아뮈줄 모ᄅᆞ도록 / 흡긔 늘쟈 ᄒᆞ노라(10>7)

날마다 夕陽門外에 / 한숨계워 ᄒᆞ노라(8>7)

엇지타 白首隻鴈이 / 혼자 울줄 알리오(8>7)

이상은 박인로 <오륜가> 제16-20연들의 종장들을 나열한 것이다. 제

16연의 종장은 전-반행>후-반행을 보이고, 제17연의 종장은 전-반행=후
-반행을 보인다. 그런데 제18연의 종장은 한 연 앞의 제16연 종장의 전
-반행>후-반행을 반복하고 있다. 이로 인해 제19연의 종장에 이르러 한
연 앞의 제17연의 전-반행=후-반행이 반복하지 않을까 하는 기대를 가
지게 된다. 그러나 작품의 실제에서는 밑줄친 부분 '날마다 夕陽門外에 /
한숨계워 ᄒᆞ노라'와 같이 전-반행>후-반행으로 전-반행=후-반행의 기대
를 파괴하면서 삼차적 일탈을 보이고 있다. 이 일탈을 통해 정점을 보완
하고 있다.

2)종속적 연결어미
① 종속적 연결어미의 일탈(1)
金尙容의 <五倫歌>에서 삼차적 일탈을 통한 정점을 보완하는 예를
본다.

어버이 子息 ᄉᆞ이 하늘 삼긴 至親이라
부모곳 아니면 이 몸이 이실소냐
烏鳥도 反哺를 ᄒᆞ니 父母孝道 ᄒᆞ여라

님군을 섬기오디 正ᄒᆞᆫ 길노 引導ᄒᆞ야
鞠躬 盡瘁ᄒᆞ야 죽은 後의 마라스라
가다가 不合곳 ᄒᆞ면 물러간들 엇더리

夫婦라 ᄒᆞ온거시 눔으로 되어이셔
如鼓 瑟琴ᄒᆞ면 긔 아니 즐거오냐
그러코 恭敬곳 아니면 卽同禽獸 ᄒᆞ리라

兄弟 두 몸이나 一氣로 ᄂᆞᆫ화시니
人間의 貴ᄒᆞᆫ 거시 이 外예 ᄯᅩ 잇는가
갑주고 못 어들거슨(종속적 연결어미의 주제격 '온'에 의한 일탈) 이쑨
인가 ᄒᆞ노라

　　벗을 사괴오디 처음의 삼가ᄒ야
　　날도곤 나으니로 ᄀᆞᆯ희여 사괴여라
　　終始히 信義를 딕희여 久而敬之 ᄒ여라

　　위의 金尙容의 <五倫歌>에서는 기대를 파괴하는 것이 적게 나타난다. 그러나 제4연의 종장 전-반행의 연결어미에서 발견된다.

　　이것은 형태의 삼차적 일탈중 종속적 연결어미의 일탈이다. 金尙容의 <五倫歌> 종장들에서 종속적 연결어미를 살펴보면 다음과 같이 정리할 수 있다.

　　1연 : 烏鳥도 反哺룔 ᄒ<u>니</u> 父母孝道 ᄒ여라

　　2연 : 가다가 不合곳 ᄒ<u>면</u> 믈러간들 엇더리

　　3연 : 그러코 恭敬곳 아니<u>면</u> 卽同禽獸 ᄒ리라

　　4연 : 갑주고 못 어들거<u>슨</u> 이뿐인가 ᄒ노라

　　5연 : 終始히 信義룔 딕희<u>여</u> 久而敬之 ᄒ여라

　　위의 밑줄친 부분들을 보면, 제4연의 밑줄친 부분이 삼차적 일탈임을 확인할 수 있다. 제1연 밑줄친 부분 '烏鳥도 反哺룔 ᄒ니'의 '-니'는 종속적 연결어미이다. 그리고 제2연 밑줄친 부분 '가다가 不合곳 ᄒ면'과 제3연 밑줄친 부분 '그러코 恭敬곳 아니면'의 '-면'들도 종속적 연결어미이다. 이것은 바꾸어 말하면 金尙容은 그의 <五倫歌> 종장의 전-반행의 마지막에 '-니' '-면' 등과 같이 종속적 연결어미를 쓰고 있음을 뜻한다. 이렇게 종속적 연결어미를 제1, 2, 3연들의 종장 전-반행의 마지막에 계속 씀은, 독자로 하여금 제4연의 종장 전-반행의 마지막에도 종속적 연결어미를 쓰리라는 기대를 가지게 한다. 그러나 작가는 이 기대를 '갑주

고 못 어들거슨'의 '-온'과 같이 주제격을 쓰면서 파괴하고 있다. 이 기대의 파괴는 작품내에서 형성된 기대를 파괴하는 일탈이라는 측면에서 삼차적 일탈이다. 제5연의 종장 전-반행은 밑줄친 부분의 '-여'와 같이 보조적 연결어미인 연결어미로 다시 돌아간다. 이 제5연까지를 고려하면, 김상용의 <五倫歌> 5수 중에서 4수의 종장 전-반행의 끝은 모두가 연결어미로 끝나고, 오직 제4연의 그것만이 주제격 어미로 끝나면서 삼차적 일탈을 보인다고 정리할 수 있다.

즉 제4연까지는 종장에서 '-니' '-면' 등의 종속적 연결어미를 써오다가 제5연의 종장에서는 주제격 어미 '온'을 사용하면서 역동감을 준다. 이 역시 이 작품의 전체 구조에서 이 작품이 정감적으로 병렬적 구조가 아님을 말해주는 동시에 전환의 역할을 하게 된다. 이 정점 또한 이 작품의 내용이나 의미의 구조가 결여하고 있는 頂点을 보완하는 연구조라 할 수 있다.

② 종속적 연결어미의 일탈(2)
이번엔 朴善長의 <五倫歌> 종장들에서 형태의 삼차적 일탈중 종속적 연결어미의 일탈을 본다.

이 恩惠 하 罔極ㅎ니 가풀 줄을 몰너라

萬一에 人義를 모르면 廝養이나 다르랴

그려도 恭敬홀 줄 모르면 雎鳩 아니 인느냐

사롬이 이 뜻을 모라면 禽獸마도 못ㅎ리

桑田이 바다물 되여도 信을 닛디 마로리라

그려도 닐곱 구모 가자시니 五倫이야 모르랴

그려도 보고 들으면 비호리 이시리

百年도 못 살 人生이 그러그러 엇뎨리

　　이 종장 전-반행의 어미들(밑줄친 부분)을 보면, 제4연까지의 이것들
은 모두가 종속적 연결어미들('-니', '-면', '-면', '-면')이다. 이것들을 듣
는 청자나 이것들을 보는 독자들은 제5연의 종장 전-반행의 끝에서도
이 종속적 연결어미들을 기대하게 한다. 그러나 작품에서는 이 기대를
특수조사 '-여도'로 파괴하는 삼차적 일탈을 보이면서 정점을 보완하고
있다.

3) 음절
① 음절의 일탈(1)
다음은 朴善長의 <五倫歌>에서 삼차적 일탈을 살펴본다.

　　　　寸마도 못흔 푸리 봄 이슬 마즌 後에
　　　　닙 넙고 줄기 기러 밤나즈로 부러낫다
　　　　이 恩惠 하 罔極ᄒ니 가풀 줄을 몰너라

　　　　이 님이 머기시고 이 님이 입피시니
　　　　十生 九死흔둘 님의 德을 니쥴ᄂᆞ냐
　　　　萬一에 大義를 모르면 厮養이나 다ᄅ랴

　　　　두 姓이 흔 ᄃᆡ 모다 함끠 늘거 죽쟈 ᄒ니
　　　　百年 情好야 이예셔 더랴마ᄂᆞ
　　　　그려도 恭敬홀 줄 모르면 雎鳩 아니 인ᄂᆞ냐

　　　　몬져 나니 後에 나니 次序야 다롤지라도
　　　　압 뒤혜 돌녀셔 한 져즈로 기러낫다
　　　　사롬이 이 뜻을 모라면 禽獸마도 못ᄒ리(음 '아'의 일탈)

남으로 삼긴 거시 이디도록 親厚홀샤
손 잡고 말홀 제 억게만 두드리랴
桑田이 바다물 되여도(종속적 연결어미의 일탈) 信을 닛디 마로리라(후
-반행의 4. 3음절수의 일탈)

唐虞 머러디고 漢唐宋이 니어시니
天地 오라거니 世道 아니 變홀너냐
그려도 닐곱 구모 가자시니 五倫이야 모르랴

옷밥이 不足호니 禮義 츠리 겨룰 업셔
家塾 黨序을 不關이 너기느냐
그려도 보고 들으면 비호리 이시리

이우즐 미이디 마라 이웃 미오면 갈듸 업셔
一鄕이 보리고 一國이 다 보리리
百年도 못 살 人生이 그러그러 엇데리

이 작품에서의 일탈들은 다양하다. 우선 '-아'의 기대 일탈은 제4연의
끝음에서 나타나고 있다. 이어서 제5연에서는 종장의 전-반행 끝에서 그
앞까지 이어오던 종속적 연결어미를 '-여도'로 일탈하고, 후-반행에서도
그 앞까지 있어온 4. 3의 음절수를 파괴하면서 작품을 정감적 전환하는
頂点을 이루게 된다.

② 음절의 일탈(2)
朴善長의 <五倫歌>에서는 후-반행에서 통사의 삼차적 일탈을 보인다.
이를 검토해 보기 위하여 먼저 작품의 종장들에서 음절들을 살펴 본다.

이 恩惠 하 罔極호니 가풀 줄을 몰너라

萬一에 大義를 모르면 斯養이나 다르랴

　　그려도 恭敬홀 줄 모르면 睢鳩 아니 인느냐

　　사롬이 이 뜻을 모라면 禽獸마도 못ᄒ리

　　桑田이 바다물 되여도 信을 닛디 마로리라

　　그려도 닐곱 구모 가자시니 五倫이야 모르랴

　　그려도 보고 들으면 비호리 이시리

　　百年도 못 살 人生이 그러그러 엇뎨리

　　종장 후-반행에서 제5, 7행들은 음절수의 일탈인 삼차적 일탈이 된다. 제1, 2, 3, 4, 6, 8연들의 종장 후-반행의 음절수는 모두가 4. 3을 보여준다. 이럴 경우에 제4연까지의 청자나 독자는 제5연의 종장 후-반행의 음절수에서 역시 4. 3을 기대하게 된다. 그러나 이 기대는 제5연의 종장 후-반행의 음절수에서 4. 4(信을 닛디 마로라)에 의해 파괴된다. 이 기대의 파괴가 곧 삼차적 일탈되는 것이다. 제5연의 종장 후-반행의 음절수 파괴에 이어서 제6연의 종장 후-반행의 음절수 4. 3은 다시 앞의 규범을 계속한다. 이런 규범의 파괴와 지속에서 청자나 독자는 제7연 종장 후-반행의 음절수에서 4. 3 또는 4. 4를 기대하게 된다. 그러나 이 기대 역시 3. 3(비호리 이시리)에 의해 파괴되면서 삼차적 일탈을 보인다. 결국 종장 후-반행의 음절수로 보면, 제5, 7연이 작품 내에서 일탈하는 삼차적 일탈을 보이는 것이다. 이것 역시 정점을 보완하는 역할을 한다.

　　③ 음절의 일탈(3)

　　朴仁老<五倫歌>의 경우에도 일탈에 의한 종결을 보완하는 것이 있다. 朴仁老의 <五倫歌>는 25수로 한 목에 설명하기 힘들고, 그 구성상 5수를 단위로 하고 있어, 여기서는 5수를 단위로하여 제1~5연의 작품을 설명하고자 한다.

> 大舜의 終身 誠孝도 못다한가 ᄒᆞ노라
>
> 아마도 못다홀 誠孝를 일즉 벼퍼 보렷로라
>
> 날마다 侍側 奉養을 沒身不衰 ᄒᆞ오리라
>
> 生死葬祭에 禮로뻐 始終갓게 섬겨서라
>
> 아모려 下愚不移도 밋처 알게 ᄒᆞ렷로라

이상은 제1-5연의 종장들을 나열해 본 것이다. 형태의 삼차적 일탈이 제4연의 밑줄친 부분에서 나타남을 알 수 있다. 제3연까지의 밑줄친 부분들을 보면, 3. 5(大舜의 終身 誠孝도) 3. 6(아마도 못다홀 誠孝를) 3. 5 (날마다 侍側 奉養을)로 이루어져 있다. 이를 기억하는 한, 청자와 독자는 제4연의 밑줄친 부분에서 3. 5 또는 3. 6를 기대한다. 그러나 실제의 작품에서는 이 기대를 5. 3(生死葬祭에 禮로뻐)하여 파괴시킨다. 이 일탈은 시적 규범의 파괴라는 점에서는 이차적 일탈이지만, 동시에 제3연까지에서 형성된 기대의 파괴라는 점에서는 삼차적 일탈이다. 물론 이 파괴는 기대되었던 것의 도치에 의한 파괴이다.

④ 음절의 일탈(4)

형태의 삼차적 일탈이 李 侃의 <五倫歌> 종장들에서 음절수의 일탈을 제4, 5연들에서 가지고 있다. 이를 검토하기 위해 먼저 작품의 종장들을 보기로 한다.

> 아마도 至極혼 恩德을 못내 가파 ᄒᆞ노라

두어라 爲國忠心을 <u>永世不忘</u> ᄒ오리라

兄弟야 이 뜻을 아라 <u>自友自恭</u> ᄒ쟈스라

우리는 어진벗 아라셔 <u>責善</u>을 바다 보리라

眞實로 國法이 이시니 <u>無別無行</u> ᄒ지마라

ᄒ믈며 人倫을 알려ᄒ면 이 아니코 어이리

밑줄친 부분들 중에서 제1, 2, 3, 5, 6연들의 음절수는 4. 3, 4. 4, 4. 4, 4. 4, 4. 3 등으로 4음절로 시작하는 4. 3 또는 4. 4로 되어 있어 독자는 독서의 과정에 이것을 기억하면 제4연의 이 부분에서도 4음절로 시작하는 4. 3 또는 4. 4를 기대하게 된다. 그러나 이 기대는 3. 5 또는 5. 3(責善을 바다 보리라)으로 파괴된다. 그리고 이 부분은 다음과 같은 대칭에서도 파괴를 보인다.

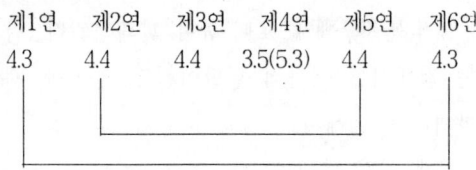

   제1연   제2연   제3연   제4연   제5연   제6연

   4.3   4.4   4.4   3.5(5.3)   4.4   4.3

위에서 보는 바와 같이 제1연과 제6연의 종장 후-반행은 4. 3으로 대칭되고, 제2연과 제5연의 종장 후-반행은 4. 4로 대칭되지만, 제3연과 제4연의 종장 후-반행은 대칭되지 않으면서 일탈을 보인다. 이상과 같은 점에서 제4연의 종장 후-반행은 삼차적 일탈이라 할 수 있다. 앞의 종결의 보완에서도 말했듯이 이 일탈을 중심으로 2연과 5연, 1연과 6연이 대칭되면서 종결을 보완하기도 한다.

이런 일탈의 집중은 이 작품의 연구조에 역동성을 주고 있다. 이 일탈들은 이때까지 지속되어온 형식과 의미 구조의 반복을 일탈하는 것으로 연구조에서 전환점의 기능을 수행한다.

4) 음운의 일탈

형태적 일탈로서 음운의 기대 파괴에 의한 삼차적 일탈은 朴善長 <五倫歌>의 종장들에서 발견된다. 먼저 朴善長의 <五倫歌> 종장들을 본다.

이 恩惠 하 罔極ᄒᆞ니 가풀 줄을 몰니라

萬一에 大義를 모ᄅᆞ면 斯禽이나 다ᄅᆞ랴

그려도 恭敬ᄒᆞᆯ 줄 모ᄅᆞ면 雎鳩 아니 인ᄂᆞ냐

사ᄅᆞᆷ이 이 뜻을 모라면 禽獸마도 못ᄒᆞ리(음 '아'의 일탈)

桑田이 바다물 되여도 信을 닛디 마로리라

그려도 닐곱 구모 가자시니 五倫이야 모ᄅᆞ랴

그려도 보고 들으면 비호리 이시리

百年도 못 살 人生이 그러그러 엇데리

이 경우에 제1, 2, 3, 5연들의 종장 끝의 음은 '-아'이다. 즉 제1, 5장들의 말음은 '-라'의 '-아'이고, 제2장의 말음은 '-랴(리+아)'의 '-아'이며, 제3장의 말음은 '-냐(니+아)'의 '-아'이다. 이런 사실에서, 제1, 2, 3장까지의 청자나 독자는 제4장의 종장 마지막 말음도 '-아'일 것이라는 것을 기대하게 된다. 그러나 작가는 제4장 마지막 말음에서 이 기대를 '-이'로 파괴하고 있다. 이는 작품이 이때까지 지속시켜온 일종의 규범을 일탈한 것으로 삼차적 일탈이 된다. 이 일탈은 기대 파괴에 의한 정점을 보완하는 구조를 문체적인 측면에서 갖게 한다.

5) 통사적 일탈

① 주어의 일탈

통사의 삼차적 일탈은 주어의 삼차적 일탈과 행구성의 삼차적 일탈로 나눌 수 있다. 먼저 전자는 朴仁老의 <五倫歌>제6-10연들에서 발견된다.

聖恩이 罔極훈 줄 사롬들아 아ᄂ순다
이몸은 罔極훈 聖恩을 갚고 말려 ᄒ노라

稷契도 안닌 몸애 聖恩도 罔極홀샤
窮達이 길이 달나 못 뫼압고 설윗로라

사롬 삼기실제 君父갓게 삼겨시니
이몸은 忠孝 두 사이에 늘글주를 모르보라

深山의 밤이 드니 北風이 더옥 차다
간 밤의 치우신가 北斗비겨 바리로라

이몸이 죽은 後에 忠誠이 넉시되야
上帝쩨 우리 聖主를 壽萬歲케 비로리라

이상은 제6-10연들의 초장과 중장을 나열한 것인데 밑줄친 부분들을 보면, 제9연에서 삼차적 일탈이 있음을 확인할 수 있다. 먼저 각 연들의 첫단어를 보면, 제9연의 것을 제외하고는 주어들이 와 있다. '聖恩이'(제6연) '稷契도'(제7연) '사롬'(제8연) '이몸이'(제10연). 그런데 제9연에서는 주어가 아닌 '深山의'가 오고 있다. 이럴 경우에 제8연까지 듣거나 읽은 사람들은 제9연의 첫단어로 주어를 기대하게 된다. 그러나 이 기대는 주어가 아닌 '深山의'에 파괴된다. 이 기대의 파괴 곧 삼차적 일탈이 된다.

다시 종장의 첫단어를 보자. 제3연까지는 '이몸은' '窮達이' '이몸은' 등의 주어가 오고 있다. 이로 이해 이를 기억하는 청자나 독자는 제4연의

종장 첫단어를 주어로 기대하게 된다. 그러나 작품의 실제에서는 '간 밤
의'로 이 기대를 파괴하면서 삼차적 일탈을 보인다.

② 주격의 일탈
　　李 侃의 <五倫歌>

어버이 날 나흐셔 어질과쟈 길러내니
이 두分 아니시면 내몸 나셔 어질소냐
아마도 至極 恩德을 못내 가파 ᄒ노라

天恩이 ᄀ이 업서 代마다 덥혀 두고
太平盛世에 가플 일이 어려왜라
두어라 爲國忠心을 永世不忘 ᄒ오리라

우리몸 갈라 난들 두몸이라 아지마소
分形連氣ᄒ니 이 이른 兄弟니라
兄弟야 이 뜻을 아라 白友白恭 ᄒ쟈스라

님(주격의 일탈)으로서 親ᄒ 사ᄅ 벗이라 닐러시니(전-반행≦후-반
행의 일탈)
有信곳 아니ᄒ면 시귈 줄이 이실소냐
우리는 어진벗 아라서 眞善을 바다 보리라(대칭의 기대에 따른 후-
반행의 일탈)
(의미 '당위를 먼저 노래하고, 당위의 의미를 나중에 노래'하는 일탈)

男女(주격의 일탈) 有別ᄒ 줄 사ᄅ마다 알년마는
學文을 모르면 알기 아니 어려온랴
眞實로 國法이 이시니 無別無行 ᄒ지마라

져무니 어룬 뫼셔 간듸마다 ᄎ례곳 알면
無知ᄒ 愚氓들도 아니 아지 못ᄒ려니
ᄒ믈며 人倫을 알려ᄒ면 이 아니코 어이리

통사의 형태적 일탈로써 주격의 삼차적 일탈은 李侃의 <五倫歌>의 각수의 초장 내율절에서 나타난다. 이것에 관한 것으로써 예를 보기 위하여 이간의 <五倫歌>에서 초장들을 다시 정리해 보면 다음과 같다.

어버이 날 나흐셔 어질과쟈 길러내니

天恩이 ᄀ이 업서 代마다 덥혀 두고

우리몸 갈라 난들 두몸이라 아지마소

눔으로셔 親흔 사롬 벗이라 닐러시니

男女 有別흔줄 사롬마다 알년마는

져무니 어룬 뫼셔 간듸마다 추례곳 알면

위의 밑줄친 부분에서 제3연까지의 주어는 '어버이(이)' '天恩이' '우리 몸(이)' 등의 주격을 가진 어휘들이다. 이런 사실을 기억하는 한 제4, 5 연들의 이 부분에서도 주격을 기대하게 된다. 그러나 작품은 이 기대를 위의 이탤릭체 부분과 같이 '눔으로셔'와 '男女(에)'로 파괴하면서 삼차적 일탈을 보인다. 이 기대파괴에 의한 일탈 역시 의미구조의 진행 중 정점 을 보완하는 역할을 한다.

6) 단어종결어미

우선 형태적일탈로서 단어-종결어미의 삼차적 일탈을 보자. 이를 보 기 위해 朴仁老<五倫歌>의 제11-15연을 본다.

夫婦 ㅣ 이신 後에 父子兄弟 *삼겨시니*
夫婦곳 아니면 五倫이 가줄소냐
이中에 生民이 비롯ᄒ니 夫婦 크다 ᄒ*로라*

사람 내실적의 夫婦 ᄀᆺ게 *삼겨시니*
天定 配匹이라 夫婦 ᄀᆺ치 *重ᄒᆞᆯ소냐*.
百年을 아적삼아 如鼓瑟琴 ᄒᆞ렷*로라*

夫婦을 重타ᄒᆞᆫ들 情만 重케 *가질것가*
禮別업시 居處ᄒᆞ며 恭敬업시 조ᄒᆞᆯ소냐
生에 敬待 如賓을 冀缺갓치 ᄒᆞ오*리라*

夫婦 삼길 적의 하 重케 *삼겨시니*
夫唱 婦隨ᄒᆞ야 一家天地 和ᄒᆞ*리라*
날마다 擧顔齊眉을 孟光 ᄀᆺ게 ᄒᆞ*여라*

남으로 삼긴 거시 夫婦 ᄀᆺ치 重ᄒᆞᆯ넌가
사ᄅᆞᆷ의 百福이 夫婦에 가잣거든
이리 重ᄒᆞᆫ ᄉᆞ이에 아니 和코 엇지ᄒᆞ리

이 제11-15연들의 시조들을 보면, 제13-14연에서 삼차적 일탈이 발견된다. 우선 제11, 12연들을 보면, 밑줄치고 이탤릭체로 표기한 부분인 '··· 삼겨시니, ···-ㄹ소냐, ···-로라'가 반복하고 있다. 이 반복은 두 측면에서 두 가지 기대를 불러 일으키게 되는데 하나는 이 반복으로 인해 제13연에서도 이 반복이 이루어지리라는 기대이다. 그러나 제13연에서는 이 기대를 밑줄친 부분인 '··· 가질것가, ···-ㄹ소냐, ···-리라'로 파괴한다. 이로 인해 제13연은 작품내의 기대를 파괴한 삼차적 일탈을 가지게 된다. 다음으로 밑줄치고 이탤릭체로 표기한 부분인 '··· 삼겨시니, ···-ㄹ소냐, ···-로라'의 반복은 對가 되면서, 제14연이 제13연의 對가 되도록 밑줄친 부분 '··· 가질것가, ···-ㄹ소냐, ···-리라'를 반복하지 않을까 하는 기대를 일으킨다. 그러나 이 기대 역시 이탤릭체 부분인 '··· 삼겨시니, ···-리라, ···-여라'로 파괴되어 삼차적 일탈이 된다.

(2) 소재적일탈

1) 소재의 일탈(1)

소재의 삼차적 일탈은 朴仁老 <五倫歌>의 제6-10연과 제16-20연에서
보인다.

　　　聖恩이 罔極흔 줄 사룸들아 아ᄂ순다
　　　聖恩곳 안니면 萬民이 살로소냐
　　　이몸은 罔極흔 聖恩을 갚고 말려 ᄒ노라

　　　稷契도 안닌 몸애 聖恩도 罔極홀샤
　　　百번을 죽어도 갑흘 닐이 업것마ᄂ
　　　窮達이 길이 달나 못 뫼압고 설윗로라

　　　사룸 삼기실제 君父갓게 삼겨시니
　　　君父ㅣ 一致라 輕重을 두로소냐
　　　이몸은 忠孝 두 사이에 늘글주를 모ᄅ보라

　　　深山의 밤이 드니 北風이 더옥 차다
　　　玉樓 高處에도 이 ᄇ룸 부ᄂ게오
　　　간 밤의 치우신가 北斗비겨 바리로라

　　　이몸이 죽은 後에 忠誠이 넉시되야
　　　놉히 놉히 ᄂ라 올라 闔閭을 블너 열고
　　　上帝께 우리 聖主를 壽萬歲케 비로리라

이들 시조들은 임금에의 충성을 노래하고 있다. 그러나 가운데 연을
보면 그 앞까지 지속한 임금에의 충성이 아니라 충효를 노래하는 소재
의 삼차적 일탈을 보여주고 있다.

2) 소재의 일탈(2)

兄弟 내실적의 同氣로 삼겨시니
骨肉 至親이 兄弟ズ치 重홀넌가
一生에 友愛之情을 흐뭄ズ치 흐리라

爭財에 失性흐야 同氣不睦 마라스라
田地와 奴婢는 갑슬 주면 살련이와
아모려 萬金인들 兄弟 살디 잇느냐

友愛를 尤篤흐야 百年을 흔틱 살며
흔옷 흔밥을 논하 닙고 논하 먹고
白髮애 아뮈줄 모르도록 흽긔 늘쟈 흐노라

同氣로 셋몸되야 흔몸가치 지닉다가
두 아은 어딕가셔 도라올 줄 모르는고
날마나 夕陽門外에 한숨계워 흐노리

友愛 깁흔 쓰지 表裏업시 흔뜻되야
이重에 和兄弟를 우린가 녀겨시니
엇지타 白首隻鴈이 혼자 울줄 알리오

위의 제16-20연들의 소재를 살펴보면, 소재의 삼차적 일탈로 되어 있
는 것을 볼 수 있다. 제16-18연은 내 형제가 아니라 일반적인 형제를 소
재로 반복하고 있다. 이 소재의 반복으로 인해 제19연에서도 이런 소재
를 기대하게 된다. 그러나 이런 기대는 제19연에 이르러 일반적인 형제
가 아닌 내 형제의 소재로 파괴되면서 삼차적 일탈을 보인다. 이 일탈은
기대파괴에서 오는 시적의미의 전환점을 형성시켜 준다. 따라서 이는 작
품에서 문체적인 정점을 형성케 하고 있다.

이 소재의 일탈에서 오는 頂点 역시 이 작품의 내용이나 의미의 구조
가 결여한 頂点을 보완한다고 할 수 있다.

(3) 의미적 일탈

1) 당위이유-당위의 일탈(1)

의미적일탈로써 먼저 周世鵬의 <五倫歌>를 보자.

> 사롬 사롬마다 이 말슴 드러스라
> 이 말슴 아니면 사롬이오 사롬 아니
> <u>이 말슴 닛디 말오 비호고야 마로링이다</u>(전-반행>후-반행의 일탈)

> 아버님 랄 나흐시고 어마님 랄 기르시니
> 父母옷 아니시면 내몸이 업실낫다
> 이 德을 갑흐려 하니 하늘7이 업스샷다

> 둉과 항것과롤 뉘라셔 삼기신고
> 벌과 가여미아 이 뜨둘 몬져 아니
> <u>혼 무숨매 두 뜯 업시</u>(內律節<外律節의 일탈) <u>소기지나 마옵샹이다</u>(전-
> 반행>후-반행의 일탈)

> 지아비 받 갈라 간디 밥고리 이고가
> 반상을 들오디 눈섭의 마초이다
> 친코도 고마오시니 손이시나 다르실가
> (당위 내용을 당위 이유 앞에 노래하는 일탈)

> 兄님 자신 져줄 내 조쳐 머궁이다
> 어와 뎌아숙야 어마님 너스랑이야
> 兄弟옷 不和흐면 <u>개도티라 흐리라</u>(종결어미 '-ㅇ 이다'와 전-반행>후-반
> 행의 기대 일탈)

> 늘거니는 父母굳고 얼우는 兄7투니
> <u>구튼디 不恭흐면 어듸가 다룰고</u>(전-반행≤후-반행의 일탈)
> <u>랄로셔 무디어시든 절흐고야 마로링이다</u>(종격어미 '-ㅇ 이다'이 아닌 것
> 의 일탈,전-반행>후-반행의 일탈)

이 周世鵬의 <五倫歌>는 제4연에 부기한 바와 같이 그 이전까지 지
속되어온, 초장과 중장에서 당위의 이유를 먼저 노래하고 종장에서 당위
의 내용을 노래하리라는 기대를 파괴하는 일탈을 보인다. 이는 삼차적
일탈이 가질 수 있는 작품의 역동화이다. 이 역동화는 크게 보아 시의
정감적 흐름에서 전환점을 형성하는 頂点이라고 볼 수도 있다.

이번엔 역시 周世鵬의 <五倫歌>에서 의미의 삼차적 일탈을 보기 위
해 앞에서 정리한 의미 구조를 옮겨오면 다음과 같다.

  사룸 사룸마다 이 말숨 드러스라
  이 말숨 아니면(조건 비종결) 사룸이오 사룸 아니
  (당위 이유:이 말씀으로 사람됨)
  이 말숨 닛디 말오 비호고야 마로링이다
  (당위:이 말씀 배움)

  아버님 랄 나ᄒ시고 어마님 랄 기르시니(원인 비종결)
  父母옷 아니시면(조건 비종결) 내몸이 업실낫다(부모로 인해 내 몸이
  있다)
  (당위 이유:내가 부모의 생육으로 존재)
  이 德을 갑흐려 하니(원인 비종결) 하늘ᄀ이 업스샷다(이 德을 열심히
  갚으리이다)
  (당위:효도)

  동과 항것과룰 뉘라셔 삼기신고(종과 주인은 하늘이 만들었다)
  벌과 가여미아 이 뜨돌 몬져 아니(원인 비종결)
  (당위 이유:주종을 하늘이 만들고 벌과 개미도 이를 앎)
  흔 ᄆᅀ매 두 뜯 업시 소기지나 마옵생이다
  (당위:신하의 忠)

  지아비 받 갈라 간디 밥고리 이고가
  반상을 들오ᄃᆡ(조건 비종결) 눈섭의 마초이다

(당위:지아비 섬김)
친코도 고마오시니(원인 비종결) 손이시나 다룯실가(친하고 고마우니
손님 같이 뫼시리이다)
(당위 이유:친하고 고마움)(당위:지아비 섬김)

兄님 자신 져줄 내 조쳐 머궁이다
어와 뎌아ᄉ야 어마님 너스랑이야
(당위 이유:한 젖 먹음과 어머니 사랑)
兄弟옷 不和ᄒ면(조건 비종결) 개도티라 ᄒ리라(兄弟들아 利睦하이다)
(당위:형제 화목)

늘그니ᄂ 父母ᄀ고 얼우ᄂ 兄ᄀ트니(원인 비종결)
ᄀ튼디 不恭ᄒ면(조건 비종결) 어디가 다룰고(不恭ᄒ면 다를게 없다)
(당위 이유:不恭하면 다름이 없음)
랄로셔 ᄆ디어시ᄃ(조건 비종결) 절ᄒ고야 마로링이다
(당위:老長 恭敬)

앞에서 정리했듯이, 제4연을 제외한 연들은 모두가 초장과 종장에서
당위의 이유를 노래하고, 이어서 종장에서 당위의 내용을 노래하면서 상
례적인 논리 전개를 보이고 있다. 이런 연들에서 제3연까지 작품을 수용
한 청자나 독자들은 제4연에서도 이런 의미의 구조가 나타나리라는 것
을 기대한다. 그러나 제4연은 초장과 중장에서 당위를 먼저 거꾸로 노래
하고 이어서 종장에서 당위의 내용을 다시 노래하면서 동시에 당위의
이유를 노래하는 일탈을 보인다. 이렇게 주어진 기대를 일탈할 때에 이
것을 의미의 삼차적 일탈이라고 볼 수 있다.

2) 당위이유-당위의 일탈(2)
의미의 삼차적 일탈을 朴仁老 <五倫歌>의 제1-5연에서 본다.

아비ᄂ 나ᄋ시고 어미ᄂ 치옵시니(원인 비종결)

昊天罔極이라 갑흘 길이 어려우니(원인 비종결)
(당위 이유:부모님이 생육함과 그 은덕을 갚기 어려움)
大舜의 終身誠孝도 못다한가 흐노라(大舜의 終身誠孝도 못다 할만큼 크
니 효도하라)
(당위:孝道)

人生 百歲中에 疾病이 다 이시니(원인 비종결)
부모를 섬기다 몃 히를 섬길넌고(부모 섬기는 것이 몇해되지 않다)
(당위 이유:부모 병이 있어 몇해 섬기지 못함)
아마도 못다홀 誠孝를 일즉 벼퍼 보렷로라(이 誠孝를 일직 베풀어 보라)
(당위:일찍 효도함)

父母 섬기기를 至誠으로 섬기리라
鷄鳴에 盥漱흐고 燠寒을 뭇즈오며
날마다 侍側奉養을 沒身不衰 흐오리라
(딩위 이유:없음)(당위:효도)

世上 사롬들아 父母恩德 아느산다(세상 사람들이 부모 은덕 잘 모른다)
父母곳 아니면(조건 비종결) 이몸이 이실소냐(부모로 인해 이 몸이 있다)
(당위 이유:부모은덕을 잘 모름과 부모로 인해 몸이 있음)
生死葬祭에 禮로뻐 始終갓게 섬겨서라
(당위:예로 시종 섬김)

三千 罪惡中에 不孝애 더니 업다
(당위 이유:불효가 삼천 죄악 중에 가장 큼)
夫子의 이 말슴 萬古애 大法 삼아
아모려 下愚不移도 밋처 알게 흐렷로라(사람들아 효도하라)
(당위:효도)

제1, 2, 4연들은 초장과 중장에서 효도의 당위 이유를 노래하고 다음
종장에서 그 당위를 노래하는 상례성을 보인다. 이로 인해 제3연에서 이
런 의미 구조가 나타나리라는 것을 독자나 청자는 기대하게 하도록 되

어 있다. 그러나 제3연은 이 기대를 아예 당위의 이유를 노래함이 없이
효도의 당위만을 노래하는 것으로 파괴한다. 이렇게 기대가 파괴되는 것
이 보이는데 이는 삼차적 일탈이라 할 수 있다.

3) 당위이유-당위의 일탈(3)

의미의 삼차적 일탈을 역시 이 간의 <五倫歌>에서 본다.

> 어버이 날 나흐셔 어질과쟈 길러내니(원인 비종결)
> 이 두分 아니시면(조건 비종결) 내몸 나셔 어질소냐(두 분이 있기에 내
> 가 나서 어질다)
> (당위 이유:부모님이 내 몸을 생육함과 어진 내가 부모님으로 인함)
> 아마도 至極흔 恩德을 못내 가파 흐노라(지극한 은덕을 갚자스라)
> (당위:孝道)

> 天恩이 ᄀ이 업서 代마다 덥혀 두고
> 太平盛世에 가플 일이 어려왜라
> (당위 이유:누대 천은을 갚음이 어려움)
> 두어라 爲國忠心을 永世不忘 흐오리라(爲國忠心을 永世不忘 하자스라)
> (당위:爲國忠心을 永世不忘함)

> 우리몸 갈라 난들 두몸이라 아지마소(우리몸 한 몸이다)
> 分形連氣흐니(원인 비종결) 이 이른 兄弟니라
> (당위 이유:형제는 두 몸이 아니고 分形連氣임)
> 兄弟야 이 뜻을 아라 自友自恭 흐쟈스라
> (당위:형제 自友自恭)

> 눔으로셔 親흔 사롬 벗이라 닐러시니(원인 비종결)
> (당위:남으로 친한 것이 벗임)
> 有信곳 아니흐면(조건 비종결) 사괼 줄이 이실소냐(신의 있게 사귀자스라)
> (당위:有新으로 사귐)
> 우리는 어진벗 아라셔 責善을 바다 보리라(어진 벗을 알아 責善을 바다
> 보자스라)

(당위 이유:어진 벗을 알아 責善을 받음)

男女 有別ᄒ줄 사롬마다 알년마는
學文을 모르면(조건 비종결) 알기 아닌(원인 비종결) 어려온랴(學文을
모르면 어렵)다
(당위 이유:學文을 몰라 이를 알기 어려움)(당위:學文을 알음)
眞實로 國法이 이시니(원인 비종결) 無別無行 ᄒ지마라
(당위 이유:국법이 있음)(당위:분별행동)

져무니 어룬 뫼셔 간듸마다 츠례곳 알면(조건 비종결)
無知혼 愚氓들도 아니 아지 못ᄒ려니(원인 비종결)
(당위 이유:가는 곳마다 차례를 알면 愚氓들도 알 것이다)
ᄒ믈며 人倫을 알려ᄒ면(조건 비종결) 이 아니코 어이리(차례를 알아
人倫을 알자스라)
(당위:인륜을 알기 위하여 이를 함)

이는 李侃의 <五倫歌>의 의미 구조를 앞에서 다시 끌어온 것이다. 작
품의 논리적 의미적 구성은 제1, 2, 3, 6연들에서는 초장과 중장에서 당
위의 이유를 노래하고 이어서 종장에서 당위를 노래하는 규범을 보인다.
이로 인해 제4연에서 이런 구성이 나타나리라는 것을 독자와 청자는 기
대한다. 그러나 제4연은 이 기대를 당위를 먼저 초장과 중장에서 노래하
고, 당위의 이유를 종장에서 노래하는 구조로 되어 일탈에 의한 파괴를
시킨다. 이 파괴는 곧 삼차적 일탈로 보아진다.

이런 사실은 이 작품의 내용이나 의미 차원에서 전환점이 없는 듯한
연구조의 파악을 문체적인 측면이 보완해 주는 것이라 할 수 있다.

이상과 같은 점으로 미루어 볼 때에, 聯時調 <五倫歌>들은 그 내용이
나 의미의 구조가 결여한 頂点을 문체들에 의해 보완받는 연구조를 가
졌다고 할 수 있다.

이상의 두 항의 검토로 인해, 聯時調 <五倫歌>들은 모두가 終結과 頂
点을 취하고 있음을 확인할 수 있다. 頂点의 補完은 5작품 모두에서 설
명하였다. 그리고 朴仁老와 朴善長의 <五倫歌>들은 '亂三章'과 總結 3章

을 가지고 있으며, 周世鵬 金尙容 李侃 등의 <五倫歌>들은 내용이나 의
미의 구조에서는 終結의 聯을 가지고 있지 않지만, 그 終結을 문체적인
측면에서 가지고 있기 때문이다. 이 두 가지 사실을 종합하면 이미 聯時
調 <五倫歌>들은 그 연구조가 상당히 역동적임을 알 수 있다.

이런 성격은 다른 장르에서도 나타날 수 있을 것이라는 추측을 할 수
있으나, 거의 그렇지 않고, 聯時調 <五倫歌> 이외에는 일부의 단지 다
른 聯時調들과 공통의 양상을 보일 뿐이다. 먼저 고려가요에서 본다. 고
려가요들은 연시가이다. 그러나 앞에서 살폈던 것과 같은 성격은 전혀
보이지는 않는다. 우선 고려가요들은 후렴들의 틀을 가지고 있다. 예로
<動動>의 2연인 정월 노래로 설명하면 다음과 같다.

正月ㅅ 나릿 므른
아으 어져 녹져 ㅎ논ᄃᆡ
누릿 가온ᄃᆡ 나곤
몸하 ᄒᆞ올로 녈셔
아으 動動다리

위의 밑줄친 부분과 같은 식으로 후렴구를 반복하는데, 이 반복구를
벗어난 예는 하나도 없다. 그리고 이들 반복구들 사이에 들어 있는 노랫
말들은 음운, 어미, 시어, 律節 등등에서 시조와 같이 작품내의 기대를
형성시켰다가 그것을 파괴하면서 三次的 일탈을 일으켜서 작품의 역동
화를 도모하는 경우는 드물게 나타난다. 이에 속하는 작품들로, <動動>
<西京別曲> <雙花店> <滿殿春別詞> <翰林別曲> <關東別曲> 등등이
있다.

이 작품들과 다르게 삼차적 일탈을 일으켜서 작품의 역동화를 보이는
경우는 <청산별곡>과 <죽계별곡>이다. <청산별곡>의 경우에 '얄리 얄
리 얄랑셩 얄라리 얄라'의 바로 앞행들에서 삼차적 일탈을 볼 수 있다.
이에 대한 예로써 해당행들만을 인용하면 다음과 같다.

(원전을 믿을 경우)　　　　(판각상의 착종설을 믿을 경우)

靑山애 살어리랏<u>다</u>(제1연)　　靑山애 살어리랏<u>다</u>(제1연)
자고니러 우니 노<u>라</u>(제2연)　　자고니러 우니 노<u>라</u>(제2연)
믈아래 가던새 본<u>다</u>(제3연)　　믈아래 가던새 본<u>다</u>(제3연)
바므란 쏘엇디 호리<u>라</u>(제4연)　　바므란 쏘엇디 호리<u>라</u>(제4연)
마자셔 우니 노<u>라</u>(제5연)　　바르래 살어리랏<u>다</u>(제5연)
바르래 살어리랏<u>다</u>(제6연)　　마자셔 우니 노<u>라</u>(제6연)
奚琴을 혀거를 드로<u>라</u>(제7연)　　奚琴을 혀거를 드로<u>라</u>(제7연)
잡스와니 내엇디 ᄒᆞ히잇<u>고</u>(제8연)　잡스와니 내엇디 ᄒᆞ히잇<u>고</u>(제8연)

　원전을 믿을 경우에, 위의 밑줄친 부분에서 파악할 수 있듯이, 제4연까지를 보면 '-다'와 '-라'가 교대로 반복함을 할 수 있다. 이로 인해 제5연에서도 '-다'가 나올 것을 기대하지만 이는 파괴된다. 그리고 판각상의 착종설을 믿을 경우는 제6연까지 '-다'와 '-라'가 교대로 반복함에 따라 제7행에서도 '-다'가 나올 것을 기대하지만, 이 기대는 파괴된다. 이렇게 되어 어느 경우에도 작품의 역동화에 기여함을 할 수 있다.

　<竹溪別曲>은 5연의 경기체가이다. 그런데 이 경기체가는 제3연까지는 '爲 ～景 幾何如, 4. 4'의 반복을 보인다. 그러다가 제4연에서는 이를 '爲 一朵紅雲垂未絶 天生絶艶 小紅時'로 '～景 幾何如'의 기대와 '4. 4'의 기대를 파괴하면서 작품의 역동화를 보여준다.

　<청산별곡>의 종결어미 기대의 파괴는, 聯時調 <五倫歌>의 종결어미의 기대의 파괴와 통한다고 할 수 있다. 이에 비해 <죽계별곡>의 음절수의 기대 파괴는 聯時調 <五倫歌>의 음절수 기대의 파괴와 비슷하지만, 서로가 각각 다른 장르의 규범으로부터의 일탈이라는 점에서 다른 것들이다. 그리고 '～景 幾何如'의 기대 파괴는 聯時調 <五倫歌>에서는 발견될 수 없는 경기체가만이 가질 수 있는 작품의 역동화이다. 이들 두 기대의 일탈에 의한 작품의 역동화들은 聯時調 <五倫歌>의 역동화의 일부에 지나지 않는다.

이상과 같은 작품들과는 다르게 聯時調 <五倫歌>의 연구조의 역동화와 거의 같은 현상을 가진 것으로 聯時調들을 들 수 있다. 예로 두 작품을 보자.

<江湖四時歌>

江湖에 봄이 드니 미친 興이 절노난다
濁醪 溪邊에 錦鱗魚 安酒ㅣ로다
이몸이 閑暇히옴도 亦君恩 이샷다

江湖에 여름이 드니 草堂에 일이 없다
유신흔 강파는 보니ᄂᆞ니 ᄇ롬이로다
이몸이 閑暇히옴도 亦君恩 이샷다

江湖에 ᄀᆞ을이 드니 고기마다 술져잇다
小艇에 금물 시러 흘니 띄어 더져두고
이몸이 消日히옴도 亦君恩 이샷다

江湖에 겨울이 드니 눈기피 ᄌᆞ히 남다
삿갓 비긔 쓰고 누역으로 옷슬 삼아
이몸이 칩지아니히옴도 亦君恩 이샷다

<四 時 歌>

江湖에 봄이드니 이몸이 일이하다
나는 그물깃고 아히는 밧츨가니
뒤뫼헤 옴기는 藥을 언제 키려 ᄒᆞᄂᆞ니

삿갓에 도롱의 닙고 細雨中에 호믜메고
山田을 홋미다가 綠陰에 누어시니
牧童이 牛羊을 모라다가 줌든날을 깨와다

大棗볼 불근골에 밤은어이 쯔드르며
베뷘 그르헤 게는 어이 느리는고
술익즈 체장스 도라가니 아니먹고 어이리

뫼혀는 새가긋고 들히는 가리없다
외로운 비에 삿갓쓴 져늘근이
낙디예 마시 깁도다 눈깁픈쥴 아는가

앞의 <江湖四時歌>는 밑줄친 것과 같이 '江湖에 ~이 드니 ··· 이몸이 ~히옴도 亦君恩이샷다'를 틀로 가진 작품이다. 이 작품에서 기대의 일탈에 의한 작품 연구조의 역동화는 제3연에서 나타난다. 제1, 2연들의 중장의 종결어미는 '-ㅣ로다'와 '-이로다'이다. 이로 인해 제3연의 중장의 종결어미도 '-이로다'를 기대하지만, 작품은 이를 '-고'라는 종속적 연결어미로 파괴된다.

그리고 뒤의 <四時歌>는 제1, 2연의 첫난에서 저소격(에)을 사용한다. 이로 인해 제3연의 첫단어에서도 처소격(에)을 기대하지만, 이 기대는 '大棗볼'에 의해 파괴되면서 작품 연구조의 역동화를 보여준다.

이상에서 본 바와 같이, 聯時調 <五倫歌>의 연구조의 역동화를 조장하는 요소들은 다른 장르들에서는 거의 나타나지 않는다. 그러나 이런 聯時調 <五倫歌>의 특성은, 다른 聯時調들에서 나타날 가능을 충분히 가지고 있어, 다른 聯時調들과 공유하는 聯時調 <五倫歌>의 특성이라 할 수 있다.

第三節 意味 構造와의 連結

일탈의 결합은 작품의 意味 構造와도 連結되면서 시작품의 특성을 보여준다. 다른 聯時調들은 오류의 한 항목을 단지 한 수의 작품으로 노래하고 있어, 의미구조와 일탈의 결합이 보여주는 특성을 살필 수 없지만, 朴仁老의 <五倫歌>는 5수를 단위로 지어졌다는 점에서 5수씩 끊어서 이런 사실을 검토하려 한다.

아비는 나으시고 어미는 치웁시니
昊天罔極이라 갑흘 길이 어려우니
大舜의 終身誠孝도 못다한가 ㅎ노라

人生 百歲中에 疾病이 다 이시니
부모를 섬기다 몃 히를 섬길넌고
아마도 못다홀 誠孝를 일즉 벼퍼 보렷로라

父母 섬기기를 至誠으로 섬기리라
鷄鳴에 盥漱ㅎ고 燠寒을 뭇ㅈ오며
날마다 侍側奉養을 沒身不衰 ㅎ오리라
(효도의 당위의 이유 없이 효도의 당위만을 노래하는 일탈)

世上 사롬들아 父母恩德 아ᄂ산다
父母곳 아니면 이몸이 이실소냐
生死葬祭에 禮로뻐(도치에 의한 일탈) 始終갓게 섬겨서라

三千 罪惡中에 不孝애 더니 업다
夫子의 이 말슴 萬古애 大法 삼아
아모려 下愚不移도 밋처 알게 ㅎ렷로라

제2연까지 초장과 중장은 당위의 이유를 노래하고 종장에서 당위의 내용을 노래하였다. 이 형태를 제3연은 벗어나고 있다. 이는 기대의 파괴에 의한 일탈이다. 이어서 제4연은 종장 전-반행에서 그 이전까지 있어온 3. 5의 음절수를 벗어나면서 일탈을 보여준다. 이들 두 일탈은 5수의 작품 중 제3, 4연에서 보여주는 작품의 역동성이다.

제1연에서부터 제5연까지는 父子有親의 항목이다. 이 항목의 전개는

起, 承, 轉, 結의 구조로 되어 있다. 제 1연은 부모에 대한 일반적 사실, 보편적인 내용을 담고 있어 부모의 의의와 그로 인한 자식과의 관계에 대하여 진술한다. 제2연과 제3연에서는 부모를 향한 나의 다짐이다. 그리고 제4연에서는 나에서 너희들이라는 '세상 사람들'로 그 대상이 확산되어 있음을 본다. 그것이 다시 5연에 오게 되면 典籍의 인용에 근거를 두고 누구든지 알아야 할 내용으로 당위론을 펼친다. 제5연은 孝와 教訓의 필요성을 당위론에 입각하여 선포하는 結의 구조로 되어 있다. 이 父子有親 項目의 의미전개 구조는 부모의 의의(제1연 起)→나의 다짐(제2, 3연 承)→너희들(자식들의 도리(제4연 轉)→孝行(제5연 結)로 이어지는 구조이다. 즉 이 구조는 일반적인 사실을 나에게서 출발하여 모든 이들에게로 확산시키는 구조로 되어 있다. 그 확산의 경계는 轉의 구조인 제4연에서 전환되어짐을 본다. 도덕적 주체가 나에게서 상대방으로 확산시키는 전환점의 구조로 되어 있다.

이 두 사실을 종합하면, 일탈의 결합이 작품의 의미 구조와 연결됨을 확인할 수 있다. 제3연의 일탈은 당위의 이유 없이 당위의 내용을 노래한 것이다. 이는 제2연의 종장에서 보인 당위의 내용을 다시 한 번 반복 강조하는 의미가 된다. 그리고 제4연의 일탈은 종장 전-반행에서, 단시조로 보면 전환점에서의 일탈인데 이 일탈은 작품 내용에서의 轉과 더불어 작품의 정감적 轉換點을 이루면서 서로 連結된다고 할 수 있다.

聖恩이 罔極혼 줄 사롬들아 아ᄂᆞᆫ다
聖恩곳 안니면 萬民이 살로소냐
이몸은 罔極혼 聖恩을 갚고 말려 ᄒᆞ노라

稷契도 안닌 몸애 聖恩도 罔極홀샤
百번을 죽어도 갑흘 닐이 업것마는
窮達이 길이 달나 못 뫼압고 설웟로라(전-반행>후-반행의 일탈)

사롬 삼기실제 君父갓게 삼겨시니

君父ㅣ 一致라 輕重을 두로소냐
이몸은 忠孝 두 사이에 늘글주를 모르로라
(화제의 일탈)

深山의(주어의 일탈) 밤이 드니 北風이 더옥 차다
玉樓高處에도 이 ㅂ롬 부는게오
간 밤의(주어의 일탈) 치우신가 北斗 비겨 바러로라(전-반행>후-반행의
일탈)

이몸이 죽은 後에 忠誠이 넉시되야
놉히 놉히 ㄴ라 올라 閶闔을 블너 열고(전-반행≤후-반행의 일탈)
上帝꺼 우리 聖主를 壽萬歲케 비로리라
(당위의 이유를 노래하지 않고 당위만을 노래하는 일탈)

제7연에서는 일단 전-반행>후-반행의 일탈이 있다. 이 일탈은 작품에
역동성을 부여하고, 이는 제9연의 일탈과 對가 되면서 작품의 구조를 이
룬다. 그리고 제8연은 소재의 일탈을 보인다. 이보다 작품의 전체에 역
동성을 주는 것은 제9연의 초장과 중장의 밑줄친 부분들이다. 이부분들
은 그 앞의 연들까지 있어온 주어의 기대를 부사로 바꾸면서 기대를 파
괴하는 일탈들이다.

이 시조들은 君臣有義의 항목을 노래하고 있다. 제6연은 성은의 의의
를 표명한다. 聖恩에 대한 일반적 선포와 보답의 다짐으로 귀결한다. 전
체 君臣有義 項目의 序에서 起가 되어 있다. 제6연에서의 보편적 성은과
이에 대한 보답의 다짐은 제7연에서 나에 대한 성은으로 구체화되지만
보답하지 못하는 처지로 이어지는 承이 된다. 제8연은 임금과 아비가 같
음과 충효를 다짐한다. 이 제8연은 그 이전까지 노래한 충으로부터의 일
탈과 함께 轉을 구성한다. 제9연에서는 현재의 충성스런 마음을, 제10연
에서는 죽어서의 충성을 각각 노래하면서 결론을 맺는다.

화제의 일탈은 논리적 전개에서 흔히 쓰는 전환법이다. 이 화제의 일

탈이 이 작품의 전환법에서 작품의 의미 구조와 연결되는 것이다. 그리
고 이 일탈은 다른 일탈들과 함께 이 연들에서 연구조의 역동화에 기여
하는 것은 물론이다.

夫婦ㅣ 이신 後에 父子兄弟 삼겨시니
夫婦곳 아니면 五倫이 가즐소냐
이中에 生民이 비롯ᄒ니 夫婦 크다 ᄒ로라

사람 내실 적의 夫婦 ᄌ게 삼겨시니
天定配匹이라 夫婦ᄌ치 重홀소냐
百年을 아젹삼아 如鼓瑟琴 ᄒ렷로라(전-반행>후-반행의 일탈)

夫婦을 重타ᄒ들 情만 重케 가질것가(단어의 일탈)
禮別 업시 居處ᄒ며 恭敬 업시 조홀소냐(종결어미의 일탈)
一生에 敬待如賓을 冀缺 갓치 ᄒ오리라(종결어미의 일탈)

夫婦 삼길 적의 하 重케 삼겨시니
夫唱 婦隨ᄒ야 一家天地 和ᄒ리라
날마다 擧顔齊眉을 孟光 ᄌ게 ᄒ여라

남으로 삼긴 거시 夫婦ᄌ치 重홀넌가
사롬의 百福이 夫婦에 가잣거든
이리 重ᄒ 수이에 아니 和코 엇지ᄒ리(전-반행>후-반행의 일탈)

이 제11-15연들 중에서 가장 심한 일탈을 보이는 것은 제13연이다.
이 연은 그 앞의 두 연의 단어 '삼겨시니'와 어미 '-ㄹ소냐' '-로라'의 반
복으로 인해 이들이 기대되지만 파괴되는 것들이다. 이 파괴 역시 이 연
들에서 정감적인 전환점을 이룬다.

제11연에서는 부부의 큼을 노래한다. 이어서 제12연에서는 부부가 중
하니 백년을 아침 같이 如鼓瑟琴할 것을 노래한다. 그러나 제 13, 14연
에서는 전환하여 지아비 섬기기를 지성으로 할 것을 예들을 들어서 노

래한다. 제15연에서는 부부가 중하니 和할 것을 권하고 있다. 이런 점들로 볼 때에 이 연들의 구조는 起, 承, 轉, 結로 정리할 수 있다.

제13연의 기대들의 일탈은 작품의 연들의 의미 구조와 연결된다. 즉 제13연의 기대의 일탈은 작품의 전환, 즉 부부가 큼과 부부가 같음으로부터 지아비 섬김으로의 전환과 일치하면서 작품의 의미 구조와 연결된다. 이 일탈은 다른 일탈들과 더불어 연들의 역동화에 기여하는 것들도 사실이다.

> 兄弟 내실 적의 同氣로 삼겨시니
> 骨肉至親이 兄弟 又치 重홀넌가
> 一生에 友愛之情을 흔몸 又치 히리라
>
> 爭財에 失性히야 同氣不睦 마라스라
> 田地와 奴婢는 갑슬 주면 살런이와
> 아모려 萬金인들 兄弟 살디 잇느냐
>
> 友愛를 尤篤히야 百年을 흔틔 살며
> 흔옷 흔밥을 논하 닙고 논하 먹고
> 白髮애 아뮈줄 모르도록 홈긔 늘쟈 히노라
>
> 同氣로 셋몸되야 흔몸 가치 지니다가
> 두 아은 어디가셔 도라올 줄 모르는고
> 날마다 夕陽門外에 한숨 계워 히노라
> (화제의 일탈)
>
> 友愛 깁흔 쓰지 表裏 업시 흔뜻되야
> 이重에 和兄弟를 우린가 녀겨시니
> 엇지타 白首隻鴈이 혼자 울 줄 알리오

이 제16-20연들에서 일탈은 제19연에서 나타난다. 즉 그 앞까지 있어 온 일반적인 형제를 내 형제의 화제로 전환하는 일탈이다. 이 역시 작품의 의미구조에 역동성을 부여한다.

제16연에서는 友愛之情을 한 몸 같이 하리라는 일반적인 선언이다. 제17연은 友愛之情의 반대 화제인 同氣不睦을 말하고 앞의 노래를 이어서 (承) 노래한다. 제18연에서는 友愛를 尤篤하여 백년을 함께 살 것을 선언하여 시상의 전환을 꾀한다. 제19, 20연에서는 형제와 함께 할 수 없는 자신의 처지를 한탄하면서 노래를 맺고 있다.

제19연의 화제의 일탈은 이 연들의 결론과 연결되면서 작품의 의미구조와 연결된다.

제21-25연 사이에 3수의 망실이 있어 설명을 생략한다.

이상과 같이 볼 경우에, 작품의 일탈들은 작품의 의미 구조와 연결되어 轉 또는 結의 형상화에 기여함을 정리할 수 있다. 그런데 이렇게 기대의 파괴에 의한 형식이 작품의 의미 구조와 연결되는 것은 크게 보아 문학의 도상성(iconicality)와 연결된다. 앞에서 살핀 화제의 기대 일탈, 종결어미의 기대 일달, 주어의 기대 일탈, 단어의 기대 일탈 등은 다른 문학에서도 등장할 수 있는 것이지만, 종장 전-반행의 기대 일탈과 전-반행>후 반행의 기내 일달과 같은 것들은 聯時調에서만 가능한 것이라고 할 수 있다. 특히 聯時調와 장르적 친화 관계에 있는 단시조나 가사의 경우에도 이런 현상을 보여주지 않는다. 聯時調를 구성하는 단시조의 경우는 그 앞에서 파괴될 기대를 일으키는 작품이 없다는 점에서, 聯時調와 같은 기대의 파괴가 있을 수 없고, 가사의 경우에도 파괴될 기대를 형성하는 단위로 分聯되지 않기 때문이다.

第五章 結 論

　앞의 사항들에서 聯時調 <五倫歌>들의 形式과 表現을 살피고자, 서론에서 세 가지 문제를 제기하고, 일탈과 그것들을 결합하는 문체론적 방법으로, 聯時調 <五倫歌>들을 살폈다.

　앞에서 제기한 첫번째 문제는 聯時調 <五倫歌>의 短時調의 形式은 한국어의 무엇을 어떻게 운용한 결과인가 하는 문제이었다. 이 문제에 답하기 위해 먼저 일차적 일탈로 格語尾의 省略, 主語의 省略, 倒置法 등을 살폈다. 이어서 이차적 규범과 일탈로 半行, 行 등의 規範과 逸脫을 정리하였다. 半行, 行 등의 規範으로부터 다음과 같은 聯時調 <五倫歌>의 短時調 形式과 그 生成의 原理를 얻을 수 있었다.

　먼저 그 형식은 아래와 같다.

```
초 장(전-반행≦후-반행): 전-반행: 内律節(2음절 이상)≦外律節(3, 4음절)
                     후-반행: 内律節(3음절 이상)≦外律節(3, 4음절)
중 장(전-반행≦후-반행): 전-반행: 内律節(2음절 이상)≦外律節(3, 4음절)
                     후-반행: 内律節(3음절 이상)≦外律節(3, 4음절)
종 장(전-반행≧후-반행): 전-반행: ㉮ 内律節(3, 4음절)<外律節(4, 5음절)
                          ㉯ 内律節(3음절)≦中律節(2, 3, 4음절)
                                    ≦外律節(4, 3음절)
                     후-반행: 内律節(4음절)≧外律節
```

　이 형식을 가능하게 한 생성의 원리를 律節, 半行, 行의 단위로 정리하면 다음과 같다.

1. 律 節

율절을 생성하는 방법에는 네 가지가 있다. 하나는 가지(branch) 상태를 그대로 율절로 쓰는 것이고, 다른 하나는 가지의 結合에 의한 것이고, 다른 하나는 교점의 이동에 의한 것이고, 마지막 하나는 격어미의 생략에 의한 것이다.

(1) 가지의 결합

가지 상태의 율절이 가장 많은데, 2음절부터 5음절까지의 단어들을 그대로 율절로 쓰고 있다. 이 율절들은 2음절(42회) 3음절(180회) 4음절(181회) 5음절(17회) 등이다. 이는 한국어의 단어가 보여주는 빈도와 거의 일치한다. 이런 사실은 시조가 한국어의 기본 단위인 단어를 율절의 기초로 하고 있음을 말해준다고 할 수 있다.

가지 결합의 율절은 율절 생성의 가장 중요한 요소이다. 이에 의해 생성된 율절의 음절 역시 가지 상태의 율절과 비슷한 비율을 보인다. 2음절(1회) 3음절(48회) 4음절(118회) 5음절(15회) 6음절(13회) 7음절(4회) 8음절(1회) 등이다. 단지 차이는 3음절보다 4음절이 좀 더 우세하다는 것이다. 그러나 이 4음절 역시 한국어의 단어에서 우세한 음절이라는 점에서, 시조의 율절이 한국어 단어의 구조안에 있다는 점을 말해준다.

(2) 교점의 이동

교점(node)의 이동에 의한 단시조 율절들의 생성은 적은 편이다. 657

율절 중에서 23율절이 이에 의한 것이며, 이에 의해 생성된 음절은 3음절이 3회이고 나머지는 모두 4음절이라는 특성을 보인다.

(3) 격어미의 생략

격어미의 생략에 의해 율절이 생성되는데, 생략된 격어미와 그 빈도는 다음과 같다. 주격(이)(38회) 주제격(은/는)(2회) 대격(을/를)(31회) 공동격(와/과)(12회) 소유격(의)(10회) 등이다.

2. 半行

半行의 생성에 관여하는 일탈들은 격어미의 생략과 도치법이다.

(1) 격어미의 생략

격어미의 생략은 초장 중장의 반행들에서는 内律節≦外律節(3, 4음절)의 규범을 생성하고, 종장 전-반행에서는 内律節<外律節(3, 4음절)과 内律節(3음절)≦中律節(2, 3, 4음절)≧外律節(4, 3음절)의 규범을 생성하고, 종장 후-반행에서는 内律節(4음절)≧外律節의 규범을 생성한다.

(2) 도치법

聯時調 <五倫歌>의 도치들은 하나의 특성을 가지는데, 목적어와 부사의 위치를 도치한 것이 그것이다. 이는 목적어의 강조와 전-반행≧후-반행의 규범, 종장 후-반행의 내율절(4음절)≧외율절의 규범을 생성한다.

3. 行

聯時調 <五倫歌>의 各聯을 이루는 단시조의 行들을 생성하는 것은 도치법과 주어의 생략이다.

(1) 도치법

도치법은 초장과 중장들에서 주어 앞부분의 단어들을 둘로 나누지 않고도 반행 휴지(hemistichal caesura)를 자연스럽게 생성한다.

(2) 주어의 생략

주어를 생략하였을 경우에 한하여 시조 초장과 중장에서의 전-반행≦후-반행이라는 규범을 생성한다. 종장들에서는 전-반행≧후-반행의 규범을 생성한다. 그리고 종장 첫율절의 3 또는 4음절의 규범을 생성한다.

이상의 사실들로 본다면, 聯時調 <五倫歌>의 單時調 形式은 한국어 단어에서 빈도가 가장 많은 2-5음절을 규범으로 하고, 한국어의 가지 결합, 교점 이동, 격어미의 생략, 주어의 생략, 도치법 등을 이용하여 생성한 형식이라 할 수 있다.

두 번째로 제기한 문제는 聯時調 <五倫歌>의 표현이 무엇이냐 하는 점이었다. 이에 대한 답을 얻기 위하여, 먼저 文字의 逸脫, 格語尾의 交替, 직유법, 인유법, 조건법, 원인법, 소재적 일탈, 人稱 代名詞, 轉義法, 疑問法, 感歎法 등을 살폈다. 第三章에서 살핀 일탈들과 이 일탈들은 서로 결합하여 다음과 같은 聯時調 <五倫歌>의 표현을 보여준다.

1. 表現의 簡潔化

표현의 간결화로 기여하는 것은 격어미의 생략과 주어의 생략이다.

(1) 격어미 생략

격어미의 생략은 단시조 형식을 생성하는 주요한 원리 중의 하나이다. 이에 비해 일부 격어미의 생략들은 단시조 표현에서 간결화를 보여준다. 이것들은 모두가 內律節≦外律節(3 또는 4음절)의 규범 안에서 가급적 음절수를 줄여서 간결화를 꾀하고 있다.

(2) 주어 생략

주어의 생략은 초장과 중장에서는 난시조 형식을 생성하는 데에 주로 쓰이고, 작품의 간결화에 기여하는 것은 주로 종장에서 나타난다. 종장 전-반행에서 주어를 생략하든 생략하지 않든, 이 두 경우들의 종장에서 전-반행≧후-반행의 규범은 생성된다. 이 규범안에서 주어를 생략한 것은 가급적 음절수를 줄이는 간결화의 표현이다.

2. 傳達內容의 明瞭化

전달 내용의 명료화에 기여하는 것은 無轉義性과 意味 構造이다.

(1) 無轉義性

전체 작품들은 전의법으로 상징 2회, 그리고 朴善長의 시조 한 작품에서만 3개의 은유가 나타날 뿐이다. 이는 聯時調 <五倫歌>가 가지는 수사의 거의 무전의성(tropelessness)을 의미한다. 이는 독자 내지 청자가 문학적 수사 능력이 별로 없는 사람들일 때에, 그들의 작품 이해를 돕고 작품에서 전달하고자 하는 내용을 明瞭하게 전달하기 위한 것으로 판단되고, 문학적 수사 능력이 있는 사람들이 독자 내지 청자일지라도 그들이 문학적 수사를 이해하는 과정에서 오는 사고의 산만성을 방지하고 작품에서 전달하고자 하는 내용을 明瞭하게 전달하기 위한 것으로 판단된다.

(2). 意味 構造

聯時調 <五倫歌>들은 그 의미 구조에서 오륜의 당위와 오륜의 당위 이유로 구성되는 특성을 가지고 있다. 이런 특성은 일탈들에서 살핀, 조건법 원인법 의문법 감탄법 등이 규범의 명령법 등과 서로 결합하여 만들어지는 현상이다. 이 당위와 당위이유의 의미 구조는 전달내용인 오륜의 당위와 오륜의 당위이유를 명료하게 하는 가장큰 요소들이다. 그리고 聯時調 <五倫歌>의 의미 구조 유형은 10종류이다. 1) 당위이유→당위의 유형(당위이유→당위, 당위이유→당위이유→당위), 2) 당위→당위이유의 유형(당위→당위이유, 당위→당위이유→당위→당위이유), 3) 당위의 유형(당위, 당위→당위), 4) 당위→당위이유→당위의 유형, 5) 당위이유→당위→당위이유의 유형, 6) 당위이유→당위/당위이유의 유형(당위이유→당위/당위이유, 당위이유→당위이유→당위/당위이유), 7) 당위/당위이유→당위/당위이유→당위의 유형, 8) 당위/당위이유→당위→당위의 유형, 9) 당위→당위/당위이유→당위의 유형, 10) 당위/당위이유의 유형 등이다.

3. 傳達內容의 强化

연시조 <五倫歌>들은 여러 측면에서 작품의 논지 기준과 그 강화를 보인다. 이에 속한 것으로 격어미의 교체(옷/곳)와 도치가 있다. 이 보다는 인유법이 주가 된다. 인유법에 의하여 어휘의 강조가 아니고 작품의 논지를 강화하거나 논지의 기준으로 제시되는 부류가 있다. 이는 작품에서 작가가 전달하고자 하는 논지를 강화하기도 한다. 한시의 인용 번역도 그러한 효과를 가져다 주는 것인데, 독자 청자에게는 권위로 될 수 있는 것들이다. 반면에 논지의 기준으로 제시되는 인유법들도 있다. 이 인유법들은 모두가 그 당시의 경서와 사서의 인용으로 그 책들의 권위에 의지하여 자신의 논지를 객관화하는 것들이다. 다른 인유로는 환기에 의한 논지의 강화와 인용을 인지하는 사람에게 과거에 배운 것이라는 것을 환기시킴과 동시, 잊었던 것에 대한 새로운 확인을 고취시겨 주는 것노 있다. 여기에서 더 나가 인용된 원전의 문맥을 알지 못해도 내용의 이해에 지장을 받지 않는 것이 있다. 그것은 문자의 의미만 알면 이해가 가능한 것이기 때문이다. 이것을 인용으로 인지된 때는 다시 전에 배운 내용을 환기시키는 기능을 한다.

조건법에 있어서는 조건을 나타내주는 어미, 윤리를 표명해주는 어휘, 그리고 인간적 정서를 나타내 주는 전래의 어휘로 구성된다. 이것들은 조건법에서 논리강화, 조건강화, 당위성 강화를 시켜주고 있다.

원인법들에서는 원인을 나타내 주는 종속어미 '-니'가 주종을 이루고 −르시'는 소수로 쓰였다. 어휘에 있어서도 인간 정서와 관련된 관습적 이미지 내지 오류을 암시하는 것들임을 본다. 오류은 윤리를 표현하는 것이기 때문에 그 표현도 인간윤리와 관련된 관습화된 어조로 되어 있다. 이러한 원인법의 요소들이 <오류가>에 있어 논리강화, 원인강화 당위성 강화를 시켜 주고 있다. 이러한 사실들은 개개의 작가에게만 있는 것이 아니고 오류가의 공통적 양상임을 보여준다.

4. 讀者의 汎百姓化

聯時調 <五倫歌>는 교훈 시조로 많은 사람들에게 교훈을 주려고, 독자를 汎百姓化하는 특성을 보인다. 이에 사용된 일탈들로 언어의 일탈, 소재의 일탈, 인칭 대명사의 극소화, 1, 2인칭 대명사의 不特定稱化 등이 결합한다.

(1) 讀者 使用의 言語化

많은 독자들을 대상으로 하기 위하여, 사용된 것이 작품에서 사용되는 언어를 독자들이 사용하는 언어로 취한다는 점이다. 宋純과 周世鵬의 경우는 한글체나, 가장 쉬운 한자 몇을 포함한 국한문 혼용체를 쓰고, 천민 평민 양반 모두가 쓰는 어휘를 사용하여 대상 독자를 汎百姓化한다. 金尙容 朴善長 朴仁老 李侃 등은 한문을 습득한 평민이나 양반이 이해하는 국한문 혼용체와 어휘를 사용한다. 그런데 이들은 한문을 읽지 못하는 천민이나 평민은 백성으로 인식하지 않는다는 점에서, 이들 역시 독자가 사용하는 언어를 쓰면서 독자의 汎百姓化를 꾀한다.

(2) 讀者 受容의 素材化

聯時調 <五倫歌>의 소재들은 앞의 백성들이 쓰는 것들을 취하면서, 독자의 汎百姓化를 꾀한다. 宋純과 周世鵬의 경우는 천민 평민 양반 모두가 아는 소재를 취하고, 金尙容 朴善長 朴仁老 李侃 등은 천민 평민 양반 모두가 아는 소재를 취하기도 하지만, 동시에 한문전적의 문헌적 소재를 취하기도 한다. 이런 현상은 앞에서 살핀 讀者 使用의 言語化와 병립하는 현상으로, 대상 독자의 汎百姓化라는 점에서 같은 현상이다.

3. 傳達內容의 強化

(3) 人稱 代名詞의 極小化

이 항에서 결합되는 일탈은 주어의 생략, 인칭 대명사의 일탈 등이다. 주어의 생략과 인칭 대명사의 적은 사용은 작품의 간결화에 일단 이바지한다. 이외에도 이것들은 독자의 汎百姓化에 이바지한다. 인칭 대명사의 사용 빈도는 전체 작품 53수 중에 17회이다. 인칭 대명사를 쓰는 이유는 사람을 지칭하는 명사를 대신하여 간결하게 하는 성격과, 나 너 그 등의 구별과 구획을 위한 것어다. 이 중에서 구별 구획이 심할 경우에, 그 전달 내용은 독자를 特定人 내지 특정 계층으로 한정하게 된다. 만약 이런 한정을 심하게 한다면, 聯時調 <五倫歌>는 독자를 特定人이나 特定 階層으로 한정하면서, 汎百姓化에 실패하게 된다. 이런 점에서 일단 인칭 대명사의 빈도 축소는 독자를 特定化하지 않고, 대상 독자를 汎百姓化하기 위한 것이라 할 수 있다. 이런 사실의 극대화는 생략된 대명사의 위치에 여러 대명사가 동시에 올 수 있는 경우이나. 이 현상이 가상 두드러진진 작가로 朴善長을 들 수 있다. 그는 聯時調 <五倫歌>에서 한 번의 인칭 대명사도 쓰지 않는다.

(4) 1, 2人稱 代名詞의 不特定稱化

聯時調 <五倫歌>들은 1, 2인칭의 대명사를 쓰기는 쓰되, 앞에서 본 바와 같이 극히 극소화하고 있다. 그런데 이것들마저 不特定稱으로 바꾸어 쓰고 있다. 이 경우에 '나'는 시적화자 자신에만 한정되지 않는 것이고, '너' 역시 시적화자에게만 한정되는 것이 아니다. 이는 곧 1, 2人稱 代名詞의 不特定稱化를 통한 讀者의 汎百姓化이다.

5. 讀者의 呼應 誘導

聯時調 <五倫歌>들은 일종의 교훈 시가로, 교훈 시가들이 자짓 작가 일방적인 판단과 가르침의 언어, 소재, 목소리 등으로 구성되는 他說性에 빠져, 시적 형상화에 실패하는 수가 있다. 그런데 聯時調 <五倫歌>들은 이를 극복하는 방법으로 언어 소재 공동법을 통한 친근화, 의문법을 통한 독자의 판단 유도, 감탄법을 통한 관심과 행위의 유도 등을 취하고 있다.

(1) 親近化

친근화에서 결합되는 일탈들은 언어 소재 인유법 공동법 등이다. 聯時調 <五倫歌>의 문자와 어휘는 작가들이 대상으로 설정한 독자들이 향유하는 문자 어휘들이었다. 그리고 소재들 역시 聯時調 <五倫歌>의 작가들이 대상으로 설정한 독자들이 향유하는 소재들이다. 이 문자 어휘 소재들은, 한문학적 문자 어휘 소재들에 익숙한 작가들의 성격으로 보아, 독자와의 친밀화를 조장하기 위한 것으로 판단된다.

이 소재와 연결된 것으로 독자의 친근화를 도모하는 것에는 인유법의 일부가 있다. 이에 속한 것으로 ≪詩經≫ '小雅'편 蓼莪의 인용 번역이거나 그 변개의 시조들이 있다. 왜 작가들은 이렇게 같은 원시의 일부를 각각 다르게 인용 번역하거나 변개하였나는 바로 독자와의 친밀화를 위한 것으로 판단된다. 천민 평민 양반 모두를 대상 독자로 한 송순과 주세붕의 경우는 인용된 내용을 완전히 한글과 우리말로 바꾼다. 이에 비해 한자를 아는 평민과 양반을 대상 작가로 한 나머지 작가들은 해당 시행을 시조 형식에 맞추는 수준에서 일부 한자를 그대로 두고 있다. 이는 바로 대상 독자와의 친근화를 꾀하는 것으로 판단된다. 나머지 한문 문적의 인용도 같은 맥락으로 볼 수 있다.

또한 이 친근감을 부여하기 위하여 명령법을 공동법으로 쓰는 경우도
있다. 이를 가장 잘 보여주는 것이 周世鵬의 聯時調 <五倫歌>이다. 周
世鵬은 일방적인 명령법 대신에 공동법을 사용한다. 이 공동법은 상대에
게 너 또는 너희는 이렇게 하라는 일방적 명령이 아니라 우리 이렇게
하자는 것으로, 이 우리 속에는 시적화자와 시적청자가 한 데 어우러짐
이 있어, 시적화자와 시적청자가 친근해지는 현상을 보인다. 이는 곧 독
자와 친근화를 꾀하여 독자의 호응을 유도하려는 것이다.

(2) 讀者의 判斷 誘導

작가의 일방적 판단이나 가르침의 한계를 극복하는 방법으로, 聯時調
<五倫歌>에서는 의문법과 감탄법이 많이 쓰이고 있다. 먼저 聯時調
<五倫歌>의 작가들이 얼마나 일방적인 판단이나 가르침의 명령을 피하
고 있나는, 聯時調 <五倫歌>의 작가들이 전체 작품 53수 중에 일방적인
녕령법을 겨우 11회 쓰고 있다는 점에서 알 수 있다. 이는 그만큼 이 聯
時調 <五倫歌>들이 일방적인 명령에 의한 판단과 가르침을 피하고 있
다는 사실을 말해준다

일방적인 명령의 판단과 가르침을 피해 교훈을 주는 방법으로 쓰인
의문법은 독자의 판단을 유도하는 것이다. 聯時調 <五倫歌> 53수 중에
의문법은 44회이다. 이는 일방적인 감탄법보다 월등하다. 이 의문법들은
시적화자 일방적인 판단이나 행동 명령을, 시적청자에게 의문으로 제시
하여, 시적청자 스스로가 그것을 판단하여, 그렇다는 판단을 유도하는
것들이다. 이는 곧 독자의 呼應을 誘導하는 방법이다.

(3) 讀者의 關心과 行動 誘導

일방적인 명령의 가르침을 피해 교훈을 주는 방법으로 감탄법이 쓰인

다. 聯時調 <五倫歌> 53수 중에 감탄법이 26회 나타난다. 전체 작품 53
수 중에서 11회 나타난 명령법보다는 월등한 빈도이다. 이 감탄법들은
작가가 일방적으로 어떤 사실을 판단하거나 어떤 일을 행하라는 명령을
대신한 것들로, 일단 선언적 감탄에 의해 독자의 관심을 일으키고, 그
다음에 그 스스로 시적자아는 이렇게 판단하고 행하겠다고 선언하는데,
시적청자 나는 어떻게 판단하고 행동할 것인가를 스스로 판단하게 하여,
그의 행동을 유도하는 것들이다. 이 역시 독자의 呼應을 유도하는 방법
이다.

셋째로 제기한 문제는 聯時調 <五倫歌>의 聯構造가 소재 내용 의미
구조외에 다른 것이 무엇이냐 하는 점이 밝혀지지 않았다는 점이다. 이
문제를 해결하려고, 삼차적 일탈에 속하는 音韻의 逸脫, 形態의 逸脫, 統
辭의 逸脫, 素材的 逸脫, 意味的 逸脫 등을 정리하고, 이어서 다른 일탈
들과 이 일탈들을 결합하였다. 그 결과 聯時調 <五倫歌>의 聯構造는 문
체적 일탈에 의해 意味 構造를 補完하는 聯構造를 이루기도 하고, 意味
構造와 일탈들이 連結되어 있는 聯構造를 이루기도 한다는 것을 얻었다.

1. 構 造

<오륜가>들에는 獨立的 短時調, 非獨立的 短時調, 獨立的/非獨立的
短時調의 형태를 가지고 있는 것들이 있어 <오륜가>가 논리적이고, 연
의 구조상 단시조 상호간의 유기적인 의미의 연관성을 갖추고 있는 연
시조임을 알수 있다. 獨立的 短時調의 구조에서 일탈된 非獨立的 短時
調, 獨立的/非獨立的 短時調는 <오륜가>들에서 序聯 또는 總結의 構造
를 형성하고 있다. 그렇게 될 때 의미의 확충내지는 결여된 정보의 내용
을 부여 받는다. 바로 여기에서 연을 구성하여 작품을 이루는 연시조로

써의 <오륜가>성을 갖게 된다.

2. 意味 構造의 補完

聯時調 <五倫歌>들은 意味 構造의 補完에서 終結의 補完과 頂点의
補完을 문체적 逸脫에 의해 얻는다.

(1) 終結의 補完

聯時調 <五倫歌>들은 모두가 終結을 취하고 있음을 확인할 수 있다.
朴仁老와 朴善長의 <五倫歌>들은 '亂三章'과 總結 3章을 가지고 있고,
周世鵬 金尙容 李侃 등의 <五倫歌>들은 내용이나 의미의 구조에서는
終結의 聯을 가지고 있시 않지만, 그 終結을 문체적인 측면에서 가지고
있기 때문이다. 이 終結을 각 작품들이 가지고 있다는 사실만으로도 聯
時調 <五倫歌>들의 연구조가 병렬적 혹은 순차적 구조만을 가졌다는
것을 벗어난다고 할 수 있다.

(2) 頂点의 補完

聯時調 <五倫歌>들은 모두가 중반 이후에 일탈의 결합을 보이면서,
소재 내용 등의 구조에서 찾아 볼 수 없는 頂点들을 가지고 있다.
終結과 頂点을 취하고 있음을 확인할 수 있다. 이 두 가지 사실을 종
합하면 이미 聯時調 <五倫歌>들은 그 연구조가 상당히 역동적임을 알
수 있다.
이상과 같은 작품들과는 다르게 聯時調 <五倫歌>의 연구조의 역동화
와 거의 같은 현상을 가진 것으로 聯時調들을 들 수 있다. 聯時調 <五

倫歌>의 연구조의 역동화를 조장하는 요소들은 다른 장르들에서는 거의 나타나지 않는다. 그러나 이런 聯時調 <五倫歌>의 특성은, 다른 聯時調들에서 나타날 가능을 충분히 가지고 있어, 다른 聯時調들과 공유하는 聯時調 <五倫歌>의 특성이라 할 수 있다.

3. 意味 構造의 連結

일탈의 결합은 작품의 意味 構造와 連結되어 시작품의 특성을 형성한다. 朴仁老의 <五倫歌>에서는 일탈의 결합이 작품의 의미 구조와 연결됨을 확인할 수 있다. 제4연의 일탈은 종장 전-반행에서, 단시조로 보면 전환점에서의 일탈인데 이 일탈은 작품 내용에서의 轉과 더불어 작품의 정감적 轉換點을 이루면서 서로 連結됨을 본다. 부자유친의 항목에서는 소재의 일탈을 보인다. 또한 앞의 연들까지 있어온 주어의 기대를 부사로 바꾸면서 기대를 파괴하는 일탈을 갖는다. 이러한 화제의 일탈은 논리적 전개에서 흔히 쓰는 전환법이다. 이 화제의 일탈이 이 작품의 전환법에서 작품의 의미 구조와 연결된다. 그리고 이 일탈은 연구조의 역동화에 기여하고 있다. 다음 부부유별 항목의 일탈은 기대 파괴의 일탈이다. 이 파괴 역시 이 연들에서 정잠적인 전환점을 이룬다. 제13연의 기대의 일탈은 작품의 의미를 전환 시키면서 작품의 의미 구조와 연결된다. 이 일탈은 다른 일탈들과 더불어 연들의 역동화에 기여한다. 兄弟有愛의 항목에서의 일탈은 일반적인 형제를 내 형제의 화제로 전환하는 일탈이다. 이 역시 작품의 의미구조에 역동성을 부여한다. 제19연의 화제의 일탈은 이 연들의 결론과 연결되면서 작품의 의미 구조와 연결된다.

위와 같이 작품의 일탈들은 작품의 의미 구조와 연결되어 轉 또는 結의 형상화에 기여함을 볼 수 있다. 그런데 이렇게 기대의 파괴에 의한 형식이 작품의 의미 구조와 연결되는 것은 크게 보아 문학의 도상성 (iconicality)과 연결된다. 앞에서 살핀 화제의 기대 일탈, 종결어미의 기대 일탈, 주어의 기대 일탈, 단어의 기대 일탈 등은 다른 문학에서도 등장할 수 있는 것이지만, 종장 전-반행의 기대 일탈과 전-반행>후-반행의 기대 일탈과 같은 것들은 聯時調에서만 가능한 것이라고 할 수 있다. 聯時調를 구성하는 단시조의 경우는 그 앞에서 파괴될 기대를 일으키는 작품이 없다는 점에서, 聯時調와 같은 기대의 파괴가 있을 수 없고, 가사의 경우에도 파괴될 기대를 형성하는 단위로 分聯되지 않기 때문이다.

지금까지 聯時調 <五倫歌>의 단시조 형식의 생성, 聯時調 <五倫歌>의 표현, 聯時調 <五倫歌>의 聯構造 등을 살폈다. 그런데 聯時調 <五倫歌>의 단시조 형식의 생성은 사실 다른 단시조의 형식과 그 생성과도 연결된 문제이다. 이 문제를 다루지 않았다. 그리고 聯時調 <五倫歌>의 表現은 나른 聯時調 나아가 전체 시조들과의 비교를 통하여 잘 드러날 수 있다. 이 문제도 다루지 않았다. 또한 聯時調 <五倫歌>의 聯構造는 다른 聯時調의 聯構造, 나아가 다른 聯詩의 聯構造와의 비교에서 더 잘 드러날 수 있다. 이 문제 역시 다루지 않았다. 이 문제들이 모두 밝혀질 때에 聯時調 <五倫歌>는 그 본체를 드러낼 것으로 생각한다. 이런 점에서 열거한 문제들은 글을 달리하여 다루고자 한다.

□ 參 考 文 獻 □

1. 資料

≪童蒙先習≫

≪孟子≫

≪書經≫

≪詩經≫

≪中國人名事典≫

≪中庸≫

2. 국내서적

강　형, 'swift작품의 풍자수단 연구', ≪논문집≫제4집, 대구한의대, 1986.

강전섭, '「訓民歌」의 問題點', ≪한국언어문학≫제7집, 한국언어문학회, 1970.

_____, '草野農夫의 <五倫歌>에 대하여'-<五倫歌>研究의 一環으로-, ≪徐廷範博士華甲紀念論文集≫, 집문당, 1986.

_____, ≪한국시가문학연구≫, 대왕사, 1986.

국어국문학회 편, ≪시조문학연구≫, 정음사, 1980.

국전간행회, ≪古事語源事典≫, 국전간행회 출판부, 1977.

권두환, '송강의 훈민가에 대하여', ≪고전시가론≫, 새문사, 1984.

김기평, '朴盧溪의 五倫歌 研究', ≪논문집≫제11집, 공주교대, 1974.

김대행, ≪한국시가구조연구≫, 삼영사, 1976.

_____, ≪시조유형론≫, 이대출판부, 1986.

김동욱, '壬亂前後歌詞研究', ≪진단학보≫제25, 26, 27합병호, 1964.

김동준 편, ≪시조학의 좌표와 그 전개≫, 백산출판사, 1992

金尙容, ≪仙源續稿≫

김상태, ≪文體의 理論과 解析≫, 새문사, 1982.

김선호, '五倫歌 研究-時調作品을 중심으로-', 건국대 석사논문, 1981.

김성곤·유인정 역, ≪무카로브스키의 詩學≫, 현대문학, 1987.

김열규, '한국시가의 서정의 몇 국면', ≪동양학≫제2집, 단국대 동양학연구소, 1972.

김종열, '강호가도의 개념정립과 영남강호가단연구', 고려대학교박사학위논문, 1989.

김태옥·이현호 공역, ≪담화 텍스트 언어학 입문≫, 양영각, 1991.

김흥규, '한국시가 율격의 이론', ≪민족문화연구≫, 고려대학교민족문화연구
    소, 1978.

_____, '강호자연과 정치현실', ≪세계의 문학≫ 통권 19호 (서울: 민음사,
    1981, 봄).

_____, '평시조 종장의 율격·통사적 정형과 그 기능', ≪운율≫, 문학과 지
    성사, 1984.

나손선생추모논총간행위원회, ≪한국문학작가론≫, 현대문학사, 1991.

박갑수 편저, ≪국어문체론≫, 대한교과서(주), 1994.

박규홍, '조선조 시가 연구', 영남대 박사논문, 1989.

朴善長, ≪水西先生文集≫

박성의, '경민편과 훈민가 소고', ≪어문논집≫제10집, 고려대 국어국문학회,
    1967.

박영순, '문체의 본질' 박갑수 편저, ≪국어문체론≫, 대한 교과서, 1994.

박용식·황충기 편저, ≪古時調 註釋事典≫, 국학자료원, 1994.

박을수, ≪韓國時調大事典(上·下)≫, 아세아문화사, 1992.

_____, ≪한국시조문학전사≫, 성문각, 1978.

朴仁老, ≪蘆溪集≫

박철희, ≪한국시사연구≫, 일조각, 1980.

_____외, ≪時調論≫, 일조각, 1978.

서만수, '정송강의 훈민가 연구', ≪동악어문논집≫제7집, 동국대 국어국문하
    과, 1971.

서원섭, ≪시조문학연구≫, 형설출판사, 1977.

서혜련, '시텍스트에 대한 기호학적 접근방법 연구', 전남대 박사논문, 1992.

손오규, '퇴계의 산수문학 연구', 성균관대학교박사학위논문, 1990.

신기철, ≪고시조 정석≫, 보문각 1976.

신용대, '松江 鄭澈 時調의 硏究, ≪人文學志≫제4집, 충북대 인문과학연구
    소, 1980.

_____, '鄭澈 時調의 批評的 現實認識', ≪人文學志≫제5집, 충북대 인문과
    학연구소, 1990.

_____, '鄭澈時調의 性格硏究', -理氣論的 接近-, 고려대 박사논문, 1990.

신은경, '사설시조의 시학연구', 서강대 박사논문, 1988.

심재완, ≪시조의 문헌적 연구≫, 세종문화사, 1972.

_____, ≪校本 歷代時調全書≫, 세종문화사, 1972.

_____, ≪定本 時調大全≫, 일조각, 1984.

윤성근, '훈민시조 연구', ≪金永驥선생 古稀記念論文集≫, 형설, 1971.

윤영옥, '訓民歌時調의 一表現', ≪영남어문학≫ 제9집, 1982.

_____, ≪시조의 이해≫, 영남대출판부, 1986.

이광수, '시조의 자연율',),≪시조연구논총≫, 을유문화사, 1964.

이근규, 평시조의 율격과 종장형의 생성원리, 논문집 13-2, 충남대인문과학연
    구소, 1986.

이동영, '오륜가고', ≪어문교육논집≫제8집, 부산대 국어교육과, 1984.

_____, '五倫歌攷', ≪碧松李根厚先生 華甲記念論文集≫, 1985.

이민홍, '사림파문학연구', ≪성대문학≫ 제19집, 1973.

이병기, '율격과 시조', ≪시조연구논총≫, 을유문화사, 1964.

이상보, '박선장의 오륜가', ≪시조문학연구≫, 정음사, 1980.

_____, '朴善長의 五倫歌 硏究', ≪논문집≫제9집, 명지대, 1976.

_____, '박인로의 시가문학을 살핌', ≪어문논총≫제5집, 국민대, 1985.

이은상 '時調短形 芻議', ≪시조연구논총≫, 을유문화사, 1964.

이태극, ≪시조개론≫, 새글사, 1959.

_____, ≪시조의 사적연구≫, 삼우사, 1975.

이학철, '五倫思想의 教育學的 이해와 實踐方案', ≪人文科學≫제8집, 성대,
    1979.

임종찬, ≪시조문학의 본질≫, 대방출판사, 1986.

_____, '五倫歌系 時調硏究', 영남대 석사논문, 1985.

장사훈, ≪한국음악사≫, 정음사, 1976.

全圭泰, ≪論註時調≫, 정음사, 1984, p. 307.

전재강, '노계〈오륜가〉의 당위적 지향과 현실적 표현양상', ≪문학과 언어≫
    10집, 1989.

정병욱, ≪時調文學事典≫, 신구문화사, 1966.

_____, ≪한국고전시가론≫, 신구문화사, 1977.

정익섭, '경민편과 훈민가', ≪한국언어문학≫제3집, 한국언어문학회, 1965.

_____, '宋純의 短歌攷', ≪湖南文化硏究≫제6집, 전남대 호남문화연구소,
    1974.

정종진, ≪한국현대시의 이론≫, 태학사, 1994

정한기, ≪文體와 文學≫, 태학사, 1994.

정효구, '김소월시의 기호체계 연구', 서울대 박사논문

조동일, ≪한국시가의 전통과 율격≫, 한길사, 1982.

조성래, '聯時調의 構造에 관한 硏究', 청주대 석사논문, 1987.

조윤제, ≪국문학개설≫,탐구당, 1955.

_____, ≪한국문학사≫, 탐구당, 1983.

_____, ≪한국시가의 연구≫, 을유문화사, 1948.

조태흠, '訓民時調 硏究', 부산대· 박사논문, 1989.

_____, '訓民時調 終章의 특이성과 享有方式', ≪韓國文化論叢≫제10집, 한
      국문학회, 1989.

周世朋, 《武陵雜稿》

池上嘉彦 저, 이기우 역, ≪시학과 문화 기호론≫, 중원문화, 1984.

진동혁, ≪고시조문학론≫, 형설출판사, 1982.

천두현, '朝鮮朝 詩歌에 나타난 儒敎思想 硏究', 동아대 박사논문, 1984.

최동원, ≪고시조론≫, 삼영사, 1980.

최장수, ≪古時調解說≫, 세운문화사, 1977.

최진원, ≪국문학과 자연≫, 성균관대 출판부, 1977.

최창록, ≪소설과 시의 문체미학≫, 대구대학교 출판부, 1990.

피에르 지마 저, 이건우역, ≪문학텍스트의 사회학을 위하여≫,문학과 지성
      사, 1983.

韓春燮 편저, ≪精解 古時調 解說≫, 홍신문화사, 1985.

_____, ≪古時調解說≫, 홍신문화사, 1985.

홍재휴, ≪한국고시율격연구≫, 태학사, 1983.

황석자 편저, ≪현대문체론의 이론과 실제≫, 한신문화사.

황패강·소재영·진동혁, ≪한국문학작가론≫(Ⅰ·Ⅱ), 형설출판사, 1977. 1993.

3. 국외서적

Abrams M. H., A Glossary of Literary Terms, 최상규 역, ≪문학용어사전≫,
      대방출판사, 1985.

Graham Hough, Style And Stylistics, 이승근·김철수 공역, ≪문체와 문체론≫,
      학문사, 1982.

Havránek. B, The Functional Differentiation of the Standard Language, P.L.Garvin(ed&trans.), A Prague School Reader on Esthetics, Literary Structure, and Style, Georgetown University Press: 1964

Hendricks, William O, Grammar of Style and Styles of Grammar, Amsterdam/New York/Oxford : North-Holland Company, 1976.

Jakobson, R, 'Concluding Statement: Linguistics and Poetics', Sebeak, T.A(ed), Style in Language, Cambridge/Massachusetts Institute of Technology 1960, pp. 368-369.

Kayser Wolfgang, Das Sprachliche kunstwerk, 김윤섭 역, 《언어예술작품 론》, 대방출판사, 1982.

Leech. G, "Stylistics", Van Dijik, Teun A(ed), Discourse and Literature, Amsterdam/Philadel-phia:John Benjamins Publishing Company, 1985

Lee Sang-Oak, Metrical phonology I, Han Shin Moon Hwa Sa, 1981,

Levin S. A, Linguistic Structures in Poetry, Mouton Publishers, The Hague/Paris/N.Y.: 1962

Levin. S. R, Internal and External Deviation in Poetry, Word XXI, 1965

Mukarovsky. Jan, Standard Language and Poetic Language, Garvin(ed & trans.)

Nöth Winfred, Handbook of Semiotics, Indiana University, 1990.

Riffaterre. M, Stylistic Context, Word XVI, 1960.

Smith, B.H, Poetic Closure, Chicago/London : The University of Chicago Press, 1968, pp. 98-109.

Taylor, T.J, Linguistic Theory and Structural Stylistics, Pergamon Press, Oxford:1980.

Van Dijik, Teun A., Discourse and Literature, Amsterdam/Philadelphia : John Benjamins Publishing Company, 1985

<색 인>

ㄱ

■ 저자 약력

趙聖來

1962년 5월 충북 청원군 출생
청주대학 국어국문학과 졸업
동대학원 국어국문학과 졸업(석사・박사)
현 청주대・충북대・대전산업대 강사
논저 : 「구조문체론」(1996, 보고사)
　　　「聯詩調 <五倫歌>의 文體論的 研究」
　　　(박사학위 논문)외 다수

聯詩調의 文體論的 研究

1998년 3월 10일 인쇄
1998년 3월 15일 발행
著　者 : 趙聖來
發行人 : 김 홍 국
　　　　도서출판 보 고 사
　　　주소 : 서울시 동대문구 이문2동 291-60
　　　　　　한빛빌딩 B01호
　　　전화 : (02)959-2032~3 팩스 : 957-9320

ISBN　89-86925-49-4　　　　　정가 12,000 원